晴 雪／著

好孩子的成长课

让孩子受益一生的谈心教育

南方日报出版社
NANFANG DAILY PRESS

图书在版编目（CIP）数据

好孩子的成长课 ：让孩子受益一生的谈心教育/ 晴雪著. -- 广州 ：南方日报出版社，2009.12
ISBN 978-7-80652-959-1

Ⅰ. ①好… Ⅱ. ①晴… Ⅲ. ①家庭教育－通俗读物 Ⅳ. ①G78-49

中国版本图书馆 CIP 数据核字(2009)第 235467 号

好孩子的成长课——让孩子受益一生的谈心教育 晴雪 著

出版发行：南方日报出版社
地　　址：广州市广州大道中 289 号
电　　话：（020）87373998-8502
经　　销：全国新华书店
印　　刷：广州市怡升印刷有限公司
开　　本：787mm×1092mm　1/16
印　　张：15.25　**彩插：**0.125
字　　数：250 千字
印　　数：1-6000 册
版　　次：2010 年 1 月第 1 版
印　　次：2010 年 1 月第 1 次印刷
定　　价：28.00 元

投稿热线：（020）87373998-8503　**读者热线：**（020）87373998-8502

网址：http://www.nanfangdaily.com.cn/press　http://www.southcn.com/ebook

孩子最近开始学弹一些世界名曲，当他弹到《少女的祈祷》时，优美的旋律让他着迷和兴奋，他天真地说：“妈妈，我要弹到通宵。”

懂得音乐在我看来是人生的一笔财富，由于从小就开始接受音乐的熏陶，这孩子对音乐十分敏感，连游戏中的配乐都会记下来，现在他学习钢琴和架子鼓都是越学越有兴趣。

当孩子还能拥抱的时候，也许我们感觉不到这是多么幸福，可是终于有一天我们会发现，孩子已经长大，他再也不愿意那么亲密地靠近父母，这时才会无限地失落和惆怅，因此，让我们珍惜孩子还能拥抱的每一天！

目录

自序

用爱照亮孩子的心灵

在养尊处优的独生子女时代，要培育出一个健康向上、知礼豁达、勤奋坚毅的孩子是相当不易的，而急功近利、浮躁攀比的社会背景，更为培育新一代的独立人生价值观增添了困难，要成就一个有生命质量、懂得感恩珍惜、有一颗大爱之心的孩子似乎是障碍重重。

现实中，我的孩子和其他独生孩子一样，有着诸多弱点，诸如霸道固执、唯我独尊、意志薄弱、玩性过重等等，甚至由于他独特的个性，显得比一般的孩子更难教育。他和我小时候一样，有着极其敏感脆弱的天性，我声音、表情和眼神的些许变化，都会影响他的情绪，一点小小的失败都会给他巨大的打击，一点小小的委屈都会让他耿耿于怀；他思辨的能力很强，叛逆来得很早，加上相对暴躁的性格，教育难度超乎想象，为此，我也有过感叹和迷惘。

在孩子五六岁时，我和先生带着孩子在美国生活了一段时间。因常去教堂，可以接触到很多中国和美国的孩子。那时常常发现，在美国长大的孩子普遍乖巧懂事，而从中国刚带去的孩子普遍顽皮和难管，喜欢乱窜、追逐和打闹。经过一段时间的接触、交流和观察，我发现，主要的原因在于，美国式的教育普遍文明、规范，他们很少苛责和打骂孩子，对孩子进行文明、耐心、规范的引导式教育，在教育的整个过程中，给予孩子充分的尊重、信任和温情，从而也建立起父母和老师的人格魅力。温馨的氛围教出的便是乖巧的孩子，而我们中国式的教育，普遍欠缺的就是这些，溺爱孩子时没有原则地怂恿，批评孩子时态度粗暴甚至任意打骂，有的人还把孩子当作发泄情绪和排解抱怨的“出气筒”。

至此，我才发现，目前我们中国式的教育，最欠缺的就是给予孩子文明、温馨和愉悦的教育环境，没有给予孩子足够的尊重，欠缺与孩子进行心灵的交流，无法把父母的爱在一种温馨的环境里传递给孩子，转化成孩子上进的力量！

谈心式温情教育：改变孩子性格弱点的良方

在生存压力大、竞争激烈、相互攀比的人文背景中，每个人都容易陷入浮躁、盲目奋进而又心灵虚空的状态，要静下心来，同时具备耐心、爱心、平和之心来对孩子进行教育，这对于每一个中国的父母来说，的确是极大的考验。在我们周围，常常会看到一些父母，要么过高地要求孩子，常常的苛责使孩子毫无自信；要么习惯性地对孩子粗暴发泄，使孩子因欠缺温情和愉悦变得叛逆和对抗；要么只顾着发展自己的事业，很少关心孩子，使孩子完全感受不到父母爱的感染力。近些日子，陆续看到一些新闻，因为孩子的表现不如意而打伤甚至打死孩子：一个五岁孩子的母亲，因为孩子认字不如己意，活活将孩子打伤致死。一个六岁的女孩，因为母亲硬是怀疑她拿了五角钱，便赌气将自己一个手指连砍六刀而砍下来……如此一种现状，要培育出具备良好性格、品质和幸福快乐的新一代，似乎是难以企及的理想，我们不得不反省——作为父母，作为孩子的榜样，我们应该怎样才合格？怎样更优秀？

独生子女本来就难以教育，加上父母修养与耐心的欠缺，新一代孩子的教育现状问题重重。我常常自我反省，觉得自己也是这浮躁社会的产物和牺牲者，对孩子教育保持文明和修养还相当不足，情绪失控现象偶尔也会发生。我只是希望，自己能在不断的反省和检讨中进步，在不断的经验总结中增长教育的智慧！

从美国回来后，我开始努力调节自己对待孩子的情绪，尽量给予孩子文明、温馨的教育氛围，开始养成每天和他交流谈心的习惯，倾听他在学校发生的每一件事，分析他所作所为的对错，总结他当天的优点和缺点。除此之外，还常常进行阶段性的总结，放大孩子的优点，针对缺点提出期望。慢慢地，我的孩子就在这样温馨愉悦的谈心式教育中发生了很大的变化。他常常会带给我一些惊喜，诸如学会赞扬别人，性格变得开朗大方了，能主动与人打招呼；在遇到失败时把它看作小事让自己释怀；回报父母的养育要从小事做起；做一件事情要持之以恒；在关键时刻要有拼搏精神等等。

如今，我的孩子9岁了，经过这几年对他的悉心引导，他有了很大的改变。记得他曾经是那么一个胆怯、内向、不融入集体、很脆弱的一个男孩，如今，已经成长为一个充满阳光的、很受集体欢迎的稳健男孩。每当他去参加钢琴比赛、英语比赛或上台去演出的时候，看着他那沉稳神定的气质，我就打心眼里为他感到自豪！

谈心式温情教育：成就孩子美丽人生的甘泉

衡量对一个孩子教育的成功，很多人会以他是否能考上名牌大学、是否能出人头地为有力的标尺，就像我们大人衡量自己的人生是否成功往往就以赚了多少钱或当了多大官为标尺一样，这在我看来都是过于功利和浅表。我素来有着对生命质量和精神品质的敏感，在我熟悉的人当中，有当官的、有发财的，但透过他们丰裕的物质生活，我常常看到一些不安宁的、虚空的心灵，而最有生活质量、最幸福的却是一个收入较低的普通家庭，他们住的是两室一厅的旧房，上班就踩自行车，可他们的生活却总是那么温馨和谐：夫妻恩爱、孝敬父母、教子有方、安享平凡，每天都乐滋滋地经营和享受着平凡的人生。在我看来，这是多么实在的一种幸福！

还有一个作家朋友，他是一个虔诚的基督徒，他活在一种大爱的追求中，长年帮助家乡的建设和乡亲的生活，把很大一部分的收入都用在了帮助别人上，自己的生活却保持了简朴和平淡，这在我看来，是多么高尚的幸福、多么饱满的内在！

活出一种朴实、一种宁静、一种大爱，生命才能展示出美丽透亮的光辉！

因此对于孩子的教育，我最看重的，永远是他内心的品质、人性的光辉，使孩子保持内心世界的善良、丰富、豁达和愉悦，是我永远不会放弃的努力，将来不管他事业是否能够成功，他首先应该是个内心强大的人，内心宁静、内心优美的人。

在急功近利、浮躁攀比的社会背景里，要培育一个充满定力、有独立的人生价值观的孩子，的确相当困难，但我相信，父母对孩子的影响是不可估量的。多少伟人在成就事业之后，仍会深深铭记父母曾经说过的那一句话——而那一句话，很可能就是照亮孩子的心灵灯塔或是指点孩子前进的人生坐标！

因为习惯于跟孩子进行心灵的交流，几年来我培养了孩子独立思考的习惯，如今，我发现孩子对爱、对人生、对心态都有了他自己的理解，每当我感受到他那丰富、细微和充满爱的内心世界，就会暗暗地为他喜悦和欢欣。

谈心式温情教育：激发孩子上进的力量之源

在过去艰苦的岁月里，孩子奋斗的力量大多来自苦难的逼迫，如今，生活在优越的生活环境里，孩子的意志力难免滑坡，贪玩、缺乏上进心成了孩子普遍的问题，假如靠父母的打骂和逼迫来促使孩子去奋斗，难免会造成孩子愉悦的缺失甚至是心灵的扭曲。我发现，最好的办法仍然是靠父母智慧的激发：只有通过耐心的引导，让孩子明白要上进、要奋斗的道理，通过鼓励去点燃孩子的上进心，通过交流把父母爱的力量传递给孩子，与孩子找到心灵互动的力量。做到这些，孩子不会再是推不动的轮轴，他会欢快地“转动”，越转越有力量，最后带给父母的，定是喜悦的回报！

抱着这一信念，对于孩子学习和技能的培养，我尽量给他创造愉快的氛围、愉快的方式。而要想实现孩子愉快地学习，与父母是否能保持十足的耐心、良好的修养和较高的智慧有着密切的关系。

从培养孩子学习钢琴、学习英语、学习架子鼓到每一件小小的事情（诸如学习跳绳、踢毽子、游泳、溜滑板等等），对我来说都是一种耐心、修养和智慧的考验，我觉得自己做得还远远不够，尽管已尽努力保持了相当大的耐性，但对孩子的包容和鼓励还远远不够。所幸我和他父亲付出了些许努力，孩子却给予了我们应有的回报。现在，他对学习有良好的兴趣，对父母的教育引导也很配合，每天课余时间，坚持练习钢琴、架子鼓和英语，但他没有因此感到有任何的压力和不愉快。钢琴已通过业余六级水平的考试，架子鼓也是越打越有乐趣。每当我看他像享受一样伴奏着优美的曲子时，总会分享他的快乐，同时也深深体验到一种培养孩子的成就感。记得三个月前，他在参加一场全国艺术人才选拔赛时，当评委老师听说他架子鼓仅仅只学了三个多月，就能完整流畅地完成《黄河的怒吼》这首高难度的曲子伴奏时，简直难以置信。我想，这大概就是“温情教育”激发孩子上进所产生的效果。

如今，看着自己的孩子一步步地成长、一点点地进步，让我对他的未来充满无限的憧憬！假如有人问我：你觉得培养出怎样的孩子才算是成功的？那么，我相信自己的答案只有一个——当你想到自己的孩子时，你的内心里充满了对生活的希望、热爱和幸福感！能找到这样一种感觉，我认为对孩子的培养一定是成功的！

抚育孩子的路子是艰辛的、漫长的，我只愿将自己这点小小的心得记录下来，与每个尽责的父母分享与共勉！在这一切都容易迷惘与迷失的时代，假如能给可怜的天下父母一点点的启悟与思索，我就心满意足了！

晴雪于2009年9月

第一章 感恩：对身边的每一个人说谢谢

只有具备了一颗感恩的心，你才会珍惜一切、包容一切，让自己成长为一个深刻、豁达的孩子。只有这样，你才会拥有一个饱满充实的人生，才会感受到如彩虹般绚丽的生活色彩。

孩子，从现在开始，就学会感恩，感恩上苍赐予你的生命和自己拥有的一切，感恩爸爸妈妈的养育之情，感恩老师对你的教育和关怀，感恩同学对你的帮助和友谊，感恩农民伯伯为你耕种粮食，感恩生活中每一个为你服务的对象。

第一次“抱怨”

孩子，今天你一回家就跟妈妈述说关于你的“遭遇”：因为你没有带水去学校，到了下午太渴了，就忍不住跟一个叫军军的同学借水喝，结果你才喝了一点，就给调皮捣蛋的加加把水壶抢过去把水倒出来玩，结果军军很生气，说都是你惹的事，假如不是你就不会让加加倒掉水。你觉得很抱歉，并且自尊心受到了损害，心里很不好受。

你想着想着就开始抱怨妈妈：“都怪你，忘了给我带水，弄得我今天受气。”孩子，这是你第一次有意识地抱怨别人。

告诉你抱怨的两个“作用”

孩子，妈妈首先对你受的委屈表示了安慰，拥抱了你，但是过后，妈妈告诉你不应该抱怨妈妈，因为抱怨只有两个“作用”：一个就是带给自己不愉快，让自己处于一种埋怨的心情；一个就是带给别人不愉快。比如你抱怨妈妈，就会带给妈妈不愉快，如果是抱怨别人，就会带给别人不愉快。而除了这两个“作用”，抱怨没法解决任何问题。

孩子，今天忘了带水的问题，你根本不应该抱怨妈妈。每一天，妈妈是那么辛苦，要工作、要做家务，还要为你付出那么多，要做饭给你吃，要陪你练琴，还要检查你的作业，一直忙到你睡着了，妈妈还要写作。本来每天带水的事情完全应该由你自己来做，可你却长期依赖爸爸妈妈为你准备，这是不应该的。所以当你遇到问题时，你首先应该反省自己，应该决心以后由自己来做这件事情，而不是抱怨爸爸妈妈。因为爸妈要做的事情太多，难免有时会忘记，而解决的办法就是让自己对自己的事情负责任，而不是去抱怨别人。

剖析一下养成抱怨习惯的人

孩子，妈妈要祝贺你，因为你还没有养成抱怨的习惯，而养成了抱怨习惯的人是很可悲的，因为他们的生活就再也跟幸福无缘了，一旦沾上了这抱怨的坏习气，这个人的生活就没有了质量。

儿子，我们一起来分析一下习惯抱怨的人的生活是怎么样的。你看，因为他习惯于抱怨，他总会有抱怨不完的事情：比如抱怨老天对他不公平，没有赐予他一个富裕的家庭、没有赐予他漂亮英俊的外表、没有赐予他特别的聪明才智；当他学习不好的时候，他会抱怨老师或者抱怨父母；当他生活不好的时候，他会抱怨自己运气不佳；当他身体不好的时候，他会抱怨上天为什么要这样折磨他；当他和同学发生矛盾的时候，他也只会抱怨同学……总之，他会有抱怨不完的事情，内心里总是因为“抱怨”而下着连绵阴雨，没有一点阳光。

这样的人，内心里不会去感受别人对他的付出、对他的好，没有一个广阔的胸怀，只活在自己狭隘的世界里，这样不但没法获得幸福的生活，更加不是个受人欢迎的人。所以，孩子，要想让自己的内心世界充满阳光，就一定要跟“抱怨”说再见！

怎样跟“抱怨”说再见

儿子，要做到跟抱怨说再见是很不容易的，妈妈经历了三十多年，才明白了抱怨别人是愚蠢的事情，所以现在妈妈就再也不会抱怨任何人任何事情。跟别人发生了矛盾，假如是别人的错，就原谅别人；假如是自己的错，就原谅自己，同时决心改正。总之，不去抱怨别人、不去抱怨老天，更加不去抱怨生活。

要明白，生活中我们要经历的事情不可能都是开心愉快的，遇到不愉快、不顺利的事情才是正常的，因为生活本身就是要让我们体验酸甜苦辣的滋味，这样才丰富、才有意义，就像我们平时吃的菜一样，不能只吃“甜”的东西，吃多了会觉得很腻。所以在遇到不顺心的事情的时候，首先要用良好的心态去接受它，然后再想办法去化解它。

还有，要告别抱怨，我们不能要求自己拥有的东西都是完美的、最好的，比如妈妈拥有了你这么一个孩子，妈妈不能要求你什么都第一、什么都比别人强、什么都完美，没有缺点、没有错误，当你做错事和表现出这个缺点那个缺点的时候，妈妈从不抱怨你，当你考试不如别的同学的时候，妈妈也不会抱怨你，因为妈妈没有要求你最好、没有要求你完美，妈妈拥有你这么一个普通的孩子就已经非常满足了。

当我们有了这种接受自己、珍惜自己拥有的一切、感恩自己拥有的一切的心态时，我们就不会抱怨生活抱怨别人了。孩子，当告别了所有的抱怨，我们心灵的天空就会变得广阔无边，我们平淡的生活就会变得温馨和舒展。

“儿子，虽然要告别抱怨是不容易做到的，但是妈妈希望你能努力去做，当你遇上不顺心的事情准备‘抱怨’的时候，一定要提醒自己，快快跟‘抱怨’说再见！记住了吗？”

妈妈看到你很肯定地点头答应了。

2007年8月16日

妈妈心语

要让孩子告别“抱怨”的习惯，首先我们父母要做到知足感恩，珍惜一切，在孩子表现不好的时候不抱怨孩子，在孩子面前不抱怨老师，夫妻间的相处温馨和谐、不相互抱怨，给孩子树立一个开明豁达的形象模范。

想跟妈妈说的几句心里话

孩子，今天老师布置了一个口头作业，要求你们回家写几句想跟妈妈说的心里话，结果做完作业、练完钢琴，你已经没时间再写了。

睡觉前，妈妈问你：“儿子，你想跟妈妈说什么心里话呢？”

你说：“感谢妈妈对我的养育。”

妈妈看着你，你的笑脸是多么甜美！此时此刻，妈妈觉得你就是最懂事最可爱的孩子！

你又说：“现在，妈妈为我做一切事情，等我长大以后，就为妈妈做一切事情，我不会让妈妈白为我付出。”

妈妈听了是多么感动，儿子，每当这个时候，妈妈就觉得自己是全世界最幸福的人了。

接着，你还描述了“妈妈的一天”，你把妈妈每天从起床到晚上所做的事情都描述出来了，把妈妈为你做的事、妈妈每天的辛劳都描述得那么细致和生动。这真让妈妈吃惊，原来妈妈的辛劳你是那么清楚地记在心里。

★你说：妈妈，等你老了，我会陪你去散步，会给你买好吃的，给你买漂亮的衣服。我会在别墅里摆一架三角钢琴，当你闷的时候，就给你弹钢琴解闷。噢，儿子，这是一个多么让妈妈陶醉的情境呵！

你说，妈妈，等你老了，我会陪你去散步，会给你买好吃的，给你买漂亮的衣服。“还有一点最关键的，”你说，“我要做钢琴家，到国外演出，赚很多钱，给你买一套别墅，让你好好享受。”你又说：“我在别墅里摆一架三角钢琴，当你闷的时候，我就给你弹钢琴，给你解闷。”

妈妈幸福地凝视着你，你说：“妈妈，我是说到做到的，我以后为你付出的要比你现在为我付出的更多！”

儿子，妈妈听了真陶醉啊，太美的画面了！——尽管妈妈知道要实现那美好的愿望是多么不易！

其实，孩子，住不住别墅对于妈妈来说不是最关键的，最关键的就是你能够热爱生活并且能够永远地爱妈妈就行了，只要你爱妈妈，妈妈住什么房子都是甜美幸福的。

孩子，从现在开始，你已经懂得了报答，这是一件多么让我欣喜的事情！

是的，孩子，从现在开始，就学会感恩，感恩上苍赐予你的生命和自己拥有的一切，感恩爸爸妈妈的养育之情，感恩老师对你的教育和关怀，感恩同学对你的帮助和友谊，感恩农民伯伯为你耕种粮食，感恩生活中每一个为你服务的对象！只有这样，你才会拥有一个充实美丽的人生，才会感受到像彩虹一样绚丽的生活色彩！

2008年9月16日

妈妈心语

使孩子懂得感恩和报答，是我不懈的努力，只有让孩子具备了一颗感恩的心，他才会珍惜一切、包容一切，成长为一个成熟、深刻、豁达的孩子！

报答父母要从小事做起

孩子，今天，妈妈跟你总结了一下你近来的表现，发现近来你的表现让爸妈非常满意，爸妈现在很少批评你，更不用说打骂，因为你对父母的关爱体贴和尊重越来越多了。

最近，你的表现有很多细节让爸妈感动。比如说，不管是你多么喜欢吃的东西，只要爸妈想吃你都愿意给爸妈吃，这个进步是很明显的。以前，凡是好吃的东西你总是只顾着自己享受，很少想到爸妈，现在，每天给你买了你最喜欢吃的饺子、酸奶，你都会主动问爸妈要不要或主动留一点送给爸妈，这是多大的进步呀！

妈妈曾经告诉你，报答父母的养育之恩，不一定要在你长大之后，应该从现在开始，从小事做起！

噢，孩子，懂事的你真的付诸了行动。

每天早上，你起床后先刷牙，就会帮妈妈的牙刷也挤上牙膏。这个小小的动作，对于急性子的妈妈来说是多么喜悦的帮助。后来经妈妈提醒，你帮爸爸也挤上，有时还把杯子的水都装好了，看得爸妈真开心。

平时生活中的很多小事，都体现出了你对爸妈的关爱：吃饭时帮爸妈装饭，这是你最近才学会的。出门时帮爸妈多提些东西减轻爸妈的负担；每次到老师家去学钢琴，都是你独自提着几本重重的琴谱，让妈妈休闲轻松。还有去爬白云山的时候，由于妈妈肩膀疼背不了重的东西，你就跟爸爸各背一个包，让妈妈闲着。每当看见你背着包毫无怨言地一直坚持到山顶时，妈妈的心里是多么感动！

当妈妈腰腿痛的时候，你就帮妈妈踩背踩腿按摩，有时踩累了，但是为了妈妈你仍然愿意坚持。还有，在你做错了一些小事时，你会立即很真诚地请求父母原谅，让爸妈不要为你生气……

近来你有许多进步，事情虽小，却让爸妈感受到了你对爸妈的关心、尊重和爱，这就是对爸妈的回报。

“儿子，回报爸妈的养育和爱，你还可以做得更好，告诉妈妈，你愿意吗？”

你说：“愿意啊，还要怎么做？”

妈妈告诉你，还可以从很多小事做起，除了刚才说的孝敬和关爱父母之外，你还可以努力提高自己的自理能力，让父母少为你操心：比如每次做完作业之后，就立即把自己的书桌收拾整齐；第二天上学前，自己来做上学前的准备：给自己准备好要穿的校服、装好要带的水、佩戴好红领巾等等事情，都要自己做。

还有很重要的一个方面，就是要学会控制自己的情绪，不要让自己随便发脾气，尽量保持愉快的心情带动父母，带给父母快乐，就是对父母的回报。

你说：“妈妈，我觉得还有一点，就是每次考试都考得很好，让父母高兴！”

噢，儿子，你太棒了，假如你能做到这些，你就是一个很懂事、很懂得回报父母的棒孩子了！妈妈相信你一定能够做到！

2008年10月16日

妈妈心语

独生子女都过于金贵，因此导致孩子自私、狭窄和唯我独尊现象极其普遍。要培育出一个懂得回报父母的孩子，必须从小引导，让孩子从小事做起，并在不断的鼓励中让孩子进步！

一个让母亲感到自豪的残疾大头儿

昨天，妈妈在电视上看到了一个真实的人生故事，特别感人，它告诉了我们一个很关键的人生道理。

“什么道理？”你好奇地看着妈妈。

“妈妈先不告诉你，等你听完这个故事之后，你再来跟妈妈一起分析。”

这是一个非常悲惨的故事：男主人是个1.3米高的小矮人，由于十岁时得了骨质异常增生病，他不但不再长高，而且整个人完全畸形，嘴巴、鼻子、眼睛都是歪的、怪怪的，头要比正常人大出一倍，手脚也是变形的。

“啊，这么丑！”你惊讶地说。

是啊，真的很丑，妈妈还从来没见过这么难看的长相。由于他全身畸形，不能走路，只能坐轮椅和躺在床上，坐的时间也不能太长，因为坐久了他的身体也会很疼，所以大多数时间他只能躺在床上。

最可怜的是，他和我们正常人一样，也有清醒的头脑、敏感的自尊和美好的梦想！

你很不解地望着妈妈。

妈妈告诉你，因为他头脑清醒、自尊心强烈，并且对自己的人生还抱着美好的梦想，他要承受的痛苦和打击就更多。从十岁得病后整整八年，他因为强烈的自尊心，就再也没有出过家门。这是北方的一个城市，他有一个很伟大的妈妈，他妈妈没有因为儿子的怪病而嫌弃和厌烦他，还很细心地照顾他，使这个大头儿心里充满了歉意，并且感到很痛苦。儿子，告诉妈妈，你明白他为什么痛苦吗？

你说：“因为他不能像正常人一样，回报他妈妈的付出，只能让他妈妈照顾他。”

噢，太对了，儿子，一个人不能通过自己的双手去劳动，不能实现自己的价值，而只能成为家庭的累赘和负担，这当然是十分痛苦的事情！

于是，他想到了自杀。一天，就在他准备用尖刀割脉的时候，刚好传来了他妈妈亲切的叫唤：“儿子，在干什么呢？”他只好赶紧把刀子藏起来。

后来，他妈妈买了新衣服，要带他出去见见阳光，他很灰暗地说：“妈，我这个样儿，不出去。”可他妈妈硬是帮他换上了新衣服，推着轮椅出去了。

在街上，投来了无数好奇的目光，有的邻居用尖酸的话语问：“大姐，这是谁呀？长得这个样？”他妈妈平静地说：“我家老二呢。”大头儿子看着、听着，头越来越低。他妈妈说：“儿子，抬起头来，咱一不偷二不抢的，为啥不抬起头做人呢！”大头儿抬起了头，泪水流了下来，他妈妈的眼泪也流了下来。但是透过泪水，他看到了灿烂的阳光和天空中美丽的云彩！

从这天以后，大头仔决定“走”出家门开始做点事情。一直爱看书的他想到了摆书摊卖书，说干就干，第一天摆卖，他赚了八毛钱。当拿到那八毛钱的时候，他好激动啊，因为这是他有生以来第一次用自己的劳动赚来的钱，他终于可以用自己赚来的钱给妈妈买一点小东西了。

后来，他的书摊越摆越大，不但赚了点钱，还交到了很多朋友，最让他感动的是，还有一个可爱的女孩喜欢上了他。因为他们都很爱看书，有许多共同语言，只要聚在一起，就有说不完的话。慢慢地，他们产生了爱情，这个丑男人终于体验到了珍贵的爱情。

“后来呢？”

后来，因为摆书摊坐的时间太久了，他的骨质病更严重了，双手也因为老要搬书而弄骨折了，没办法，书摊终于摆不下去了。但是到了这个地步，他还是不愿意放弃生命，还是希望通过自己的努力来创造生命的奇迹！

后来，通过努力，他在城里开办了一家“婚庆公司”（就是为别人办婚礼搞庆祝），这是他们那个城市第一家婚庆公司。开始没有生意，别人一看到他那难看的样子，都摇头或者取笑。但是这大头仔就是有一种独特的毅力，再难做的事他也要坚持做下去！果然功夫不负有心人，他的公司凭着很好的服务和独特的创意慢慢有了名气，生意也慢慢多起来。这个大头仔在他们那个城里成了一个新闻人物，所以电视台就采访了他的故事。

原来，医生预测这个大头仔只能活到35岁，可他现在已经38岁了，还好好地活着。他母亲为自己有个这么争气、这么坚强的儿子而感到非常自豪！

儿子，妈妈觉得，这个故事就像一面明亮的镜子，可以照亮我们每个人的心，相比这大头仔，我们每一个正常人都是那么幸福！所以，儿子，能和许多正常人一样过着平常的日子，我们就应该感觉到很幸福了，你说是吗？

你很有力地点头认同。

还有，就算生命中遇到了再大的苦难和打击，我们也不能放弃生命，更不要埋怨命运，要用毅力去创造生命的奇迹，只要付出了努力，就一定能收获生命的果实。儿子，你觉得对吗？

你说："当然了，如果大头仔自杀了，他就不能上电视了，他也赚不到钱来回报他妈妈了。"

太对了，儿子，妈妈相信，从今以后，你一定会更加珍惜生命，更加珍惜我们幸福的生活，并且能够更加勇敢地去面对生活中的一些小困难了！

2008年6月25日

妈妈心语

常常给孩子讲述一些有感染力的故事，是感恩生命教育的良好途径，通过故事的震撼，孩子会慢慢明白：再多磨难的人生都不能放弃，只要我们愿意去努力、去付出、去创造，什么奇迹都可能出现、什么困难都可以战胜！

第一次讨论"死亡"

孩子，今天你跟妈妈说："我一想到将来要死去，就觉得心里很难受。"你还说："假如人都不会死，等长大了就一直不会老、不会死多好啊。"

孩子，最近你已经开始思考关于死亡的含义了，妈妈希望今天跟你对"生命"和"死亡"进行一次有意义的交流。

没有长生不老药丸

是的，孩子，妈妈告诉你，人总有一天会死的，大家都一样，没有人可以例外，并且人在死亡之后，就永远不会再复活了，每个人的生命都只有一次。在小说故事里，会有长生不老药丸或者起死回生药丸，但那永远是人类美好的想象。

生命就是一个过程，几十年甚至上百年，听起来好像很久，其实对于整个人类历史来说，它是非常短暂的。你想想，一棵大树都可以活几百年，但人只能活几十年！

孩子，对生命，你很小的时候就有了思考，对自己失去了爷爷，你表示十分的感慨和遗憾。并且常说假如妈妈以后死了你会有多么的悲伤。儿子，你真是一个非常敏感和善于思考的孩子，妈妈希望，对于生命和死亡，从你现在开始就建立起一个智慧的认识。

我们要感恩死亡

妈妈首先告诉你，我们应该感恩死亡的存在。

“为什么？”你睁大了疑问的眼睛。

因为——假如没有死亡，我们就绝不会珍惜生命！

你想想看，假如我们身边美丽的花儿永远也不会凋谢，永远都是那么灿烂夺目，那么我们还能感觉到它的珍贵和美丽么？我们会因为习惯而无视于它们的存在甚至会因为天天看到它们而产生一种厌烦的情绪。

又假如我们种下去的每一颗植物都不会老不会死，那么我们还能体验到播种的快乐和看见嫩芽的喜悦么？

同样的道理，假如我们的生命永远也不会老、不会死，那么我们又怎么会去珍惜它、又怎么会保持兴趣去体验每一个可贵的人生阶段呢？！

孩子，你大概明白了：一切美丽、珍贵的东西之所以美丽、珍贵，往往都是因为它会蜕变、会消失，所以，我们不必为死亡而遗憾和悲伤，我们只需要珍惜我们的生命、好好体验我们有限的生命就足够了。

珍惜不会重来的每一天

孩子，你现在长大了，不可能再回到婴儿时期了，也不可能再回到你原来的幼儿时期了，所以，我们生命中的每一天、每一个阶段，都是过去了，它都不会再重来。

生命是那么可贵，每一天都是那么可贵。因此对于你现在的童年，妈妈尽量引导你过得放松和快乐，希望你将来对童年留下美好的回忆。

可是孩子，人生不能只是体验休闲和快乐。

你很不解："为什么呢？"

因为假如一直体验快乐，快乐也会变得乏味和无聊，就像白开水一样无味！

所以，我们要用一种智慧的心态，去接受和体验人生中的各种滋味，除了幸福欢笑，还有痛苦悲伤，除了休闲娱乐，还要努力拼搏，因此，妈妈希望你的快乐要建立在自己的进步和取得的成绩上。比如你的钢琴，现在能弹出优美的曲子，像《献给爱丽丝》这首世界名曲，你能弹得很好、很优美，爸爸妈妈都为你而自豪，你自己也要为自己所付出的努力而自豪！

所以，儿子，如果我们很努力、很积极地生活，很珍惜我们拥有的每一天，什么样的人生滋味都体验过了，我们的精神世界就会变得很丰富，到我们慢慢老去的时候，死亡也变得很自然，一点也不遗憾、不悲伤了。

2007年4月15日

妈妈心语

让孩子从小就建立一种智慧的生死观，必将使孩子终生受益。而要让孩子对死亡建立一种智慧的认识，绝不是一天两天的事情，常常找些机会和孩子交流、对话，总有一天，孩子会明白生死的真谛。

为蚕蛾竖立墓碑

今天，妈妈带你刚回到家，你就去看小纸箱中的蚕蛾，结果最后一只蛾也死掉了，你看到四五只蛾真的已经一动不动，就剩下那一片鹅黄色的卵，觉得很伤心。

妈妈告诉你，它们已经完成了整个生命的过程，现在卵也产完了，什么任务都完成了，几个阶段它们都体验过了，所以它们的死很正常，没什么值得悲伤。

可是你因为一天天地看着它们的生长变化，现在却要和它们完全告别了，一时还是不能改变那份伤心。

为了让你释怀，妈妈和你一起回忆了它们生长的整个过程：开始是一条像毛毛虫一样的小蚕虫，但是它们长得很快，大约过了20多天，就长成了一条有八厘米长的大蚕虫了，然后就开始吐丝结茧，把自己身体包裹起来。然后又过了大约15天，就从蚕茧中飞出了米黄色的蛾。蛾不吃东西，也不飞走，没过多久就开始产卵，几只蛾都陆续产下了很多卵，再过了好些天，一只蛾就死掉了，后来其他蚕蛾陆陆续续地死，今天最后一只也死了。

妈妈告诉你，蚕的生命过程虽然很短，但它们的生命很有意义，为我们人类做的贡献很大。

你睁大了好奇的眼睛说："为什么？"

因为蚕吐的丝是很珍贵的，可以用来做衣服、围巾和被子，用蚕丝做的衣服和被子都特别舒服、柔软，古时候凡是那些富有人家包括皇宫里的人，他们的衣服大多数都是蚕丝做的。蚕丝很有价值，所以蚕的一生也很有价值。

你说："可是蚕的一生太短了，我还是觉得它们很不幸。"

妈妈告诉你，每一样生物的生命长短都是不一样的，比如猪的生命一般就是两三年，牛的生命一般是八九年，猫的生命大约也是八九年，而蚊子和苍蝇大约只能活几十天。还有，我们看到的很多植物，也是在经历冬天的时候就死了，然后到了春天，它们的根又长出了新的叶子，就这样不断地繁殖下去。就像蚕蛾一样，当它们产下卵之后，那些卵又会变成蚕虫，最后变成蛾然后再产下卵再死去，就像我们人类一样，会生儿育女，一代一代地传下去，所以死亡只不过是一种生命形态的转换而已，不是不幸，也不值得伤悲。

并且一个生命的意义不是看它活得长短，蚕的生命过程虽然很短，但它们完成了吐丝的伟大任务，所以它们的生命很有意义。孩子，你一定明白了，我们人类也一样，如果想要让我们的生命变得更有意义，就应该为这个社会多做一些贡献，不是生命越长就越有意义，而是对社会贡献越大就越有意义。

有的人活了很长，但是没做什么好事，像现在的一些人，整天聚在一起打麻将，不上班、不工作，浪费时间，天天过的就是打麻将的生活，活再长也没意义。

你听说过雷锋吗？

你说："当然了，早就听说过了。"

那妈妈告诉你，他才活了22岁，也就是在青年的时候就去世了，但是因为他把每一天都活得很有意义，把所有的时间都用在了学习、为人民服务和做好事上，没有浪费一点时间，所以他的人生特别有意义，到现在他已经死了四五十年了，人们还不会忘记他，他乐于助人的精神永远激励着我们每一代人！

所以，儿子，一个生命，不管长短，只要是有意义的，就没有不幸、没有伤悲，不要再为蚕蛾的死去而伤心了，它已经完成了它生命的任务。

你思考着妈妈的话，然后说："为了纪念它们，我要给它们做一个墓碑。"

妈妈以为你是说着玩的，没想到你真的就进书房里制作起"墓碑"来，你剪了一张硬纸片，上面用圆珠笔写上两个大字"蛾墓"，旁边是两行小字，一行写着"纪念五只蛾兄妹"，另一行记录的是时间：二零零九年四月十六日。然后就用手挖开花盆里的花泥，真的把几只蛾的尸体埋在了泥土里，然后再把"墓碑"竖立在上面。

做好了这一切，你还找了几根牙签插在泥土里，你说："这是蜡烛。"然后还跪下去双手合十，虔诚膜拜，说是为蛾的灵魂祈祷升天。

噢，孩子，你的行为实在让妈妈感到惊讶，难以想象一颗小小的心灵何以那样的细微、丰富和神秘。你的怜悯众生的心肠，与生俱来，这种柔软、细腻和慈善，将会使你拥有高贵的精神品质，妈妈为拥有你这样一个孩子而自豪。

对一个如此短暂的生命尚且如此怜惜，那么以后一定会加倍珍惜自己的生命并善待每一个人的生命！

2009年4月16日

妈妈心语

珍惜生命、善待别人，这是健康人格教育中的一个重要命题。一个人，只有修炼出一颗柔软的心，才能焕发出生命的光辉。从小开始，就引导孩子对生命的长短、生命的意义建立感性和智慧的认识，对激发孩子心灵的广度和深度有着深刻的影响。

感谢每个老师的教导

孩子，周老师、余老师还有其他好几个老师，已经教了你两年了，今天是教师节，妈妈给你买了几张明信片，让你写上感谢和祝福的话语，作为礼物，送给老师。

你都照做了，现在你已经上三年级，老师基本没有换，都是你很熟悉的老师了。庆幸的是，这些老师几乎都是你喜欢的，尤其是接触最多的班主任周老师，你跟她感情很深。最近开学时她因为家里有事两天都没来学校，你说，没见到周老师，你的心里好像很郁闷、很不开心，我想，这大概就是一种挂念吧。以前一上学就会见到她，而现在到学校两天了都没有见到她，你和其他的很多同学，想必都会很想念她的，这就是可贵的师生情。

小学老师太辛苦了！

孩子，做一个小学老师是很不容易的，你们刚刚踏入校门，每个孩子都那么调皮、多动，甚至还有些会恶作剧，很多人还不懂得尊重老师、认真听课，尤其是在一年级的时候，一会儿这个哭、一会儿那个闹，课堂秩序很难维持。

记得那时候，你们的班主任周老师，为了管好你们，天天嗓子都是哑的。其实，她本来并不是一个苛刻和严厉的老师，但要维持正常的秩序就已经非常困难。

妈妈完全可以想象得到老师的辛苦。在家里，管一个孩子都觉得很累、很麻烦，有时来了几个小朋友一起玩，那局面就很难控制，尤其是男孩子，在家里窜来窜去，到处翻箱倒柜，弄得家里一片狼藉，而你们班竟然有47个孩子，一个老师要管好这47个孩子，的确是太不容易、太辛苦了！但是，这么苦累的活儿，老师却总是要这样默默地承受下来，谁也不知道她们要付出多少、要受多少气！

你感觉到了自己的进步

孩子，你注意过没有，在老师的教导下，你和你的同学们在不断地变化——经过一年的教导，你们大家都懂事了很多，到了二年级，老师嗓子哑的现象好了很多，现在到三年级了，你们又更懂事更乖了，周老师的嗓子也不再哑了。

你说："妈妈，我现在上课不像以前那样总是去招惹周围的同学了，搞小动作也少了。"是啊，你注意到自己的进步了，妈妈很相信你，孩子就是这样，在父母和老师的教导和培育下，不断地成长进步。

除了变得懂事之外，你还学到了很多的知识：从原来不会写一个字到现在能够写几百字的作文，从不会计算简单的数学到现在已懂得使用乘法和除法，从原来不懂一点英语到现在已能说不少英语，你有了多大的进步呀！这些都是老师用艰辛的劳动换来的。

因此，孩子，对老师的恩情，你一定要懂得感激和珍惜。

你的进步是回报老师的最好礼物

妈妈曾经跟你说过，回报父母为你付出的最好礼物，就是你的成长和进步，你能尊重父母、懂事听话，少惹父母生气，自觉学习、不断进步，多带给父母快乐，这就是最好的礼物。

而报答老师的最好礼物也还是这些。要回报老师的付出，妈妈觉得你首先要认真听课、尊重老师的劳动，不惹老师生气；平时不要跟同学之间打打闹闹，弄出乱子（比如打伤同学，就会追究老师的责任），增加老师的压力；要理解老师的苦心，不要因为自己有错遭到老师批评就记恨老师或者讨厌老师，这样就是不配合老师对你的教育。

还有，妈妈告诉你，做老师的最大快乐就是看到自己学生的不断进步和取得成绩。比如说，如果你们班上在期末考的时候，考到了全校甚至是整个广州市的第一，那么你们的老师是不是会觉得自己的付出得到了最好的回报？还有，比如说，你们班上谁在作文比赛中得了奖、谁又在科技发明中拿了奖、谁又在唱歌比赛中拿了奖，这样老师的脸上是不是很有光彩？每一个老师都是这样，看到自己的学生取得成绩的时候，心里都会很自豪、很快乐，就像父母看到自己的孩子取得成绩一样。

所以，孩子，要记住，配合老师的教育，努力学习、不断进步、取得成绩就是对老师最好的回报！

2008年9月10日

妈妈心语

引导孩子理解老师、珍惜与老师之间的感情，这是孩子成长过程中必不可少的心灵课堂，也是促进孩子通过与老师间产生情感互动的力量而得到更大进步的有效途径。

感谢每位同学的帮助

孩子，今天你秋游回来，首先告诉妈妈的不是秋游的快乐，而是关于你的同学梁旭强对你的帮助：你忘记了向爸妈要钱，没有带钱去，结果水喝完了，就没钱买水喝，你向一个好朋友余丰“求救”，他的水瓶里还剩有不多的水，可是他觉得自己的水已经不够喝了，不肯给你。正在这时，梁旭强告诉你他带有钱，于是跟你一起去买了两瓶水，给了你一瓶。

在你拿到水时，你首先给余丰倒了一半，然后自己又喝了几口，水又剩下不多了。这时梁旭强赶忙又把自己那瓶水倒了一半给你，终于让你解决了口渴问题。你天真地说：“妈妈，当时，我立即就把梁旭强从普通朋友升级为兄弟了。”然后你紧接着说：“为了感谢梁旭强，我要请他吃肯德基，他给了我‘生命之源’。”

妈妈听后，觉得你是一个很懂报恩的孩子，立即答应了你请梁旭强吃肯德基的请求，同时还表扬了你宽广的胸怀——余丰不肯分水给你，而你却在得到一瓶水后首先就倒给了他一半，真是个很棒的孩子！

到了周末，妈妈兑现了你请梁旭强吃肯德基的诺言（后来征求梁旭强个人意见吃了西餐）。你在见到梁旭强时，首先要他接受你的三拜（从武侠里学来的），反复强调他给了你“生命之源”，你要感谢他，让妈妈和梁旭强的妈妈都十分惊讶：对同学的帮助，你看得那么重，并且懂得回报！

以前有一句古话叫“滴水之恩当涌泉相报”，也就是说，别人在关键时刻给了你一滴水，你却用源源不绝的甘泉去回报别人。

孩子，从这件事情看，你就是一个很懂得报恩的人，心地非常善良，这让妈妈感到欣慰！一个懂得感恩和报恩的人，才是一个有感情、有良心、受人敬重的人。妈妈希望，对每个同学的帮助，你都应该记在心里，并且在同学需要你帮助的时候帮助他们。

记得从一年级开始，你的好几个同学都帮助过你：王胜乐帮你复印过很多次《小学生数学辅导报》；余丰在你一次出鼻血时主动给你递纸巾；谢建在你被同学弄哭时传纸条安慰你……这些点点滴滴的小事，虽然不是很大的帮助，但小事里面见真情，正是同学间这些小小的帮助和关怀，带给了你生活色彩、温暖和欢笑！

2008年10月23日

感恩痛苦和苦难

作不出悲伤的曲子

今天，孩子，在你练习钢琴的时候，你忽然想自己作一首曲子，然后你以《快乐的一天》为题，弹出了一首快乐的歌。妈妈为你鼓掌，太棒啦！儿子，你所弹的，的确是一首能让人感受到快乐的乐曲，妈妈发现，你近来陆续由自己即兴弹出的曲子，都是欢快的、雄壮的曲子。

这时，妈妈提示你说：“儿子，弹一首《悲伤的一天》给妈妈听。”于是你开始即兴弹奏，可是，听完后妈妈笑了，一点也不悲伤。

孩子，这说明你弹出来的曲子都是由你内心世界直接流出的对生活的感受，你是一个幸福的孩子，可以说，你还从没体验过悲伤和痛苦，还没经历过苦难和不幸。

一个人，假如真的有那么幸运，一辈子都碰不上苦难和不幸，一辈子都幸福和快乐，这也许是值得庆幸的。但是，孩子，人生不可能一直是幸运的，苦难和挫折总有一天会到来，因此妈妈希望，在苦难和痛苦还没到来之前，你就能建立起一种对待苦难的智慧，才不会在苦难来临的时候被苦难压倒或者向苦难投降。

★ 孩子，人生不可能一直是幸运的，苦难和挫折总有一天会到来，因此妈妈希望，在苦难还没到来之前，你就能建立起一种对待苦难的智慧，才不会在苦难来临的时候被苦难压倒或者向苦难投降！

经历苦难才能“大勇”

在晚上睡觉前，妈妈跟你讲述了妈妈小时候的苦难生活。那个年代生活很穷苦，吃不好穿不暖，除了上课和学习之外，还要干很多劳动和家务，做不好还要挨父母的批评。那时妈妈的身体也很不好，四五岁就老要独自坐在凳子上给公公打针。苦难的生活使妈妈承受了许多痛苦，一直到出来工作前几乎都是不好的生活状况。可正因为妈妈体验了很多的苦难，所以到现在再遇上苦难的时候，妈妈就不再惧怕了。

苦难把妈妈的意志力锻炼出来了，所以妈妈承受苦难的能力就很强。

孩子，有一本很著名的书叫《钢铁是怎样炼成的》，就是告诉我们一个道理：锻炼意志力就像冶炼钢铁一样，是要经过烈火的烤炼才能打造出刚硬的钢铁来。以前妈妈跟你讲过的“人生大勇”，也是这样被苦难慢慢历练出来的，妈妈就一直追求到达“大勇”的境界，只有这样，我们才能轻松地面对生活中所有的磨难和不幸，还有不惧怕生活中那些邪恶的势力，这样我们才能获得一种很洒脱、很自如的人生状态。

经历苦难才能“丰富”

妈妈告诉你，苦难不但可以锻炼我们的意志力，还会丰富我们的心灵，因此我们要感恩苦难和痛苦，在遇到苦难和痛苦的时候，不要唉声叹气，或者被苦难吓倒，而是要勇敢地去面对，让苦难转化为锻炼自己意志力的力量、成为丰富自己心灵的甘泉，有了这样的智慧，即使是遇上再大的不幸，我们也会战胜它、化解它、超越它。而一旦超越了苦难，苦难就成为了我们生命里珍贵的财富，因为这苦难丰富了我们的心灵，也就相当于提升了我们生命的质量。

孩子，你要明白，一个人如果想要拥有丰富的人生，想要拥有一颗丰富的心灵，他就一定要勇敢地去体验苦难。

妈妈告诉你，几乎每一个艺术家（比如文学家、音乐家），他们之所以能创作出伟大的作品来，往往就是因为他们深刻地体验过苦难然后又超越了苦难，所以他们才能通过自己的作品把自己超越苦难的智慧和力量传达给我们。比如我们很熟悉的贝多芬的《命运交响曲》，就是贝多芬在耳聋之后跟命运抗争的巨大的力量的表达。

痛苦越深　快乐越高

孩子，你要明白，体验过深刻痛苦的人，就能体验到更高的快乐。

“为什么呢？”你一脸疑惑。

因为心灵是要经过锻造才会变得丰富和细微的，就像我们的意志需要经过锻炼才会变得坚强一样。所以，只有具备了丰富的心灵，才会体验到更高的快乐和幸福！所以，我们要抱着一种智慧的心态去接受苦难和体验苦难。

那些在遇到苦难和不幸的时候没有勇气和智慧去面对的人，他们有的会得抑郁症或精神病，有的会放弃生命走向自杀，这是非常遗憾的，假如他们能对苦难和不幸抱着一种感恩的心态、智慧的心态，就会焕发出一种巨大的勇气和毅力，战胜苦难、超越苦难，最后迎来的，一定是生命的欢乐！

你说：“就像那个大头仔一样，虽然很丑，却上了电视，被人家采访。”

噢，儿子，你的悟性真好，你还记得妈妈跟你讲过的大头仔的故事，你说得太对了！只要抱着一种感恩苦难的心态，怎样的遭遇、怎样的生活都是有意义的！

2008年10月11日

妈妈心语

在物质丰富、条件优越的成长背景中，孩子的意志力普遍滑坡，因此当面临较大的挫折和不幸时，很容易悲观消极甚至产生放弃生命的念头，因此，让孩子明白苦难对于我们生命的意义是成长教育中必不可少的功课！

第二章 珍惜：让你拥有一颗快乐的童心

当我们的眼睛能看、耳朵能听、嘴巴能说、能笑，脑子能思考、心灵能感受的时候，我们没有理由不感到生活的幸福！孩子，从现在开始，学会排解生活中的小苦恼，让自己的心快乐起来，珍惜平凡生活的每一天！

孩子，妈妈相信你一定明白了，不要在与人比较中影响自己的心态，对自己得不到的东西，学会放弃，对比自己差的事物，学会宽容，珍惜自己的拥有，享受自己的拥有，这是我们一直要修炼的智慧。

第一次说出消极暗淡的话

孩子，今天在睡觉前，你因为感觉胸闷而难以入睡。这现象已经有一段时间了，但是爸妈带你到医院做了系列的检查却查不出个究竟来，妈妈只能给你做一些身体的按摩和心理的安慰，可你却说自己得了怪病，并且泄气地说："我这样活着还有什么意思！不如死了算了，死了就没有这些烦恼了。"

听了这话，妈妈是多么吃惊，孩子，身体一点小小的毛病就会让你如此情绪暗淡，说出这种泄气的话来，这是很不应该的。

珍惜生命是孩子的最大责任

妈妈告诉你，其实你是一个很懂得享受生命乐趣的孩子，你常常会自娱自乐，玩得放松而尽兴，并且对生活的浪漫和温馨，你是那么善于捕捉和感受。

记得有一次，爸爸妈妈和你一起站在阳台聊天，你看着阳台外的美丽风景说："我觉得这样很浪漫。"

妈妈问你："儿子，你觉得什么叫浪漫？"

你微笑着说："我觉得浪漫就是享受美景、休闲和爱。"

当时妈妈十分惊讶，没想到一个七岁的孩子对浪漫的理解能到达这样的高度！妈妈随即问你："你觉得怎么样叫做爱？"

你抱住妈妈说："就是这样，感情很好，你很爱我，我也很爱你。"

妈妈为你良好的悟性和丰富的心灵而欣喜。

可是，孩子，由于你控制情绪的能力较差，一遇上烦恼或不顺心的事，很容易出现情绪低落，说出悲观暗淡的话，甚至做出一些疯狂的事情。

记得有一次，你因为跟爸爸发生争吵，被爸爸拉到房子里关起来。没想到你竟然把自己衣服脱了，还去撞桌子，说要把自己撞死算了。好几件事的发生，让妈妈十分震惊，心想，假如哪一天你一气之下做出什么疯狂的事来，那妈妈对你所有的付出都会在刹那间付之东流！

孩子，你必须明白：珍惜生命是每个孩子最大的责任！

一个人要来到这世上是很不容易的，每个人的生命都只有一次，死去了，就永远也不会再来。所以，有那么多的人，在面临生死的考验时，都会不惜一切代价去做最后的努力！

孩子，你知道，你的生命跟妈妈是连在一起的，意思是说，你要是自杀，就等于你杀了妈妈。你要明白，你的生命不只是你自己的，你的生命关系到爸爸妈妈、奶奶还有公公婆婆等亲人的幸福！所以，你现在就要建立起一种对自己生命负责任的态度、对亲人幸福负责任的概念！

还有，你想想看，妈妈那么辛苦养育了你，你怎么能就这样让妈妈白白付出呢？平时，你花一两天甚至一两个钟头画的画，要是被别人弄坏了，你都会非常伤心和生气，何况妈妈养育了你这么多年，还为了要把你剖出来而去做手术，怀你的时候还差点病得连命都没了。你的出生和成长，完全是妈妈用苦难和辛劳换来的！

对爸妈的爱是最大的回报

儿子，你曾经告诉妈妈，将来长大了要买一栋漂亮的别墅给爸爸妈妈住，爸妈听了多开心啊！这说明你已经懂得将来要报答爸爸妈妈了，那么你要记住，你回报爸爸妈妈的，最关键的不是别墅而是对爸妈的爱，只要你珍惜生命、热爱生活并且爱爸爸妈妈，就是对爸妈最好的回报！

那种不顾父母亲人的痛苦，因为生活中一些不顺心的事情就去自杀或者放弃生命的孩子，是最不孝顺、最没责任感的人！

妈妈跟你讲一个真实的故事，是爸爸认识的一个女人，她的命运很悲惨，在她孩子还很小的时候，她的丈夫（就是孩子的爸爸）就上吊自杀了，于是她只能单独一个女人带大自己的孩子。孩子好不容易长大并上了大学，可是因为大学毕业后找不到工作，他就和他爸爸一样，在家里上吊自杀了。她精神受到了太大的刺激，自从她儿子死了之后就再也没上过一天班，脑子也变得有点神思恍惚了。

儿子，你觉得，这个做孩子的人是不是很不孝顺，很不负责任？

你说："是啊，找不到工作算什么大事！就算是做乞丐也能活下来，就这样去自杀，丢下他妈妈孤孤单单的一个老女人，当然是很不孝顺！"

儿子，你说得太对了，找不到工作虽然也是一件大事，但是对于珍贵的生命和他妈妈的幸福来说，这只不过是很小的一件事情，因为他有手有脚有脑袋，总能通过自己的劳动养活自己。比如做点小生意，或者去找一份比较辛苦的工作，总能赚到一点钱，只要能用自己的劳动养活自己，生活就还有快乐。

更何况无论如何，他也必须孝敬他的妈妈、爱他妈妈，回报他妈妈为他的付出，不管生活中遇到多大的困难，为了他妈妈，他也应该努力去克服、勇敢去面对，你说对吗，儿子？

你很懂事地点头认同。孩子，一定要记住，不管遇到什么艰难困苦、什么矛盾仇恨，但在珍贵的生命面前，它都微不足道！孩子，永远不要再说那些消极暗淡的话，只要你战胜自己，调整情绪，每一天的生活都是美好而珍贵的。

2007年5月24日

妈妈心语

每一个孩子都有可能会产生消极的念头或做出一些疯狂的行为，假如得不到父母及时有效的引导和开解，后果是不堪设想的。因此，使孩子建立起生命责任感和对生活的热爱对于健康成长至关重要，而要达到目的，与孩子的交流谈心是重要途径。

一个肝癌患者的故事

孩子，有时候一点小小的毛病都会让你沮丧和暗淡，从小到大，你的确有这个那个的小毛病，比如长期扁桃腺肿大，容易发烧，鼻腺体肿大，夜里睡觉常常呼吸困难，必须要侧睡；四岁开始又常常会肚子疼，还有，小鸡鸡包皮长得不好，让医生帮你拨了几次，让你承受了一点痛苦；最近一两年来，你又常常觉得胸闷，晚上睡觉的时候老说闷得睡不着。

孩子，很多病都是医生解决不了的，不管怎样，妈妈希望你首先在心理上战胜自己。其实，每个人都是有些毛病的，没有一个人会健康得完全没有毛病。有人说，那种健康得不生小病的人最容易生大病了，一旦大病来了就更麻烦了。儿子，相比那些得大病的人，你身体的这些小毛病都是小问题，不值得你为这点小病而泄气。

就是得了绝症的人，他们很多也不悲观绝望，努力地和病魔作斗争。

今天，妈妈跟你讲述一个肝癌患者的真实故事：一个中年男人，他很不幸，得了肝癌，发现的时候已经算是晚期，所谓晚期，就是几乎没得治了，很多人像他这样不治就被吓死了，还有些人做完手术很快就死了。但这个人不甘心——生命那么可贵，他还想好好地活下去，他要付出一切努力跟病魔战斗！在他做完了肿瘤切除手术后，他开始放开心胸，丢开思想包袱，坚持每天去游泳，在游泳池里放松和拼搏，不管刮风下雨，他都坚持不懈。后来冬天到了，天气冷得刺骨，他还是要挑战自己的意志，坚持到底。

结果奇迹就出现了，原来医生说他大概还能活两个月，可是他一天天地活了下去，一直到现在已经三年过去了，他还活着，癌症没有转移，他活得非常开朗、愉快，因为这些日子都是他用意志力赚来的！

儿子，妈妈相信，当他每天睁开眼睛，看到亮光、看到花草树木、看到来来往往的人群时，一定会感到非常幸福！

所以孩子，不管遇到什么病，我们都不要灰暗，更不要泄气，要记住，在病魔面前，甚至在死神面前，只要我们够勇敢、够坚强、心胸够开阔，病魔和死神都会被我们吓怕、被我们打败！也就是说，如果我们强，病魔就会弱，如果我们弱，病魔就会强，明白了吗？儿子？

你很肯定地告诉妈妈："明白了。"

"那么，儿子，以后不要再因为自己身体一些小小的毛病就心情灰暗了好吗？让自己变得勇敢和坚强起来，把病魔吓怕！来，妈妈跟你勾手指，保证以后一定做到！"

你很乐意跟妈妈勾手承诺了，妈妈期待着看到你的进步！

2007年5月26日

妈妈心语

培养孩子坚韧乐观的精神，勇敢面对生活的挫折和病痛，是我们每个父母一直要努力的事情。

学会欣赏自己的容貌

孩子，你对自己的容貌，常常很不自信，有时，你照着镜子说："妈妈，我长得很丑。"

记得你从五六岁时，就开始会说自己长得丑。一天，你照着镜子，说："唉，就我这个小圆头，这个模样子，太丑了。"

这让妈妈觉得奇怪，因为从小到大，见到你的人都会夸你长得好、长得帅，爸爸妈妈也常常夸你长得帅，但你从来不认同，想必是你敏感脆弱和不自信的性格造成的。

最近你迷上了武打电视剧和武侠小人书，尤其是电视剧《神探狄仁杰》，你看得着迷了。最让你佩服和向往的，当然是里面武功高强的男主角李元芳。你常常模仿他的动作，并且迷上了刀剑，买了很多玩具刀剑耍来耍去。你说，长大了你也要去演武侠，可是当你去照镜子的时候，却又发出感叹："唉，我长得这么丑，怎么能演李元芳呢？"

妈妈说："儿子，你长得比'李元芳'还帅呢，你要有自信，将来你比他还演得好。"你却不置可否，对自己的外貌还是很不自信。

记得前些天，你还跟妈妈说了一句小大人的话，你说："妈妈，我最有心理压力的就是我长大了可能娶不到老婆，因为我脸上有个疤。"

妈妈笑翻了天，没想到爸妈平时的一句玩笑话，却被你记在心上了。其实，你脸上因为摔跤而形成的那一个小疤，根本不伤大雅。可当妈妈笑过之后，又为你的不自信而心酸，没想到自己这么个又高又帅又聪明的儿子会说出这种丧气的话来。

可爱比美貌更重要

孩子，你对自己的容貌的确是太不自信了，这也是不够智慧的表现。

一个人，不管是对自己的外貌，还是对自己的才能、对自己拥有的每一件东西，都不应该由于不满足而导致心情的不愉快，否则就说明这个人欠缺智慧。

孩子，一个人，不管是美、是丑甚至是残疾，首先都应该接受自己，然后欣赏自己，带给自己愉快的心情。有一首歌叫做《我很丑，可是我很温柔》，唱的就是这种心情：很丑也没关系，可以通过自己的努力把自己变得很有才华，变得内心世界很丰富，很有魅力。

在美国国会大厦前留影

★一天，你照着镜子说："妈妈，我长得很丑。"妈妈告诉你，一个人要学会欣赏自己的容貌，只要自信起来，让自己内心充满阳光，就会焕发出一种独特的气质和风采！这样，即使是一个长得很普通的人，也会因为他的气质和风采显得很帅、很美！

一个很美丽很帅气的人，如果没有修养，品质恶劣，那么也不会有人欣赏他的美丽，这种美被人家叫做"臭美"，就是让人讨厌、反感的美。

我们看过的故事片《白雪公主》中的那个皇后就是这样的一个女人，本来她长得很美，但是她心胸狭窄，要做全世界最美的女人，所以就嫉妒白雪公主的美丽，要毒害白雪公主，结果自己变成了最丑恶的魔鬼。

我们还看过《憨豆先生》的故事，你看，憨豆长得一点也不帅，但是他很幽默、很好玩，很能带给别人开心，我们就觉得他很可爱。

所以，孩子，一个人长得美不美和可爱不可爱不是一回事，因此，妈妈希望，你要争取做一个可爱的、受人欢迎的孩子，这比长得帅更重要！

自信会使你更帅气

儿子，对自己的容貌，要有一种知足感恩的心态，要不即使你长得再好、再帅，仍然是不满足的，见到有一个比自己长得更好更帅气的人，就会羡慕人家，心想：要是我能像他那么帅就好了！这样，自己的外貌就一直不能带给自己愉快。

儿子，你现在长得又高又帅、模样子很可爱，已经是个很幸运的孩子，你应该知足，应该感恩，应该懂得欣赏自己，带给自己愉快的心情。

不要再说“我长得丑”，儿子，一个不自信的男孩子会显得很猥琐很没气质的，相反，一个人只要自信起来，让自己内心充满阳光，就会焕发出一种独特的气质和风采！那时，即使是一个长得很普通的人，也会因为他的气质和风采显得很帅、很美！

我们经常在街上，会看到一些人，长相很一般，但是气质和风采很美，这种美是最吸引人的，而有一些人，脸蛋虽然很不错，但是没有气质，在他的身上，找不到一种智慧的灵光。

你插嘴说：“什么叫智慧的灵光？”

妈妈告诉你，智慧的灵光包含很多东西，其中包括修养、内涵、思想等东西，有了这些东西，一个人就会在自己的身上展示出一种自信的光芒、一种智慧的神采，这是最值得欣赏的东西，所以只有漂亮的脸蛋，而欠缺神采和光芒的人，他的美是很有限的、没有光华的。

儿子，想必你一定明白了，美不美或帅不帅主要不是看那张脸蛋，最关键的是看他的气质和神采，只要你展示出自己的自信、阳光和内涵，你就会变得很帅、很可爱，很有吸引力！

2007年10月12日

妈妈心语

对自己外貌不自信的孩子，要引导孩子学会欣赏自己并且懂得知足感恩；对自己外貌过于自赏的孩子，要教会孩子拥有一颗平常的心，懂得去欣赏别人的美以及内在的美丽。这也是健康人格中的一个内容。

摆脱与人比较产生的苦恼

孩子，那天带你去南海游玩的时候，顺便看了一个新建的住宅小区，这小区起了个美妙的名字，叫“糖果社区”。

因为好奇，我们去看了几套样板房。当看到那些浪漫优雅的别墅时，你激动得完全受不住诱惑了。这是一套连同地下室就是四层的别墅。一进大门，就有一个休闲的空地，这里摆了桌子和太阳伞，还有一个流水叮咚的层级水池，水池里养了鱼，种了莲花，这情境当然是无比浪漫和休闲的。

进了房间，我们先参观了地下室，这里布置成一个健身房，里面有跑步机、小高尔夫球和其他一些健身设施。后来又上去二、三楼欣赏了高雅的客厅和温馨的房间，你还忍不住跑到天台上去欣赏风景，然后，你迅速地跑下来说：“妈妈，我好有心理压力呀，我怕很快就给别人买走了。快点买，我们现在就买下来，实在是太好了。”

当时，看着你的天真和激动，妈妈一时真不忍心扫你的兴啊。可是，孩子，妈妈还是不得不告诉你，爸爸妈妈根本没有那么多的钱来买这套别墅，假如你真的很想买这种别墅，那么只能靠你自己去努力了，只要你努力学习，将来成就了事业，就可以买这样的别墅了。

天真的你，疑惑地说：“为什么别人就能买得起这漂亮的别墅，而你和爸爸就不行？”

妈妈跟你讲了很久的道理，才让你从一种失落的情绪中走出来。

孩子，从现在开始，妈妈就要让你学会舍弃，学会珍惜自己的拥有了。最近，妈妈发现你已经很会与人比较，你说，希希的房子比我们的小、比我们的旧；当你去到小朋友志毅家的时候，又对志毅家的房子十分羡慕，说他的房子比我们家的宽，比我们家漂亮，还因为我们家没有他家那样的双层床而跟妈妈发脾气。

孩子，你一旦有了与人比较的敏感和习惯，总会带给你不必要的烦恼或不应有的沾沾自喜，这都是妈妈不喜欢看到的。记得有一次你还跟妈妈说：

“唉，刘力说他爸爸是副处长，我的爸爸是处长，唉，比我爸爸差。”孩子，妈妈一点也不欣赏你这有点沾沾自喜的味道。

习惯于跟人比，要么比出优越感，要么比出自卑感，这都是非常幼稚和肤浅的。儿子，也许每个正常人都会拿自己的东西跟别人比，孩子当然也会。只是妈妈告诉你，常常比出苦恼的人很愚蠢，常常比出沾沾自喜的人很幼稚，只有跟别人比出一种智慧一种平常心的人才是聪明的。

“为什么？”

妈妈举个例子你就明白了。比如，一个长相一般的人，他要是总喜欢跟那些长得很美的人来比较，然后觉得自己长得很丑，没脸见人，见到谁都抬不起头来，而一看见漂亮的人就心里难受，埋怨上苍没有赐给自己一张漂亮的脸蛋，整天过得不愉快，儿子，你觉不觉得这个人很愚蠢？

相反，妈妈见过一个女孩，她长得很不怎么样，可以说有点难看，但是她一点也不自卑，反而充满自信，并且读书很刻苦，成绩很好，让很多同学都羡慕她。你觉得这个女孩是不是很智慧？

在妈妈以前读书的时候，也有个女同学，她本来长得还比较好看，但是她身上老是有一种优越感，好像自己就比别人高贵，整天装出一副瞧不起别人的模样，这样反倒特别讨人厌，没有一个人喜欢她。

所以说，儿子，我们要在与人比较中获得一颗平常心，在比较中增长自己的聪明智慧，不要在比较中埋怨自己或唉声叹气，也不要有一种自以为了不起的优越感，因为要知道，你永远不会最好，也永远不会最差！唉声叹气和自以为是这两种人，都是得不到别人尊重的，因为老是埋怨自己的人，自己都不珍惜自己的拥有，自己都看不起自己，当然别人也会看不起他。而那种整天以为自己就比别人高一等的人，看不起别人，别人也不会看得起他，因为尊重是相互的。

所以，孩子，妈妈相信你一定明白了，不要在与人比较中影响自己的心态，对自己得不到的东西，学会放弃，对比自己差的事物，学会宽容，珍惜自己的拥有，享受自己的拥有，这是我们一直要修炼的智慧。

2008年7月25日

妈妈心语

每个孩子都会因为跟人比较而产生苦恼，如何让孩子尽早获得智慧和定力，摆脱这种苦恼，获得珍惜拥有的快乐，这是对我们大人智慧的考验。

珍爱你身体的每一个“零件”

又一个同学戴上了眼镜

儿子，今天你一放学回来，就告诉妈妈你的一个同学戴上了眼镜，他的眼睛可能是因为打游戏机弄坏的，妈妈听了心里总有几分沉重。现在的孩子，视力正常的没有多少个，包括你，儿子，你的视力也比以前差多了。记得在你两三岁的时候，你的视力让爸妈十分佩服，很远的一些小字你都能看得清清楚楚，后来上学了，你的视力就逐步减退，一想到将来你也可能要戴上眼镜，妈妈心里就特别不舒服。

儿子，假如你真要戴上眼镜，就意味着你要一辈子增加一个枷锁，走到哪里都无法摆脱它，这是多么可悲的事呀！

我们家洗衣机的“离合器”

孩子，我们身体的每一部分，就像机器的每一个零件一样，不好好保养，不懂得珍爱，“零件”就会坏，坏了再来修，但修好后，它的机能就很难再像原装的一样好用了，并且还很容易再次损坏。

你看我们家里的洗衣机，因为其中一个叫离合器的部件坏了，就老漏水，后来维修师傅来换了一个，用了几个月又坏了，结果又换了一个，可用了一段后又变得声音超大，不断地出问题。因为在维修的过程中，经过师傅一次次的敲打拆装，它的机能不断地受损，新问题就不断地出现，到最后已经难以修复了，我们只好换掉它。你看，一部洗衣机的寿命就这样结束了。

孩子，我们人体比机器更珍贵，机器一旦损坏了某些部件，还能换，而人体，想换也没得换的。比如眼睛坏了，不可能再换一双眼睛，耳朵聋了，不可能再去换一个耳朵，所以，我们珍爱身体的每一个“零件”太重要了，一旦损坏再来后悔就来不及了。

妈妈损坏“零件”的故事

儿子，记得妈妈在小时候最爱吃糖果，在上初中后，妈妈寄宿在学校，经常在晚上吃了糖果后不刷牙就睡觉了，结果两三年后，妈妈的大牙陆续都烂了、空了。妈妈在上大学时，常常因为牙疼而折腾得很惨，有时疼得脸都肿了起来，一疼就吃不下东西，睡觉也睡不着，上课肯定也没心听。跑去医院治疗，不但要忍痛，还麻烦得很。

那时侯，妈妈多后悔呀，心想，要是时光能倒流就好了，这样我一定克制自己一个糖也不吃，一定让自己每天晚上都认认真真地刷了牙再睡。可时间是不会倒流的，现在妈妈吃什么东西都靠这一边的牙齿，为了保护这些牙齿，现在妈妈每天刷牙都刷得特别认真和勤快，见到有糖果，尽管再喜欢吃，只要想到它损害牙齿，妈妈就克制住自己不吃，可是现在才这样爱护自己的牙齿，的确已经有些迟了。

儿子，你想想，假如妈妈早就爱护牙齿，就会少受很多病痛的折磨，并且还会因为一口很好的牙齿而享受到很多美食（比如硬饼、黄豆这些很难咬的东西），那有多好、多幸福！

妈妈除了把“牙齿”这些“小零件”弄坏了之外，把“胃”这个大部件也弄坏了。在上大学的时候，妈妈经常跟同学一起去宵夜，吃得太饱，有时还喝啤酒，第二天就睡懒觉，不吃早餐，一点也不爱护自己的胃，后来慢慢地就开始胃痛了。出来工作后，妈妈因为做记者工作压力比较大，吃东西也不是很准时，胃病就更加重了。现在你知道，妈妈经常会胃痛发作，去做过好几次胃镜，多痛苦啊，一条手指粗的管子插进喉咙，不停地呕吐，多难受啊。儿子，你说，假如时间能倒流，妈妈还会不会像以前那样不爱护自己的胃？

“肯定不会。”你说对了，现在后悔已经来不及了，这个胃痛怎么治都很难治彻底，就像一个机器零部件坏了之后怎么维修都很难恢复原来的性能一样。没办法了，妈妈只能从现在开始学会爱护自己的胃——当然，还有自己身体的每一个部位！

让你的每一个“零部件”更耐用

前些日子，你的一个脚踝关节扭伤了，肿了起来，妈妈是多么重视啊，假如护理不好，有可能留下永远的后遗症，跑步不行了，其他很多体育活动都会受到影响。因此妈妈高度重视，坚持每天给你护理，晚上睡觉前给你进行按摩，按摩后贴上膏药贴，再给你套上保暖的护踝布套。不管再累，妈妈一直坚持，坚持了好几个月，直到你说一点也不疼了才放松。

儿子，你慢慢长大了，爱护身体完全要靠你自己了。

我们身体的每一个器官，都跟机器的零件一样，是有寿命年限的，等我们老了之后它们的功能就会慢慢退化：耳朵会变聋、眼睛会变花、牙齿会脱掉，但是，从小就懂得爱护自己身体、爱护身体每一个部位的人，他们的“零件”就会耐用得多。比如，妈妈认识一个老太太，她从小就很爱护眼睛，到90岁还能穿针引线，多了不起的视力呀！

儿子，你现在的视力已经有轻微的问题，长时间地看电视、电脑，玩手机游戏，写字时眼睛靠得太近，这些都是损害眼睛的坏习惯，眼睛要是坏了，不但要受一辈子苦，并且考大学时很多专业都不会录取，比如航空、航海、机械测量，还有搞一些艺术和体育方面的也不行。假如一个孩子很想长大后做飞行员，但就因为视力不行就完全不能实现愿望，那多遗憾啊！

儿子，你生活中还有很多不良习惯，比如刷牙总是很随便、不认真，吃饭时喜欢喝水，有时刚吃饱饭就在路上跑等等，这些都是必须要改的坏习惯，要不经常这样下去，你的“零件”一定会一个个地坏下去！

儿子，从现在开始，配合爸爸妈妈和老师的管教，改掉不良习惯，爱护自己身体上的每一部分，不要让任何一个“零件”受损，聪明的你，一定能够做到！

2008年3月6日

珍惜自己拥有的每一样财富

孩子，每当爸爸妈妈带你去看一些新楼盘的样板房时，你就会羡慕得巴不得立即将那房子买下来。

今天，爸爸妈妈带你去一个新建的小区看房子，那里周围的环境很美，有一个大湖，湖里有喷泉，在湖里还可以划艇，你觉得十分浪漫。当看到那些叫情景洋房的样板房时，你更加羡慕：浪漫的阳台、温馨的布置，让你看得着迷了，天真的你大声嚷着要爸爸妈妈立即买下来，你说："妈妈，快点买下来，我怕很快就被别人给买走了。"

妈妈笑了，跟你说不要着急，这样的房子还有很多。等陪我们看房的叔叔走后，妈妈才告诉你，我们住的房子刚买没几年，不可能又再买房子，买房子是要很多钱的，不是一看到好的就想买。其实，每一个新的楼盘都会有它吸引人的地方，并且房子会越建越美，现在我们要是买了这里的房子，以后你看到其他更先进、更美的小区同样会觉得它更好，这是没有止境的。所以，对新的花园小区，我们可以经常去参观一下、欣赏一下，但是不要羡慕，更不要想买，只要学会了欣赏自己拥有的东西，你就会觉得自己现在的房子也挺不错。

妈妈跟你列举了我们现在住的花园小区的许多优点：有一条幽雅、浪漫的江边花园绿化带，每天可以在江边散步；有一个特大泳池，泳池里还有个好玩的娃娃池，还有好几个溜滑梯的，特别好玩；小区里有银行、邮局、超市、各式餐厅等等，生活十分方便……在我们家里，可以看到美丽的珠江，每天傍晚，可以看到太阳西下的美丽景色……

孩子，假如我们没有买下现在住的这个房子，而只是来参观，你一样会觉得它很好、很浪漫，而现在我们已经拥有了，你就忽视了它的美，所以我们要培养欣赏自己拥有的东西的智慧。只要培养出了这种智慧，你会觉得自己拥有的许多东西都很不错，没有必要羡慕别人。

妈妈告诉你，你的小朋友希希每次来我们家，她都觉得我们的房子很好、环境很美，因为她住的地方是没有花园小区的，并且家里只有两房一厅，连阳台都没有，但是她并没有因为自己的家比较简朴就不喜欢自己的家，她也能看到自己家的很多优点：靠近越秀公园，周围空气很好，进越秀公园很方便，可以经常去那儿玩，还有，周围的环境很安静、治安很好，住得很安全、很宁静、很健康，所以希希仍然喜欢自己的家。

这就是聪明的孩子！妈妈相信你也一定是个聪明的孩子，学会珍惜自己拥有的东西、欣赏自己拥有的东西，这样，快乐就会常常伴随着你！

其实，大人也一样，比如说，假如妈妈不懂得珍惜自己的孩子和欣赏自己孩子的优点，一见到别人的孩子比自己的孩子强，就羡慕别人的孩子，甚至唉声叹气：“唉，要是我儿子跟他这么棒就好了。”儿子，那你会不会觉得妈妈这样很愚蠢？所以，妈妈从来不去羡慕别人的孩子，每个孩子都会有优点有缺点，能拥有像你这样的一个孩子，妈妈已经非常满足了。只有这样，妈妈才会一直都爱你，并且因为我们母子间的爱而感到生活很幸福。

“儿子，下次我们再去看新的花园小区时，你还会急着想买新房子吗？”

你微笑着摇摇头。

2007年9月17日

珍惜与每一位同学间的情谊

孩子，今天放学后，你首先告诉妈妈，你想买一束鲜花去看望你的同学梁旭强，因为他出水痘，这些天都呆在家里一定很孤单。

妈妈听了很感动，问你是不是老师提出的意见。你说不是，是自己想出来的，因为他是你的“兄弟”，以前他帮助过你，所以现在一定要去慰问他。你还说：“假如他这样生病了，没有同学慰问会很伤心的。”

妈妈高度赞扬了你的懂事、重情谊，懂得关心同学。你告诉妈妈说，有两个同学装出伤心的样子说：“唉，梁旭强可能死了。”你听了非常生气，训斥他们不能这样说你的“兄弟”。

儿子，你是一个很重感情、很懂得珍惜友谊的孩子。妈妈发现，从你一年级到现在，老师让你换了很多次同桌，可不管换的是谁，你都能跟他成为朋友。在你遇上需要帮助的时候，你的朋友们都会很乐意帮助你，而在你的朋友们遇到你能帮助的问题时，你也一样很乐意帮助他们，这样，你的生活就因为同学间的相互关心、相互爱护而显得很温暖、很美好。

记得有一次，你放学回来告诉妈妈，有一个同学因为生病而呕吐了，他吐得满地都是脏东西，自己的衣服和桌子全都弄脏了，整个教室都散发出一种食物的难闻气味。很多同学都是立即捏住鼻子，躲得远远的，只有一个叫肖成的同学帮他清理和打扫，还有另一个同学拿纸巾给那同学擦衣服。

当时妈妈问你："那你呢？"

你说："我和别的同学一样，用手捏着鼻子，赶紧躲开。"

噢，儿子，妈妈对你的表现当然是不满意的，只是妈妈并没有严厉批评你，提示你用换位思考的方式想想：假如是你因为身体不舒服而呕吐了，别人都捏着鼻子走开，没有一个人帮助你，你的心里会是什么样的感受？

你开始意识到了自己的不对。妈妈告诉你，当一个人在遇到困难的关键时刻，他是多么需要别人的关心和帮助！你的那两个同学就很棒，他们能够忍着难闻的气味来帮助那个同学，让那个同学体验到同学之间相互帮助的温暖。相信他会一直记得这两个同学的帮助，以后在别人遇到困难的时候，他也一样会懂得去帮助别人，这样大家相处在一起才有意义。

当时妈妈对你提出了希望，以后再碰上同学遇到困难的时候，你首先要站出来，热情地帮助同学。今天，在同学生病的时候，你懂得要去探望他，这也是关心同学、珍惜同学间的感情的表现，这就对了。

晚上回到家后，妈妈首先就给你同学梁旭强的家里打了电话，告诉他妈妈你想要去看望梁旭强，结果因为水痘有传染性，他妈妈提出等他病好了再让你去看望。

孩子，同学间的感情是珍贵的，要维护好同学间的感情，是要付出爱心和胸怀的，除了要懂得关心同学和帮助同学之外，平时尽量不要用语言去伤害或打击同学，不要随意去揭同学的短处刺伤同学的自尊心；不要跟同学之间为了一些小事情而斤斤计较；跟同学间发生了矛盾争执，要尽快宽容同学，假如是自己错了，要主动向同学认错。

做到了这些，妈妈相信，你一定会有很多的朋友，体验到许多珍贵的友情，生活在相互友爱的氛围里，你们同学之间就会很温馨、很美好！

2008年12月20日

妈妈心语

一个孩子是否懂得建立和珍惜与同学间的友谊，将直接影响孩子校园生活的质量，而在整个人生的历程中，同学情在我们心中也有着不可替代的位置，因此引导孩子与同学建立友谊、珍惜友谊也是父母应有的智慧。

生活中为什么要节省

孩子，记得在你一年级时，有一天你放学回家后告诉妈妈，说你的同桌告诉你吃饭一定要吃得干干净净，不要浪费一粒米，因为农民伯伯种一粒米要花半年时间。妈妈听了很高兴，评价你的同桌太棒了，很懂事，能体谅农民伯伯的苦处。

当时妈妈告诉你爸妈小时候都是在农村长大，知道稻米的整个生长过程，跟你讲解了农民种稻子的大概工序，并告诉了你农民的很多辛酸事。比如种好的稻子准备要收割了，恰恰就碰到了一场台风，把站立的稻苗全部吹倒了，一串串的谷穗因为倒地而脱落许多，掉在泥地里捡不回来了，辛辛苦苦了大半年眼看要丰收却又变成了低收成，农民们就是这么可怜，所以我们吃到的粮食都是来之不易的。

经过几次“上课”，你真的变得很珍惜粮食，常常把饭碗里的饭吃得干干净净，让妈妈十分欣慰。

可是儿子，懂得了珍惜粮食，但你却还并没有多少节省的概念。比如洗澡时喜欢玩水，经常说你不要浪费水，可你总是克服不了；每次进商场总是叫妈妈买饮料，每次经过玩具店总叫妈妈买玩具。妈妈经常不同意，告诉你不要乱花钱，要节省，但你不知道为什么要节省。你说：“既然你有钱买菜，为什么没钱给我买玩具？”妈妈说：“买菜是必需的，一个人不吃饭菜就会饿坏，会影响身体。”可你狡辩说：“买玩具可以给我带来快乐，不玩玩具我会很不开心，同样也有损失。”有时搞得妈妈很难对付你。

今天，在经过玩具店的时候，你又叫妈妈给你买玩具，妈妈不同意，你竟像小大人一样跟我讲道理说：“你赚来的钱就是要用来享受的嘛，为什么不把钱换成快乐呢?！”这时，妈妈才意识到必须要认真跟你上一堂“为什么要节省用钱”的课了。

节省是为了长远的快乐

妈妈告诉你，快乐可以分为眼前的快乐和长远的快乐，假如我们追求太多眼前的快乐就会失去长远的快乐。

道理很简单，比如你现在要是只顾玩乐，不学习，那么将来肯定一事无成。一样的道理，现在我们要是把赚来的钱都去换成享受，那么将来很多需要花钱的时候而没有钱花，就要付出代价。比如生病了没钱治、房子旧了没钱装修，还有更严重的，将来你考上大学了需要一笔学费，假如父母没有钱给你交学费，你就不能上大学了，一个孩子的前途就有可能被毁了。因此，现在爸爸妈妈节省用钱，一方面是为了你的将来，为了我们长远的快乐。

节省是为了父母亲人的幸福

孩子，节省用钱还有一个原因大概是被你给忽视了，爸爸妈妈还要赡养奶奶和公公婆婆，因为他们辛辛苦苦把我们养大，我们必须要回报父母的付出，要让他们过上幸福的生活，所以我们要节省一些钱给他们，做孝顺的孩子。

你想想看，公公婆婆他们现在住的漂亮房子，就是舅舅一家人节省下来的钱买的，假如舅舅他们把自己赚的钱都拿来给自己享受了，公公婆婆就住不上漂亮的新房子了。现在，奶奶还没有住上新房子，假如我们很节省，就可以省下一笔钱给奶奶也买一套新房子，这样奶奶也可以因为有了爸爸这个儿子而享受到住新房子的幸福了。

另外，我们还要节省一些钱，去帮助一些需要帮助的亲人，比如爸爸他有一个妹妹（就是你叫二姑的），以前她一家子住的房子很窄小，一家四口只住一个大房间，所以需要建一个宽敞一点的房子，但是又不够钱，我们就把节省下来的钱去帮助他们，后来他们终于凑够了钱，建起了一栋房子，再也不用一家子住一个房间了。所以孩子，我们不能把自己赚的钱都拿来给自己享受，而不顾父母亲人的幸福。

节省是一种珍贵的美德

孩子，要节省最关键的原因是——节省是一种美德，因为我们可以把节省下来的钱去帮助一些很穷苦的人。

现在，妈妈每年都在资助两个福建省长汀县的穷孩子，因为他们在农村，生活很艰难，就靠妈妈每年给他们寄去1000块钱，他们才能上学。帮了他们的大忙，这是妈妈感到很有意义的一件事情。

以前妈妈小时候也是生活在农村，非常贫穷，每年过年，我们都要靠亲戚帮助，几个兄弟姐妹才能买一套新衣服。其中帮了我们最多的就是姨婆，因为姨婆在广州工作，她每年都会节省一点钱寄给我们，让我们渡过难关。有一次妈妈生病了身体十分虚弱，姨婆就用她节省下来的钱给妈妈买了一条人参，结果就这样救了妈妈的命。要不是姨婆的帮助，也许妈妈早就病没了。所以妈妈到现在仍然非常感激姨婆、非常敬重姨婆，同时也明白了用节省的钱去帮助别人是很有意义的事情，是一种珍贵的美德。

最近发生的汶川大地震这场灾难，有很多人失去了家园，很多孩子受了重伤，多痛苦啊，假如没有我们大家的帮助，捐钱捐物给他们，那他们怎么渡过难关啊？孩子，你想想，假如这种灾难发生在我们身上呢，那么需不需要别人来帮忙？那么假如大家都把赚来的钱花光了，换成享受了，那还能帮助别人吗？

孩子，你终于明白了，养成节省的习惯既是一种智慧，又是一种美德，我们可以在这种智慧和美德中找到更加有意义的、长久的快乐！

“儿子，以后不要再一见到饮料就叫妈妈买一瓶、一见到玩具就叫妈妈买一个了，好吗？”

你很肯定地点头答应了。

2008年7月26日

平安着就幸福着

孩子，今天在你练琴的时候，妈妈接到刘阿姨的电话，你知道她是妈妈的朋友。真没想到，她前几天出了一场车祸：在晚上下班后，她和几个同事一起吃了饭后就坐同事的车回家。原来她坐在第一排，后来其他几个同事都下车了，她就改坐第二排。由于司机开得太快，不一会儿就撞车了，撞到护栏，撞得很严重，她当场就晕倒了，司机受伤更严重，头破了，肚子和身上都在流血，很多骨头都断了。幸好刘阿姨不一会儿就醒了，然后打电话报了警。120救护车把他们送进了医院，刘阿姨受伤不是很严重，住了几天就出院了，那个司机现在还在医院救治。

儿子，阿姨告诉妈妈，假如当时她不是改坐在第二排，恐怕也会伤成残废了。经过了这一场事故，她发现，一个人能平安地活着就已经很幸福了，她告诉妈妈，以后她会更加珍惜平安的生活，不会再老是为生活中一些不顺心的小事而苦恼了。妈妈相信，经过一场可怕的车祸，刘阿姨才意识到获得平安的生活已经很不容易、很幸福了。

孩子，平时我们生活中总会遇到这样那样不如意的事情，比如你，有时候会被老师批评甚至处罚，有时候会被一些作业难题难倒，有时候会考试考得不如意，有时候又会跟同学闹矛盾，有时候又会遇上身体不舒服，有时候做什么事情都觉得不顺利、运气不好。

每当遇上这些让人不愉快的小问题时，你常常会情绪低落或发脾气，或埋怨，幸好你排解得比较快，不会整天都被这些不愉快的情绪支配自己。

孩子，妈妈告诉你，其实常常被一些生活中的小苦恼影响自己的心情甚至整天都觉得自己很不幸的人是最欠缺智慧的。

你看，刘阿姨经历过一场灾难之后，就明白一个人能平安地活着就已经很幸福了，而生活中一些小小的不顺和苦恼根本不应该影响到我们内心的幸福。而妈妈希望，在你还没有经历不幸的时候就开始树立这个观念、学习这种智慧。

你想想，我们现在生活在和平年代，没有残酷的战争，要不像我们在电视上看到的《狼毒花》那些镜头一样有多残酷！还记得吗？有一个母亲在战场上刚刚生下一个婴儿，因为怕他哭而暴露目标，只好忍痛把孩子活活蒙死；一个年轻的女战士刚刚结婚，她的丈夫没过几天就在战场上牺牲了；还有男主角常发，她最爱的女人梅子因为被鬼子包围了，他不得不下狠心将梅子刺死……孩子，在战争年代，能享受到平安的生活一定是很多人的梦想！

★屋外大雪纷飞，屋里却温馨快乐，你戴上自己亲手做的皇冠，高兴得"笑掉牙"。孩子，在伴你成长的道路中，妈妈希望能一直做你温暖的心灯，在你长大之后，留给你的是无限温馨和爱的回忆！

就算是在现在这和平年代，很多灾难也随时都有可能发生，像去年的汶川大地震，转眼间几万人就被埋在了地下，还有无数的人断了手、断了脚，有的孩子父母都死了只剩下一个孤儿，这些巨大的不幸就在我们身边。

平时，生活中还有许多灾祸，有空难、有车祸、有抢劫、有盗窃，大自然中还有水灾、旱灾、风灾，一遇上这些灾害，很多群众百姓就要遭殃。

所以，孩子，能每天平安地过日子，我们就应该十分地珍惜！

当我们的眼睛能看，耳朵能听，嘴巴能说、能笑，脑子能思考，心灵能感受的时候，我们没有理由不感觉到生活的幸福！孩子，从现在开始，学会排解生活中的小苦恼，让自己的心快乐起来，珍惜平凡生活的每一天！

2009年 2月26日

培养一颗快乐的童心

儿子，昨天你一放学回来，就告诉妈妈明天是六一儿童节，你们放假一天，并且没有作业，可以去玩。妈妈也很替你高兴，立即为你设计明天的安排，准备邀请你要好的同学宗言一起去爬白云山，并且奖你一盘游戏，晚上就带你去听一场钢琴音乐会。你听了特别高兴，一想到明天可以这样休闲放松地玩乐就特别兴奋。

过一个快乐的六一儿童节

今天，妈妈完全兑现了昨天的诺言，早上9点半就跟宗言和他妈妈一起出发前往白云山。天气晴朗且凉爽，很适合野外活动，你和宗言一直玩得很开心。到了山顶，你玩得着迷了不肯回家，一直到下午3点才回家。

回家后，妈妈让你休息了一会，吃完晚饭后就带你去听钢琴音乐会，听完音乐会回来还给你买了一个玩具作为六一节礼物，你实在太开心了。

晚上睡觉前，妈妈跟你谈心，总结了今天你过的是一个非常快乐的六一儿童节。儿子，妈妈曾经跟你说过，平时我们拥有平安的日子就已经很幸福了，妈妈希望你能拥有一颗快乐的童心，经常体验童年时光的快乐，不给童年留下心灵的阴影。

怎样培养一颗快乐的心

妈妈告诉你，一颗快乐的心是需要培养的，就像一个人欣赏音乐的能力一样，需要慢慢培养才能提高，因为要让自己保持一颗快乐的心需要很高的智慧。

生活中，我们要抛弃抱怨、憎恨、嫉妒、急躁等等这些影响我们内心安宁的东西，还要战胜日常生活中很多不顺心的事情给我们带来的小苦恼，常常感恩生活、珍惜拥有，才会让自己的内心快乐起来。

比如说，在日常生活中，妈妈经常在做每一件小事情的时候，都会告诉自己：噢，你现在是多么幸福！

当妈妈走在街上的时候，会告诉自己：你现在能健健康康地走路是多么幸福！

当妈妈饿的时候能有东西吃，妈妈会告诉自己：你现在能享受美食是多么幸福！

当妈妈累的时候能睡一场觉，也会立即告诉自己：能这样安安稳稳睡一觉是多么幸福！

就像现在，妈妈能看着你和你说话，也会告诉自己：你现在眼睛能看、嘴巴能说是多么幸福！

你看着妈妈说："可是这些都是很平常的事情啊？"

对了，儿子，就是很平常的事情，可是能体验很平常的事情就已经是很幸福了，你看，残疾人他们能走路吗？那些盲人他们能看得见东西吗？还有，生活中有那么多不幸的事情（包括灾祸、疾病、仇恨等等），它们没有落到我们身上来，我们才拥有平常的生活，这当然就是幸福了。所以，只有从很普通、很平常的事情里体验到幸福和快乐，我们才能培养出一颗快乐的心来！

甚至很多事情，在别人看来不是什么好事，只要自己用智慧的眼光来看待、来感受，我们同样可以感受到幸福和快乐。比如说，妈妈现在有点胖，很多女人会觉得很苗条才美，所以拼命去减肥，减得自己很辛苦。可妈妈经常为自己有点胖而感到很幸福，因为那些生大病的人最后都瘦成皮包骨，能胖，说明自己能吃、能消化、能吸收，很健康，当然应该觉得很幸福了。还有，生活遭遇一点苦难、一点打击，很多人就会感叹自己的不幸，但如果用一种智慧的眼光来看待苦难，觉得苦难可以锻炼我们的意志力、苦难可以丰富我们的人生，这样，连苦难也不会给我们带来不幸了。

所以，儿子，不仅很平常的事，我们要体验到幸福，就是很多普通人看来是不好的甚至是不幸的事情，我们都要用独特的眼光和智慧去发现它好的一面，去体验它的幸福，这样，我们就培养出了一颗真正懂得幸福和快乐的心了！

相信自己是懂得享受快乐的孩子

妈妈总结你这段日子的表现，发现你有一个明显的进步，以前一碰上身体不舒服或者不顺心的事情，你就会立即表现出很泄气、情绪很暗淡，经过妈妈经常跟你谈心交流，现在好多了。

妈妈常常细心地观察你、了解你，感觉你是一个很懂得享受快乐的孩子。

平时，只要能上一堂户外活动课，能跟同学们一起到操场上活动，你就觉得很幸福！在周末的时候，能跟爸妈一起去野外玩，去爬爬白云山，你也觉得很幸福！有时候，爸妈让你看一些英语童话故事或者在你表现好的时候奖你玩一盘游戏，你就觉得自己特别幸福！

这就对了，孩子，能这样过着丰富多彩的生活，你的生活当然是很幸福！每当妈妈听到你在浴室里一边洗澡一边欢快地胡乱唱歌的时候，妈妈的心里就有一种特别的幸福，因为——妈妈为你的幸福而幸福！

希望别人也像自己一样幸福

还记得吗？儿子，昨天妈妈带你去老师那儿学完钢琴后，你见到爸爸开车来接我们，刚上车，你就告诉爸妈说："每次我觉得自己很幸福的时候，就会想到那些街边的乞丐和流浪汉。"妈妈听了心里是多么高兴，说明你是一个懂得大爱的孩子，在自己幸福的时候，也希望别人跟你一样拥有幸福。

记得前天，爸爸开车送你去学架子鼓，在回来的路上等红灯时，因为没有打开车门给一个来讨钱的乞丐钱，你回到家里跟妈妈说为了这件事你心里一直不舒服，后来练琴时心还静不下来，还想到那个乞丐。妈妈安慰你说，不要再想他了，今天妈妈在路上刚好帮了一个抱着孩子的乞丐，给了她十块钱，够她和孩子吃一顿丰富的晚餐，但实际上乞丐还好多，我们没有能力帮助所有的乞丐，并且告诉你，以后妈妈会叫爸爸再遇上来讨钱的乞丐时，一定要给他们一点钱。听了这些，你才安下心来练琴。

孩子，当妈妈感觉到你内心世界的善良、丰富和细微，懂得体验生活的快乐而又不失一颗大爱之心的时候，妈妈在心里为你欣喜、为你祝福！

2009年6月1日

妈妈心语

孩子在童年时代培养了快乐的细胞，在成年之后才会拥有一颗幸福快乐的心，把大人应有的智慧传递给孩子，让孩子明白幸福的真正涵义！

第三章　爱心：为一只被踩死的瓢虫哭泣

孩子，你有着一副与生俱来的菩萨心肠，这种善良、慈悲、细腻和柔软，将会使你拥有一颗丰富高贵的心灵！

今天，爸爸妈妈带你去白云山游玩，在一棵许愿树前，你双手合十，低头默念，很虔诚地为那个街边的乞丐婆婆许愿，希望她能过上幸福的生活。妈妈真为你的善良和虔诚感动，相信在你长大以后，一定会通过自己的努力去帮助那些苦难的人，让自己的心灵闪耀出善良的光辉。

一只不舍得杀的鸡

前些天，你爸爸出差时带回一只鸡，刚回来，爸爸就说要把这鸡拿去市场叫人帮忙杀了，免得放在家里惹麻烦。

你说："不行，把这活生生的鸡拿去杀太残忍了，一定要把这鸡养起来。"

这让爸爸妈妈很头疼，因为家里根本没有适合养鸡的地方，可是你一再请求爸妈不要拿去杀，一定要养，爸妈只好同意先给你养两天。因为实在没有合适放的地方，只好把这只鸡关在浴室里。过不了几分钟，鸡屎就把整个浴室都弄脏弄臭了，以致洗澡时虽然已冲洗干净仍让人感觉不舒服。

平时连菜市场都不敢进去的你，竟然为了要把这鸡养下来而忍受了这臭气的侵袭。

为了说服你把这鸡拿去杀了，爸爸妈妈跟你讲了很多道理，告诉你我们人类养了鸡本来就是为了杀来吃的，就像养猪一样，养得再肥再大，最后就是为了杀来吃。

可你反驳说："我觉得鸡生下来不应该是给我们人类吃的，它应该是为了过它们鸡的生活，享受鸡生活的乐趣的。"顿了一下你又说："你们不要以为鸡一生下来就是为了给人吃的，假如有一种怪兽比人类更强大，把我们人类也当作是生来就是给它们吃的，那我们心里会怎么想？"

听了这番话，妈妈十分惊讶，一个八岁的孩子，竟然有如此深刻的思考，妈妈真的被你感动了。

到了第三天的下午，趁你还在午睡的时候，爸爸就把那只鸡拿去市场杀了。你醒来后知道了，流下了伤心的泪水。为了安慰你，爸爸告诉你那只鸡是拿去市场跟别人换了，换了一只别人杀好的回来，你总算不哭了。

儿子，妈妈太了解你了，你的心地十分善良，你会怜惜任何一种有生命的物体，甚至包括植物的生命。很小的时候，你就不容许爸爸妈妈踩草地，连妈妈的摩托车放在草地上你都不同意，说会压死小草。带你逛街的时候，看见有人用剪刀杀青蛙，你恐惧得不忍目睹，说那些人太残忍了。爸爸买了鱼回来，你也叫爸爸不要杀它们，要把它们养起来。生活的时时处处，妈妈都可以感觉到你那颗善良的心。

这件事过去好些日子了，没想到在今天晚上吃饭时，你一看到鸡肉，就跟爸妈说："我一想起那只鸡就想掉眼泪。"说着眼泪还真渗出来了。

爸妈耐心地跟你讲了许多关于生态平衡的道理，你才慢慢释怀了。儿子，你就是这么善良的一个好孩子！

2008年12月14日

一只被同学踩死的螳螂

今天，老师布置了一个作业，调查了解关于你们平时爱护环境的行为和不足之处。你填写了自己爱护环境的一些良好习惯，比如：从来不踩草地和偷摘花草，从来不乱扔垃圾，不随地吐痰，有时见到乱张贴还会把它揭下来扔进垃圾桶等等。

对于不良习惯，一时你还没有发现，却想起了自己一些同学的不良行为。你说，记得去年你们春游的时候，在华南植物园时，一些同学不但喜欢踩草地，还见到一些小动物就踩。你跟妈妈描述了一个让你记忆特别深刻的镜头：几个同学见到一个小螳螂，就一起去踩它，反复踩了好几次，往死里踩。当一个同学看到那螳螂还会动时，就说："嗨，还没死！再踩。"于是又去踩它，一直把那螳螂踩到烂为止。

你说："妈妈，当时我看到那个样子，心都要碎了，现在一想起来还觉得心里很难受。"

妈妈听了也非常感触，觉得那些孩子的确欠缺慈悲的心肠，而你一直是个非常善良和仁慈的孩子。记得前些天，在我们的花园小区里，妈妈走在一个停车场旁的一片小草地上，你立即把妈妈拉出来说："这些小草好不容易才长出了一点嫩芽，你就去踩它。"噢，妈妈真惭愧，以后妈妈一定向你学习，爱护花草！爱护环境！

妈妈希望，当你以后再碰上别的同学表现不好的时候，能勇敢地制止他们、说服他们，让他们也像你一样善良和懂得爱护环境，好吗？

你说："万一我说他们，他们不听呢？"

妈妈告诉你，你要有耐心，说一次他们可能不听，但是你要是经常跟他们讲道理，告诉他们每个小动物都是有生命的，我们不要伤害它们，相信他们慢慢就会接受你的意见。假如他们一直都不接受你的意见，你也不要伤心，只要你坚持做好自己就行了，对吗？

你说："下次我试试吧！"

2008年12月29日

妈妈心语

培养孩子形成一颗慈悲柔软的心，使孩子拥有一颗丰富细腻的心灵，这是一笔心灵的财富。很多孩子出于好玩，喜欢去伤害一些小动物，以致隐没了慈悲善良的天性，发展下去，可能会变得残暴冷血。

为一只被踩死的瓢虫哭泣

今天，孩子，没想到你一回来，就伤心地哭了，并且还趴在沙发上哭得特别伤心。妈妈抱住你，问你为什么，你才把事情的经过告诉妈妈：在上体育课的时候，你们在操场上做体操。体育课结束时，你发现了一个七星瓢虫。你说，是一个很漂亮的七星瓢虫，黄色带着黑点，像大手指这么大，在地上爬着。这时，同学们慢慢也围了过来，你最担心同学们会去踩它，于是立即对他们说："你们不要踩它！"

可是没想到一个同学一走过来就去踩了它一脚。你看见了很生气，立即制止他说："不要踩它，不要踩死它，它是有生命的。"

可同学们根本不听，另一个同学见那瓢虫还会动，就又上去连踩了它两脚，终于把那活生生的瓢虫踩烂了。

你说："在回来的路上，我一直都很伤心，想不清为什么一个好好的生命，又不会攻击我们人类，他们却偏偏要踩死它。"

孩子，在你跟妈妈叙述这些的时候，你还一直在哭泣，看着你伤心的样子，妈妈真不知道该怎样安慰你和劝解你。是啊，好好的一个小生命，他们为什么要去踩死它呢?!

但是，孩子，妈妈还是要告诉你，我们不能要求别人的行为都跟我们一样，也不能要求别人对一些事情的理解跟我们一样，因为他们觉得瓢虫是很低档的小生物，就像一只蚊子一只苍蝇一样，它们的生命不珍贵，也很短暂，踩死它一点也不可惜。

孩子，你插话说："我觉得不能这样想，它们的生命就像我们人类是一样的，只拥有一次，死了就没有了，它们的生命短暂就更珍贵，更应该珍惜一分一秒的时间享受它们的生命。"

孩子，妈妈听了是多么感动，是啊，可是你的一些同学没有你这么一颗细微的、善良的心，也没有你那么善于思考问题，所以才会去踩死那些小生命。我们没有办法改变他们，只能是接受他们，这个世界就是这样，什么样的人都有，我们不能要求别人都跟我们一样。

反过来想，很多事情，我们也有一些不被别人接受的行为，比如学佛和信佛的很多人，他们都不吃肉，觉得吃动物的肉是很不仁慈的事情，可是我们都还没有做到，因为对一些事情的理解我们跟他们还不统一。这个世界生态的平衡遵循弱肉强食的规律。前些天妈妈在看六祖慧能故事的时候，就看到一个故事：慧能在山上砍柴的时候，看见一条蛇准备吃一只青蛙，他忽然觉得很可怜那只青蛙，准备救它。可是那条蛇看上去十分饥饿的样子，而青蛙却似乎很饱，于是就想，这青蛙大约刚刚吃了很多小虫子，那些小虫子或许还在它肚子里挣扎呢，假如制止这条蛇不让它吃青蛙，它也会因为饥饿而死亡，而那只青蛙，则会吃更多的虫子……想着想着，慧能就再也没有制止那条蛇了。

听到这里，孩子，你的情绪稳定了下来，妈妈表扬了你的善良和善于思考，并希望你以后在与同学相处的时候，不要要求别人的行为跟你一样，你可以去想办法影响他们，如果能改变他们一些不良的行为当然是最好的，但是你影响不了别人的时候，也不要因此而生气和伤心，因为每个人对一些事情都有自己的理解，每个人的思想品质和追求都不一样。所以我们要理解别人、包容别人，同时也常常反思自己，这样我们才能心平气和地生活在人群中，而不至于常常受气和受伤，并且也不至于自以为是，觉得自己的一切行为都是对的、高尚的、了不起的。

说到这里，你不再哭了，儿子，经历这件事情，妈妈相信你又成熟了一步！

2009年2月4日

妈妈心语

在孩子与同学的相处过程中，应引导他慢慢建立起高远的眼光、豁达的胸怀去理解、去看待别人的行为，去包容别人的过错，然后坚守自己的品质和追求。

一条可怜的鼻涕虫

今天，是一个周末的早晨，我们一家子轻轻松松起了床，心情愉快地享受早餐。可吃了没多少，你忽然说："妈妈，我想起一件事，一想到那情景就吃不下东西。"说着，你真的放下了饭碗。

你跟妈妈叙述了前些天发生的一件事情：在课间的时候，你和几个同学一起在楼梯上玩耍，后来，一个同学发现楼梯的墙脚有一条鼻涕虫，就停下来观察。你因为觉得有点怕那虫子的模样，就去旁边玩了。过了一会，一个男同学走过来发现了那鼻涕虫，立即用脚把它弄翻在地，然后踩死了它。

你听到声音就走过去看，看见那小虫已经死了，觉得很残忍。没想到那同学还去弄来一根小树枝，去肢解那小虫的身体，最后把那虫子的内脏都弄出来。

你说："妈妈，当时我看到那虫子一个黄色的内脏，不知道是它的心脏还是它的肝，心里觉得难受得要呕吐。"

儿子，没想到你刚说完，真的就发生了呕吐，你立即跑去厕所，把吃的早餐都呕吐掉了。之后，你再也吃不下东西。

你说："妈妈，我觉得他们太残忍了，他们老是这样伤害小动物，就只是

★你从小就是一个很懂得爱护花草和小动物的孩子，你说："我们一些同学喜欢伤害小动物，他们只觉得好玩，不懂得站在小动物的角度想想，它们也有生命，白白地把它们弄死实在太残忍了。"妈妈希望你把爱心传递给同学，做一个快乐的爱心天使！

觉得好玩，不懂得站在动物的角度想一想，不会想到它们也有生命，好好的一个生命，又不伤害我们人类，就被他们这样白白弄死了。"

妈妈聆听着你的述说。你还列举了很多例子，说一个人只会考虑到自己好玩，就去损害别人。你说，在看《富兰克林》（英语童话故事片）的时候，就有这样一个故事：富兰克林觉得捉弄别人很好玩，就老是恶作剧，弄得几个朋友都不高兴。后来，几个朋友合作起来，也来捉弄他，让他也体验到了被人捉弄很不好受，他才明白不能把自己的快乐建立在别人的痛苦上。

噢，儿子，你太棒了，一个小小的脑袋，就那么善于思考和分析问题，那么懂事，妈妈为你的善良、丰富和细腻而欣喜。告诉你：下次再遇上你的同学去伤害小动物的时候，不要再像上次他们踩死瓢虫那样，只会伤心哭泣了，你要慢慢地把自己心中想的东西都告诉他们，把你心中的爱心传递给他们，做一个传播爱心的爱心天使！相信你的同学一定会慢慢改变的。

2009年4月6日

关于一个磨刀老人的故事

孩子，从你两岁开始，只要见到乞丐，你都会叫妈妈拿钱给他们，这成了一直以来的习惯，以至有一次在一个小区里见到几个拿饭盆去打饭的建筑工人，你也叫妈妈拿钱来，因为你以为他们是乞丐，惹得妈妈大笑。

今天，在回家的路上，你又叫妈妈帮助了一个乞丐。当我们说起这些乞丐的生活时，妈妈想起了那个一直忘记不了的磨刀老伯的往事。

在两三年前，在我们的住宅小区大门口，妈妈看见一个好几天来都在做磨刀生意的老伯。因为现在市场服务细致，排骨、鸡鸭之类食物都是在市场买的时候就叫人给切好了，所以生活中很少用到大刀。何况，磨刀只需要买一条磨刀棍就解决问题了，很少人会拿着刀到外面去专门给人磨，所以这磨刀老人没什么生意。他身子干瘦，衣服很陈旧，头发胡子都很长，好像已经很久没有料理过了，让妈妈感觉到这老人生活的艰难。

每次从他前面走过的时候，妈妈都会特别地注意到他，因为他每次在看过往人群的时候眼睛很犀利、很敏锐，妈妈感觉他内心世界一定很丰富。于是，妈妈好几次都想上去跟他交流，了解一下他的人生故事。可是因为害羞，一直不好意思开口。

那天，当妈妈带着你再次经过老伯面前时，妈妈告诉你说，那个老伯可能因为赚不到钱日子过得很艰难，我们要不要去跟他聊聊，或许可以帮助一下他。可是妈妈说完后又有些许犹豫了，善良的你却拉着妈妈的手说："去啊，快去。"于是，妈妈终于鼓起勇气和你一起来到老伯的面前，大方地和老伯聊起来。

老伯是山东人，干磨刀这行已经干了几十年了，家里的两个儿子觉得他老了，都不让他再出来干了，可他硬是要靠自己双手的劳动来养活自己。当问起老伯惨淡的生意时，他显得非常自尊，总是说："还行，一天赚二三十块，还行的。"

聊了一会，儿子，你像往常叫妈妈拿钱给乞丐一样说："拿钱来啊，拿钱来。"妈妈一时很不好意思，因为老伯一直显得非常自尊，没有任何接受帮助的意思。这时，老伯看出了妈妈的心思，慈爱地看着我说："孩子，你放心，我能行的，你放心。"当妈妈听到他这一声亲切的"孩子"时，忽然被一种感情所触动了，眼泪立即涌上了眼眶，于是妈妈扭头就走，没有告别。

一路上，妈妈都在流泪，想着老伯艰辛的日子，心头便有一种难言的悲伤。回到家里，妈妈把你寄放在邻居家，拿了好几把大大小小的菜刀，准备出去给老伯磨，并想到他可能缺营养，又随手拿了几瓶牛奶。妈妈只是希望，能再跟他聊聊，熟悉了，再提出帮助他就显得自然了。

可是当妈妈来到小区门口，却再也不见老伯的身影了，结果第二天、第三天，那老伯终于没再出现……

你说："妈妈，他为什么要走？为什么不在我们小区门口做生意了？"

儿子，妈妈告诉你，人的心灵是很微妙的，也许老伯不希望再让妈妈总是看到他那落魄的样子，让妈妈为他担心，就像不希望他自己的孩子为他担心一样！老伯就是这么自尊、这么要强的一个老人！

后来，一年、两年过去了，妈妈再也没有见到过那位磨刀的老伯！可心里却一直忘记不了他，并且感到很歉疚，因为我们小区是附近一带最多人的地方，在这门口，生意总会好些。一想到老伯可能因为没钱看病或者露宿街头，妈妈的心里就很难受。儿子，两年过去了，你已经从一个六岁的孩子长到八岁了，妈妈希望，要是还能再见到老伯，你一定要劝老伯重新回来，并且大方地告诉他：只要有困难，完全可以接受我们的帮助！

2008年11月18日

妈妈心语

要培养孩子一颗善良的心，父母本身要做好榜样，要在生活点滴中去影响孩子、感化孩子，在潜移默化中点燃孩子的爱心。

街边的一个乞丐婆婆

前些天，妈妈接你放学回家时，在我们小区门口的街边上买了一些水果和零食。当我们在买花生的时候，身边来了一个老婆婆乞丐，她穿着破旧的衣服，人很瘦削，乞讨的盆子里空空的。按照习惯，妈妈随手递给了你一块钱，让你放进她的盆子里。

随后，妈妈拿了称好的花生就带你回家。走了几步后，你告诉妈妈说，那个老婆婆很可怜，本来我们应该多给她一些钱。你说："刚才她收到我钱的时候，脸上露出了笑容，嘴巴一直在咕哝着，虽然我没听懂她说什么，但是我知道她是在说着感谢的话。"你还说："我看到她的眼神是那么善良、那么懂得感激别人，我们真的应该多帮助他们——这些善良的乞丐。"

当时因为已经过了一个红灯口，妈妈没有特别在意你的话，也没有让你再回去给钱那婆婆。

回到家后，妈妈做饭，你在做作业，中间，你跑来厨房跟妈妈拥抱，对妈妈说，你在原来的十个愿望（指的是对生活的愿望）中要增加一个，就是希望那个老婆婆过上和我们一样幸福的生活，希望有更多的人帮助她。

你说："妈妈，你看，我们就在家里享受着生活，那个老婆婆呢，她还在街上讨钱，想想看，假如我们过的是她那种生活，会是什么感受？"

妈妈为你的话而感动，你还说，下次去白云山，一定要去那棵许愿树前为这老婆婆许愿，还有那些跟这个老婆婆一样善良的可怜的乞丐，希望他们都过上幸福的生活。

见你说得那么真诚，妈妈发现，从现在开始，你的心中已经有了"大爱"的意识，于是妈妈问你，假如你长大了，为了帮助他们过上幸福的生活，你能放弃你原来住别墅享受生活的愿望吗？

你很爽快地说："愿意啊！我只要能住这种普通的房子就行了。"

"那么，儿子，你的愿望不需要增加一个了，你就把你原来住别墅的这个愿望改为帮助别人过上幸福生活的愿望就行了，假如你能通过自己的努力帮助很多受苦受难的人，那一定会比自己住别墅更幸福！"

你说："好，那我的愿望还是十个。"

今天，爸爸妈妈带你去白云山游玩，你真的兑现了你的诺言：在许愿树前，你双手合在胸前，低头默念，那么虔诚地为那个老婆婆许愿，希望她能过上幸福的生活。

过后，妈妈问你："她一直就在街头乞讨，怎么能过上幸福的生活呢？"

你说："我为她许愿，就是希望她能碰上那种好心的人，能帮助她，让她也能和我们一样，拥有一个家。"

妈妈真为你的善良和虔诚感动，相信在你长大以后，一定会通过自己的努力去帮助那些苦难的人，让自己的心灵闪耀出善良的光辉。

2008年12月1日

下雨时想到了街边的流浪汉

今天晚上，你正在练习钢琴，天忽然下起了大雨，并且还电闪雷鸣。你立即想到去关房间的窗户，关窗户时，你发现雨已经飘了进来，把窗台都淋湿了，雨实在是下得太大了。

当关好了窗户，你跳下窗台，忽然对妈妈说："妈妈，我真希望把街上的流浪汉全部都带回到我们家里来。当我觉得我们家里这么温馨，就想到那些流浪街头的流浪汉太惨了。"

妈妈听了真是非常惊讶，没想到一个八九岁的孩子，竟然好端端地就会想起那些受苦的陌生人，真是好珍贵的大爱意识！

妈妈问你为什么会想到他们，你说，平时在街上看到他们，就觉得他们很惨，睡在街上，被太阳晒，要不就被冷风吹，还要靠捡垃圾里的东西吃，觉得他们很可怜。

妈妈又好奇地问你，为什么他们是陌生人，你都会关心他们？

你说："你忘了那首歌唱的'五十六个民族兄弟姐妹是一家'了吗？"接着你还唱了起来：五十六个星座五十六枝花，五十六个民族兄弟姐妹是一家，五十六种语言汇成一句话，爱我中华爱我中华……

噢，妈妈太吃惊了，孩子，没想到一首歌中所渲染的那种爱真的在你心中留下了烙印。妈妈赞扬了你的善良和爱心，然后再试探你道：“假如是外国人在流浪，你会不会也同情他们？”

你说：“当然会了，我们整个地球都是一个家！”噢，孩子，今天是你给妈妈上了一课。

为了考验你是否真的具备一颗大爱之心，妈妈问你，假如用你平时买玩具和买零食的钱来帮助他们，你愿意吗？

你想了想后给了妈妈肯定的回答。妈妈又问，假如是在六一儿童节呢？别人都买玩具，就你不买行吗？你还是很爽快地回答说“行”，你说：“我天天都这么快乐，不玩玩具也很快乐。”

妈妈再问你说，以前你一直想拥有一个像皇宫一样豪华美丽的家，假如你真想帮助那些流浪汉，就不可能实现这个愿望了。

你说：“不能实现也没关系，这个愿望是可以要也可以不要的，就算我真的能住上像皇宫一样的家，我也要请那些流浪汉跟我一起住。”

当你回到钢琴凳上时，你说：“妈妈，我要给流浪汉作一首曲子。”接着你真的即兴哼起了一首曲子，开始是忧伤的，然后就变成是快乐的了。你说，这首曲子分成两个选段（从《黄河》协奏曲中学来的），前面一个选段是他们在流浪的时侯，后面是有人帮助他们的时候。

妈妈听了好感动呵，儿子，妈妈真的希望你以后能以实际行动去展现和传达自己的爱心，做一个爱心天使是最幸福的！

2009年6月3日

妈妈心语

爱心教育将决定孩子的心灵质量，只有培育出一颗善感、柔软的心，懂得去怜悯世间万物，才能使生命激发出一种精神力量，展现出生命光辉。

第四章　大爱：记住那个捐款的乞丐

儿子，你跟妈妈的爱太深了，你让妈妈体验到了人世间最真挚最深刻的母子之爱，这爱让妈妈的生命变得那么饱满和温馨。只要拥有这份爱，不管走到天涯海角，妈妈的眼里都会是处处风景、处处欢歌！

妈妈告诉你，有一种爱你还不是很懂，但是这种爱更加伟大，它会让我们的生命得到一种升华，也就是说让我们的生命更有价值更有意义，这种爱就叫“人间大爱”。

享受爱比享受别墅更关键

今天，爸妈在带你回家的路上，你看到一个别墅的广告。那广告太吸引人了：买三层送三层，再送三个私家车位！你想着想着就心驰神往起来，说住别墅实在太浪漫太舒服了，然后你不觉发出了感叹：“哎，可惜我们买不起别墅。”然后又说：“妈妈，为什么你和爸爸不能更加努力工作，赚多点钱，买一栋别墅来享受？”

★妈妈告诉你，一个人的生命，完全是因为各种爱才有意义：父母之爱、亲人之爱、朋友之爱、师生之爱，还有人与人之间的大爱……就是因为这些爱，我们的生命才充满色彩、充满欢乐！

妈妈告诉你，爸爸妈妈已经很努力工作了，但不是每个人努力工作都可以买别墅。然后问你：“假如为了买这栋别墅，爸爸妈妈拼命去赚钱，把身体都累坏了你愿不愿意?”

你回答得很爽快：“不愿意。”然后说：“虽然住别墅很好，但也没有爸爸妈妈关键。”

妈妈再问你：“假如别人要送你一栋超级豪华的别墅，要你离开妈妈生活你愿不愿意？”

你说：“当然不愿意了，没有了妈妈，我孤孤单单地住在别墅有什么意义？我想住别墅就是想我们一家子一起享受浪漫。”

噢，妈妈听了真感动，看来，儿子，你是懂了，只有爱是最关键的，失去爱，生活就会毫无色彩；失去爱，心灵就会空虚寂寞，所有物质的享受都无法填补。

妈妈告诉你，假如全世界的财富和权力都献给我来换取你，妈妈都不愿意。并且，就算我们真的有了足够的钱，我也不愿意花钱去买别墅来享受。妈妈宁愿把钱节省下来，去帮助一些穷苦的亲人甚至一些陌生人，这样更有意义，因为享受爱比享受别墅更关键。没有什么比爱更重要，一个人的生命，完全是因为各种爱才有意义：父母之爱、亲人之爱、朋友之爱，长大之后还有珍贵的恋人之爱、夫妻之爱，还有一种爱你还不是很懂，就是人与人之间的大爱，就是因为这些爱，我们的生命才充满色彩、充满欢乐！

所以，儿子，在面临着物质享受或其他诱惑的时候，只要影响到爱，只要是以感情作为代价的，就应该放弃！物质的享受不是我们人生的目的，我们活着，就是为了体验各种珍贵的情感。

孩子，从现在开始，珍惜各种感情，让爱的花朵开满心田！那时，尽管没有多少物质的享受，但你的心灵世界仍然非常富有，并且充满芳香、充满色彩！

2008年5月7日

妈妈心语

在我看来，孩子懂得了爱，就相当于获得了优质的生命，因此，在日常生活中，我会处处留心，去点拨孩子对爱的感悟、对爱的珍惜。

三万个金币的故事

今天，妈妈在跟你谈心时，跟你讲述了一个关于三万个金币的寓言故事。

曾经有一个人非常喜欢金币，他从很年轻的时候就开始收集、累积金币，直到有一天他存了三万个金币，他想要好好地享受一年，不要再累积、追求金币了。

正当他这样想的时候，有一个老人突然来找他，这位老人就是死神，死神对他说：“你的生命已到尽头了，我是来带你走的。”

这个人非常吃惊，好不容易累积了三万个金币，还没真正享受过生活，居然就这样要走了，于是他请求死神再给他三天时间，并愿意分给死神一万个金币，死神不答应；他以为死神嫌太少，于是要求只要给他两天时间，就分给死神两万个金币，死神仍然不答应；他又提出只要死神给他一天时间，就把所有的金币都赠送给死神，死神还是不答应。

最后，他哭着求死神，只要给他三分钟，写几句话留给后代，就把所有金币奉送给死神，死神见他那么可怜，终于答应给他三分钟。这人便在纸上写下了一句话："世人啊，请好好珍惜人生的时光吧！因为三万个金币也买不回一个小时。"

听完这个故事，妈妈问你的感受，你说："一个人不要只顾着赚钱，忘记了享受生活！"

是啊，妈妈告诉你，生活的根本目标不是赚钱，也不是物质的享受，因为赚钱本身也是为了更好地生活。假如一个人赚了很多钱、事业也做得很成功，却没有人来分享他的快乐，他就不可能得到真正的快乐。因此，我们要珍惜时光，在努力奋斗的同时，还要珍惜和享受各种珍贵的情感（包括亲情、友情、同学情、师生情等），不要因为对财富的追求而迷失了生活本身的意义，应该让每一天都活在一种爱的氛围里，让自己过得充实、丰富和快乐！

金钱对于生活的基本需要来说，的确很重要，没有钱，就没法生活，没得吃、没得穿，就会挨饿受冻，这样生活也很难有快乐。但是在目前我们这社会，通过自己双手的努力，赚钱维持基本的生活并不难，而只要具备了基本的生活条件，一个人的生活能不能快乐幸福，能不能有更高的质量、更深的意义，就不取决于钱的多少了。

那么它取决于什么呢？妈妈认为，它取决于爱、取决于精神寄托、取决于自己支配情绪的能力。一个人只要活在爱的氛围里，就算生活非常简朴，也会觉得很幸福；同样，一个人只要有了精神寄托就能充满力量，比如妈妈的精神寄托就是你能健康快乐地成长，还有通过自己的写作传递一些自己感悟到的智慧和力量。因为有了这些精神寄托，妈妈就觉得自己内心里充满了力量，生活也变得很充实、很有意义。

除了这一点之外，要获得幸福，还必须要锻炼出一种支配情绪的能力。因为只有善于支配自己的情绪，才能及时地排解生活中的苦恼和不幸，才能珍惜自己的拥有而不去羡慕别人。所以，我们一直要努力提高自己支配情绪的能力，让我们的内心保持一种稳定的快乐。

所以，儿子，妈妈希望你从现在开始，就明白一个人的生活能不能幸福，不是取决于金钱财富的多少，而是智慧的高低和拥有爱的多少，拥有了爱和智慧，就是我们人生最大的财富！

2008年4月13日

妈妈心语

引导孩子从小就树立起智慧的金钱观和独立的人生价值观，不盲目追求金钱，更不做金钱的奴隶！

要相信老师都是爱你们的

孩子，今天，你在跟妈妈谈心的时候，述说你的一个老师对你们不好，说她总是爱惩罚你们，今天，还罚你们在大楼的天台上自学，讲话的孩子还要被惩罚趴在地上写保证书，写“以后我不再讲话”，并且要写20遍。你还说：“这个老师心态不好，对我们大家都不好。”

孩子，妈妈不知道这件事情的细节，也许这个老师对你们比较严厉，而一些教育孩子的方法不是很合适，但是妈妈提示你，一定要相信老师都是爱你们的，不爱学生、对学生不负责任的老师是极少有的。尽管老师偶尔教育的方法不对，但也不要否定这个老师对你们的爱和负责。她罚你们，也许就是因为你们班的孩子的确纪律比较差，让老师觉得有必要严厉地整顿一次、严厉地惩罚一次，希望能让你们记忆深刻，以后好改正。

孩子，在你整个成长的过程中，老师对你的教育是很关键的，和父母对你的教育同样重要，所以，不要随便去否定老师，更不要去排斥老师，即使老师偶尔做错了也应该包容老师，老师对学生是有很深的恩情的。

今天，妈妈跟你讲述一些发生在今年汶川大地震中的老师和学生之间的故事。在这次大地震中，许多中小学校的屋子倒塌了，很多老师为了救学生而失去了自己珍贵的生命。在那种危险的时刻，他们自己不逃生，甚至连自己的孩子和亲人都顾不上管，就这样反反复复地救学生，一直到最后一口气。

有一个中学的老师叫谭千秋，在校舍倒塌的时候，他用自己的双臂和身体紧紧护住四个学生，自己的后脑被楼板砸得深凹下去，四个受到保护的学生却都活了下来。救援队的人看到这个情景，都感动得流下了眼泪。

有个中心小学一年级的老师叫袁文婷，当地震到来的时候，很多孩子都吓得发呆了，叫他们跑他们都不懂跑。那袁老师就反反复复一次次地把自己的学生从三楼抱下一楼放在安全的地方，当她最后一次冲上三楼的时候，楼房终于全部塌了下来，袁老师就这样献出了自己年轻的生命。为了自己的学生，她才活了26岁。

孩子，在这次灾难中，有很多的老师都为自己的学生献出了自己宝贵的生命。有一个叫张米亚的小学老师，在房子倒塌时，他自己跪在地上，两个手分别紧搂着两个孩子躲在自己的身体下面，用自己的身体硬撑住倒塌下来的砖头沙石，两个孩子都被他救活了，而这老师一直到断气还把孩子抱得紧紧的。死后他的手臂已经僵硬了，怎么掰都掰不开，救援队员只得忍痛把他的手臂锯掉才把孩子救出来，这个老师也才29岁……

孩子，这些都是真真实实的刚刚发生的事情，要相信，大多数的老师都是很爱自己的学生的，妈妈希望你好好珍惜跟每一位老师之间的感情。

“告诉妈妈，以后不要再随便怀疑老师对你们不好了，知道吗？”

你点头答应妈妈了。

2008年6月8日

妈妈心语

引导孩子努力去培养跟老师之间的感情、相信老师的责任心和爱，多点理解和配合老师的教导，甚至包容老师的过错。这是培养孩子豁达胸怀的必不可少的功课，也只有做到了这一点，孩子的学业水平才能得到更大的提高。

让妈妈感动的关爱

孩子，今天你在练钢琴的时候，妈妈在你身边陪练。在中间休息的时候，你跟妈妈聊天，妈妈告诉你，这些天因为没睡好，妈妈像是要感冒了。你听后非常关切地看着妈妈说：“妈妈，我劝你把写作先放一段时间，做到早睡早起，早上起来去锻炼一下，先把身体调理好，以后身体好了再写作。你想想，还有什么比你的身体更重要呢？”

妈妈好感动啊，没想到小儿子长大了，开始懂得关心妈妈的身体了。一直以来，你知道妈妈总是在你睡觉的时候就开始写作，这的确是一件考验意志的事情，并且多少都会影响身体，没想到小小年纪的儿子已经懂得劝导妈妈了。

妈妈试探地告诉你说，写作对于妈妈来说很重要，不写作妈妈觉得日子过得很不充实、很没意义。你继续像小大人一样跟妈妈讲道理：“写作再重要也没有你的身体关键呀，你看，假如你身体弄坏了，就算写出了最好的作品又有什么用呢？你也没有办法享受成功的快乐了，而我也没有了快乐，你不快乐就等于我不快乐，你身体不好就等于我们一家人都过得不好。”

噢，孩子，没想到妈妈在你心目中是这么重要，妈妈慈爱地看着你，再次试探地问你道：“儿子，假如妈妈通过写作能赚好多钱，可以给你买一套豪华的别墅，让你享受到住别墅的浪漫，那你愿不愿意让妈妈坚持写作呢？”

你认真说道：“再豪华的别墅我也不要，就算像皇宫一样我也不要，没有什么比你的身体更重要，要是可以换来你身体的健康，就算是住最差的房子我也愿意。”

好感动啊，亲爱的儿子，你真是一个重感情的孩子，每当妈妈感觉到你的爱的时候，就觉得自己是那么的幸福，觉得自己为你付出再多都是值得的。

儿子，妈妈告诉你，要让妈妈身体变得更加健康，除了妈妈可以暂时不熬夜写作之外，还需要你的配合和努力。假如你什么都表现出色，平时做到尊重父母、配合父母的管教，管好自己的学习和生活，不惹爸妈生气，并且常常帮爸妈分担一些家务，减轻爸妈的负担，做一个很棒的孩子，这样，妈妈的心情每天都会像阳光灿烂的天气一样，没有一点乌云。只要妈妈心情愉快，身体就会好得更快。

“儿子，答应妈妈，和妈妈一起努力，帮助妈妈调理身体，每天都带给妈妈快乐，好吗？”

“好。”你微笑着点头，妈妈看到你甜美的笑脸，心情真的就变得特别愉快起来。

2009年2月16日

妈妈心语

在孩子懂得关心父母时，要及时赞扬孩子的懂事，并抓住机会激发孩子，使其能用实际行动来体现出对父母的孝心和关爱。

一次最难忘的谈心

孩子，昨晚妈妈在和你谈心的时候哭了，这是一次让妈妈终生难忘的谈心。

近来妈妈因胃痛严重（老毛病了），好些天夜里痛醒过来，吃了药也不缓解，于是妈妈便怀疑是胃癌。睡前，妈妈跟你聊天说：“儿子，明天妈妈去照胃镜，万一是胃癌，你也不要太伤心哦，就算妈妈死了，你也可以跟爸爸好好过的。”

你立即说：“那不行，为什么你没有我就活不下去（大概我曾经说过），你死了我也不活了，我自杀，我服毒自杀（看武侠学来的）。”

妈妈说：“那不行，以后你还可以娶老婆、生孩子，过幸福的日子。”

你说：“那除非是我立即娶老婆，要不我就没法活下去了。”

听到你这句天真透顶的话语，妈妈没笑，反而流出泪来。

你竟也流出泪来，你说：“妈妈，我会哭一年的。”转念又说：“万一爸爸又娶一个老婆怎么办，我不要认她做妈妈，我要守着你的墓一直到老死，跟你埋在一起。”

听到这里，妈妈已泣不成声。

儿子，你跟妈妈的爱太深了，你让妈妈体验到了人世间最真挚最深刻的母子之爱，这爱让妈妈的生命变得那么饱满和温馨。只要拥有这份爱，不管走到天涯海角，妈妈的眼里都会是处处风景、处处欢歌！

2008年8月5日

有一种爱叫人间大爱

孩子，这些日子妈妈常常跟你谈论关于爱在生活中有多么重要的话题，谈得最多的是关于我们母子之间的爱，这种爱，我们已经体验得非常深刻。但是妈妈告诉你，还有一种爱更加伟大，它会让我们的生命得到升华，也就是说让我们的生命更有价值更有意义，这种爱就叫“人间大爱”。

“什么叫人间大爱？”你果然是不懂。

妈妈告诉你，人间大爱就是人与人之间的无私的爱，这种爱不求回报，完全就是为了别人的幸福而付出自己的努力、自己的爱心、自己的财富甚至是自己的生命。

你用惊奇的眼神看着妈妈。

真的，孩子，有的人为了别人的幸福宁愿献出自己的生命，很伟大。比如在这次汶川大地震中，有很多人为了别人献出了自己的生命。

你说：“妈妈，我可能做不到，为了你献出我的生命就可以，但是为了别人付出我的生命我就不愿意。”

孩子，你很诚实，但是妈妈告诉你，当你处在一个很感人的环境里，那些很有爱心的人的表现会感动你，那些处在痛苦中需要你帮助的人会牵动你的心，到那时候，你就会焕发出一种巨大的爱心和勇气，为别人而付出代价甚至生命。

在这次大地震中，妈妈曾经告诉过你，有很多伟大的老师，他们在面临巨大的危险时，来不及去救自己的孩子和亲人，就那样不停地救自己的学生，救了一个又一个，直到房子塌下来把自己埋葬……还有那些在灾后搞救援的武警战士，他们顾不上余震随时会发生，从钢筋水泥里救出一个又一个还活着的生命。当余震来临的时候，指挥人员让他们暂停救援，但一些战士还在哭喊着说："让我再救一个、再救一个。"在那时候，假如余震让他们葬送自己宝贵的生命，他们也心甘情愿……

孩子，你大概明白了，人世间就有这种伟大无私的爱，它可以为了别人的幸福而牺牲自己的一切，正因为有了这种伟大的爱，我们人与人之间才显得美好和幸福。妈妈希望，你从现在开始就懂得这种大爱，并且做一个有大爱之心的孩子，虽然这爱的付出没有实际利益的回报，但它是一种巨大的精神力量，会使你的心灵变得美丽和充满温暖的阳光！

2008年8月7日

发生在抗震救灾中的故事

为了让你明白人间大爱的含义，这些天，妈妈要跟你讲述一些真实的故事。今天，要跟你说的是几个抗震救灾的故事，听后你再告诉妈妈你的感受。

失去爸妈之后

在那次地震中，有一个大哥哥，在上大学，但是他的爸爸妈妈都在地震中去世了，还有其他很多亲人，也都去世了。他跟你一样是一个独生子，这种打击实在太大了，原本拥有幸福家庭的一个孩子，刹那间成了一个孤苦伶仃的人。

但是，儿子，这个大哥哥没有被痛苦击倒，更没有因为自己没了父母就去自杀，他很快就从痛苦中跳出来了，把自己的爱转化成一种大爱。他立即参加了志愿者救援队，去救别人、照顾别人、帮助别人，完全把自己的悲痛转化成一种力量，这力量带给了别人幸福和生的希望，而他自己，也在这种大爱的驱动下找到了活下去的力量和勇气。

儿子，妈妈问你的感受，你说："这个大哥哥很坚强，要是我，可能都不想活下去了！”

噢，儿子，生命那么珍贵，怎么能轻易放弃呢？像这个大哥哥一样，坚强地活下来，可以用自己的力量去帮助别人，带给别人幸福，多有意义啊?！儿子，以后不要再说你没有了妈妈就活不下去的傻话了，我们不应该只活在一种小爱里，只有寻找到一种大爱，才会活得更有力量、更有意义！

残疾乞丐献爱心

★孩子，在大灾难面前，只要还能好好地活下来就已经是幸福的了。你看，尽管他是个残疾的乞丐，却仍能焕发出一颗感恩的心和大爱之心，能尽自己一份微小的力量去帮助更加苦难的人们，这种大爱是多么让人感动！

一个捐款的乞丐

儿子，还记得那天妈妈给你搜索一些关于抗震救灾感人镜头的时候，有一个全身残疾、手脚畸形、瘦得不成样子的乞丐，把自己身上所有的钱都拿出来捐款的镜头吗？

你说：“当然记得了，我觉得他很可怜。”

噢，孩子，他是很可怜，靠自己整天匍匐在地上向人乞讨一点钱维持生命，享受不到我们普通人无数的生活乐趣，但是，孩子，在大灾难面前，只要还能好好地活下来就已经是幸福的了——尽管他只是个弱小的乞丐，却仍然可以焕发出一颗感恩的心和大爱之心，能尽自己一份微小的力量去帮助更加苦难的人们。孩子，这种大爱是多么让人感动！

妈妈问你的感受，你说：“我觉得他不应该把所有的钱都捐出来，捐完了他自己就没钱吃饭了。”

噢，孩子，你一定是可怜这个残疾人了，是啊，他把钱全部都捐出来了，很可能自己就真的没钱买饭吃了，但是，孩子，为了帮助那些比他更痛苦的人，他愿意挨饿呀，因为能活着就已经很幸运了，挨点饿不算什么。

你看，在这次大地震中，刹那间就死了好几万人，很多人全家都死了，有些只剩下一个孤儿。所以孩子，在这种灾难面前，我们每个活下来的人都很幸运，都要奉献一份爱心，去帮助那些痛苦的人，用这种大爱，去激励他们在失去亲人之后或者在忍受伤痛的时候，仍然能够坚强地活下去。

孩子，帮助别人是很有意义的，所以平时，每当我们见到乞丐或者上门来服务的工人，都会给他们一点钱。但是我们做得还远远不够，假如以后我们能把一些不该花的钱都节省下来，去帮助更多的人，一定会更有意义。比如你常常见到饮料就想买、常常见到玩具就想买，虽然妈妈经常不同意，但有时还是花了一些不该花的钱，以后若能把这些钱都节省下来，我们就可以多资助一两个困难的孩子，让他们的生活过得和你一样幸福，这多有意义啊！

孩子，妈妈希望你长大以后，能建立起一颗充满大爱的心，努力去帮助那些生活艰难困苦的人。“告诉妈妈，你能做到吗？”

“能，我本来就很想帮助别人。”你很肯定地回答。

“那，假如你因为帮助别人就要放弃很多生活的享受，你还愿意吗？”

“当然愿意了，我只要能过普通人的生活就可以了。”

噢，孩子，你真棒！妈妈多么希望，将来你能够实现自己的诺言，让自己的人生更加充实更有意义！

2008年8月8日

妈妈心语

要培育孩子的大爱之心，除了用实际行动去带动孩子之外，还要经常讲述一些有感染力的故事去感化孩子，并在一些事情面前去引导和激发孩子，让孩子明白做个“爱心天使”是最幸福最崇高的！

妈妈心目中最美的笑容

孩子，今天在睡觉前，妈妈跟你讲述一个叫张海迪的阿姨的故事。

“为什么要讲述她的故事？”你用疑问的眼光看着妈妈。

“因为海迪阿姨的故事让妈妈非常感动，每次在妈妈心情不好的时候，只要一想到她脸上灿烂的笑容，妈妈的心情就会好起来。”

“有这么神奇？”

“是啊，就有这么神奇，因为在她的笑容里，妈妈可以感受到一种特别的坚强、豁达和智慧。”

儿子，在很多人眼里，海迪阿姨是很不幸的，她从5岁那年开始就因为患了一种病导致胸部以下有三分之二的身体瘫痪了，因此她没有上过一天学；她享受不到很多普通人的快乐，反而要承受很多普通人承受不了的痛苦（因为她做过很多次大手术）；她每次出去都要靠轮椅；她不能像我们普通的女人一样生孩子养孩子，自己的生活还要靠别人照顾。

要是换成一般的人，可能就会被这种痛苦的生活压垮了，或者唉声叹气地过着黯淡的生活。但是海迪阿姨不是，她太坚强了，她不愿意让自己成为一个整天需要别人照顾的“废人”，她坚强地跟病魔作斗争，通过自学学完了中小学的全部课程。除了自学课本之外，她还努力学习医学知识，学会了针灸医术，免费为别人治疗，总共帮别人做了上万次的针灸治疗。为了学到更多的知识，她还攻读了大学和研究生的课程，成为我们国家第一个残疾人研究生。

因为坚强，她做了很多普通人做不到的事情，她还自学了好几个国家的语言，英语还学到了很高的水平，可以翻译英语著作，翻译了几十万字的英语小说。后来，她成了一个很有名气的作家，出版了很多书，她把自己的故事写下来，感动了很多年轻人，激励了很多年轻人，包括妈妈。同时，她一直努力为别人做事情，包括为别人治病、帮助其他残疾人战胜困难等等。

总之，海迪阿姨一直抱着一个信念：要做一个对社会有用的人，要在自己的进步和对别人的帮助中找到快乐！为了做到这一点，她要克服无数的困难，要承受无数的痛苦。在她30多岁的时候，她还发现自己鼻子患了一种叫黑色素癌的病，有生命危险，要做手术，做这个手术的时候她缝了40多针。但是每次做手术，不管是承受多大的痛苦，她从来不会因为这些痛苦而流一滴泪，她太坚强了！

“儿子，告诉妈妈，你知道她为什么能够这么坚强？”

“因为她想做一个对社会有用的人。”

你说对了，儿子，她的心里就是因为觉得生命太珍贵了，只要还能活下来，就可以为社会、为别人做更多的事情，心里有了这个信念，就会焕发出一种巨大的力量，去承受痛苦、战胜苦难！有时候连海迪阿姨自己都不敢相信，她能够从5岁开始，一直忍受着病魔，已经坚强地活了50年！现在，她仍然坚强地活着，脸上常常还是带着那种幸福、智慧的笑容。最近，她还当上了中国残疾人联合会的主席，成为一个最让人敬重和钦佩的残疾人。

每当妈妈在网络和报纸上看到海迪阿姨那甜美灿烂的笑容，就会被她的坚强、美丽而感动，她用自己的坚强和博大的爱心，告诉了我们怎样的人生才是最有意义的人生！

孩子，从海迪阿姨的故事中，你会慢慢明白我们活在这个世界上，最有意义的事情就是——不断地战胜自己，去学习、去奋斗，让自己做一个对社会、对别人有用的人！

2008年8月10日

妈妈心语

能真正建立起一颗大爱之心，对于我们人生来说，那是无上的精神财富和无穷的力量源泉！只有在幼小心灵里播撒大爱的种子，将来才能绽放出美丽的爱的花朵。

第五章　自信：你终于学会了赞扬别人

孩子，做好自己就不错，你不需要比别人长得帅、不需要比别人更聪明、不需要样样都比别人强。你很可能就是一个普通的孩子，有许多弱点、也有许多优点，只要你努力做好自己就不错，争取做一个内心强大的人、心胸豁达的人，这样，即使你遭受别人的嘲笑甚至捉弄，也可以通过自己强大的内在力量和广阔的胸怀征服别人！

孩子，能赞美别人就是一种非常自信的表现，是心胸宽广的表现，只要你有了足够的自信，就一定能学会去赞美别人，带给别人愉快，并且鼓励别人，让别人更加进步。

学会赞扬别人是自信的表现

儿子，在你5岁之后，妈妈就发现你有一颗十分敏感脆弱的心，只要妈妈夸赞别的小朋友，你就受不了，这让妈妈遭受了许多难堪。

记得有一次，你的一个小同伴来我们家里做客，交谈时妈妈夸她说："噢，依琳真的很聪明，表达能力很强，长得又那么美，长大了可能是个大明星呢！"

儿子，你竟然一下子就发起脾气来，对妈妈大声说："你就只会说别人好！"然后还伤心地哭了起来，妈妈劝了你很久才把你给劝停了。

还有一次更让妈妈难堪。你的一个很要好的小朋友小志来到家里做客，在交谈时他妈妈夸他说："小志真的很懂事，平时在家里很会为父母节约的，电灯不用的时候他就会关掉，出到外面很少叫我买玩具。有一次在商场，我看他很喜欢一部玩具车，两百多块，我说奖给他，他却说不要买，不要浪费妈妈的钱。"

没想到阿姨还没说完，你就抢着说："唉，就只会夸自己的孩子！"

当时，妈妈听了多不好意思啊。孩子，你不知道，在别人面前，你的一言一行都会反映出妈妈对你教育的成败。听不得对别人的赞扬，说明了你心胸的狭窄和不自信。从此之后，妈妈决心要教你学会赞扬别人。

首先，妈妈告诉你，在妈妈心目中，你永远是最棒的，妈妈永远是最赏识你，也是最爱你的，只是在别人面前，妈妈不能总是赞扬自己的孩子，这样会给别人造成一个喜欢自吹的印象。你想想看，假如妈妈每次见到别人，首先就夸自己的孩子有多棒、多聪明、多厉害，你觉得别人会不会觉得妈妈太喜欢吹嘘呀？

你说："是啊，有些人就是这样，喜欢吹自己的孩子。"

妈妈告诉你，喜欢在别人面前赞扬自己孩子的父母其实就是不够自信的表现，因为他要是够自信，觉得自己的孩子很棒、很优秀，就不会担心别人会发现不了、感觉不到，其实就算是别人发现不了、感觉不到也没关系，自己知道就行了，完全不需要通过别人的赞扬来肯定自己的孩子。妈妈之所以喜欢赞扬别人的孩子，就是因为妈妈很自信，不去羡慕或者嫉妒别人的孩子，不担心自己的孩子会比别人差，所以才会去赞美别人带给别人愉快、鼓励别人让别人更加上进，儿子，你明白了吗？

你微笑着点头，总算明白了一些道理。妈妈告诉你，因为妈妈够自信，根本不需要通过在别人面前炫耀自己儿子的长处，以获得一点别人的赞扬来肯定自己的孩子，因为妈妈心里最清楚自己孩子有多棒、多可爱！

所以，儿子，能赞美别人就是一种非常自信的表现，是心胸宽广的表现，只要你有了自信，你也会像妈妈一样，懂得去赞美别人，带给别人愉快，并且鼓励别人，让别人更加进步！

2007年1月20日

学会赞扬别人是修养和爱心的表现

孩子，自从妈妈教你要学会赞扬别人之后，你原先听不得妈妈赞扬别人的弱点有了改进，不会再一听到妈妈夸赞别的孩子你就受不了了，但是要你自己学会赞扬，一时还不行。

今天，妈妈带你到小朋友希希家做客，在他们家吃饭。当你坐在桌子前准备吃饭时，你看了看一桌子的菜，说："唉，全都是我不喜欢吃的，一点也不好吃。"那时你如此没有教养的表现，让妈妈觉得十分惭愧，心里很不好受。

过后，妈妈跟你说了很多道理，告诉你那一桌菜是希希的老爷爷做的，那爷爷已经很老了，他的背已经很驼，要做出那一桌菜很不容易、很辛苦，不管好不好吃、喜不喜欢吃，都应该肯定人家的劳动，多鼓励和赞美人家，让付出劳动的人心情愉快。

妈妈打一个比方，假如你辛辛苦苦画了一张画，自己认为很好，妈妈看了反而说一点也不好看，你想你的心情会不会很难受？妈妈告诉你，这种现象叫做给人"泼冷水"，是最不让人喜欢的。如果一个人整天挑剔别人的缺点，整天给别人"泼冷水"，一定是最不受人欢迎的。

听到这里，儿子，你接口说："是啊，妈妈，我们班上有个同学叫黄家乐，他就是这样，每次我们正在玩的时候，他就走过来说'唉，一点也不好玩的！'有时我们一起看一样东西，他也走过来说'唉，一点也不好看的'。别人做什么他都是那副表情，都是说人家不好，所以大家都不喜欢他，不跟他玩。"

孩子，你的心领神会让妈妈心里是多么高兴，此刻，妈妈相信你一定会改进了。

以后，每当别人拿出自己得意的东西想跟你分享快乐的时候，一定要记住，千万不要随便给别人"泼冷水"，多赞扬、多鼓励别人，即便你真的觉得不好、不欣赏，也要先努力找出它的优点，再用诚恳的态度提出你的意见和看法，这是体现你修养、爱心和胸怀的时候，相信你不会让妈妈失望。

2007年12月20日

可贵的"第一次赞扬"

自从妈妈决心让你学会赞扬别人之后，好一段时间来，妈妈就这个问题反复地和你谈心，引导你，并在和别人相处的时候提醒你。当你想说别人不好的时候，妈妈会凑近你的耳边，跟你说一声悄悄话："儿子，学会赞扬别人。"每当此时，你就会收回你想说的不好听的话，点头告诉妈妈："知道了。"

不久后，你真的给了妈妈一个惊喜，你果然学会赞扬别人了，这让妈妈多么为你高兴啊。

前些天，妈妈带你去惠州公公婆婆家。在火车上，座位旁有一个三四岁的小男孩，他本来有些疲劳想午睡了，但看到身边有个大哥哥，身上还带着一把玩具剑，他不大愿意睡了。妈妈叫你把剑给他玩，你很听话，很快就跟小弟弟玩起来了。

你摸摸小弟弟的脸蛋说："这小弟弟长得还挺可爱的，样子挺成熟的。"抱着他的奶奶听了很高兴，也夸赞起你的懂事来。

一路上，你一直表现得那样懂事而不失大哥哥风度，教他怎么玩剑，并把自己的剑让给他玩。期间，你还多次赞扬小弟弟很可爱，你们玩得很开心，没有发生一点争执和不愉快，让小弟弟的奶奶和周围的阿姨们都觉得你那么成熟、懂事和可爱，让妈妈脸上很有光彩。

过后，妈妈高度赞扬了你的改变，你终于学会了去赞扬别人，这是一种让人愉悦的良性循环效应。

孩子，你一定明白了，当自己以良好的心态、宽广的胸怀去赞美别人时，自己本身的形象就已经确立，这就是：一个懂事、有教养而又自信的孩子形象！

2008年8月20日

妈妈心语

听不得赞扬别人几乎是每个孩子都会发生的现象，若是用粗暴或打骂的方法对待，孩子的心灵会更加扭曲且不自信，因此循循善诱，让孩子明白赞扬别人是一举两得的事情，是树立自己形象而又带给别人愉快的事情，这样，大人所拥有的自信豁达的智慧很快就会传递给孩子。

开朗大方是一种智慧

孩子，因为受父母性格的影响，妈妈常常在你身上看到一些熟悉的性格弱点，比如不善与人打交道、不善于融入集体、见到老师和同学不主动打招呼等等。对于这些性格的弱点，妈妈希望你从小就克服掉，成为一个善于与人相处和善于融入集体的孩子。这样，你会获得更多的快乐，并且在长大以后，会少去许多因性格弱点导致的障碍和麻烦。

不敢跟同学打招呼

儿子，早在你上幼儿园的时候，妈妈就常常观察你，当班上搞集体活动时，尤其是娱乐性的活动，你总是躲在别人身后，非常被动地跟着进行，有时甚至完全不融进去，而是站在一边无所适从。

★孩子，妈妈以前性格也是很内向，可自从生下你之后就变了。为了向别人学习养育孩子的知识，妈妈不断地战胜自己的性格弱点，常常一见到差不多大的孩子，就主动去跟他们的父母交流，使妈妈后来成了个“育儿专家”。

在你上一年级前，爸妈带你在美国念过学前班。那时因为陌生的环境，你胆小内向的性格显得更加明显，每次带你出去游乐场玩时，你从不愿意跟陌生的孩子玩在一起。一次，爸妈带着你和另一个从中国来的男孩出去玩球。那男孩是个开朗活泼的性格，很快就卷入了美国男孩的行列，拿着球跟他们一起玩去了，而你却融不进去，只能单独一个人玩。那时，妈妈更清晰地看到了你性格的弱点。

后来上了一年级，妈妈遇到了几次更加不可思议的事情，每次见到你们班上的同学，你要么装作不知道，要么拉着我快走，巴不得快快躲起来。

有一次，妈妈不赞同你的行为，走上前去就叫了你一个女同学的名字，你竟然气得又哭又闹，说是未经你同意就叫你的同学。孩子，妈妈没有批评你，你的这些性格弱点，妈妈是熟悉的，从你身上妈妈看到了自己的影子，那是高度的敏感、自尊和些许的胆怯结合起来的特点。

妈妈成了“育儿专家”的故事

儿子，妈妈以前也是一个很不善于跟别人打交道、很不善于融入集体的人。妈妈做了好几年的记者，每次去开记者招待会，妈妈都很不自在，不知道坐哪里好，最好是有个角落能让我躲起来，并且从不主动跟陌生人交流和打招呼。

但是后来，妈妈慢慢就变了，现在变得开朗大方了很多。

“为什么呢？”你好奇地问。

“因为生下你之后妈妈就变了，为了向别人学习养育孩子的知识，妈妈变得很‘多嘴’。”

记得曾经有一件事让妈妈感触很深。那时在医院里妈妈刚生下你，为了方便，我们住的是单间包房。可是因为第一次生孩子，什么都不懂，妈妈显得很无助。你哭得很多，妈妈因为剖宫产手术很疼，没法起床抱你，爸爸也不懂该怎么哄你。到了第三天，性格开朗的大姨来了，遇到什么事她都去旁边的病房问别人，并去了解别的产妇和婴儿的情况。她发现你老哭是因为饿，只要喂饱了就安静了。还有，你出现黄疸现象，大姨就去跟别人交流，有什么偏方进行处理。还有，产妇从几时开始要让婴儿开始吸奶，又有什么方法可以催奶等等。

总之，通过大姨那开朗大方的性格，解决了很多问题，掌握了很多知识，使妈妈顺利度过了那最麻烦的几天。那时我才意识到，开朗大方是一种智慧，跟别人多交流，会获得许多书本上没法获得的知识。

后来，在养育你成长的过程中，妈妈不断克服自己内向的性格，常常一见到差不多大的孩子，就会主动去跟他们的父母交流，让妈妈掌握了很多育儿知识，几乎要成“育儿专家”了。

你看，妈妈知道，婴儿缺钙可能会在后脑勺脱头发，会在指甲上出现白点，缺锌有时会在脸上出现一块块的白印并且脾气会暴躁，手指上若是长肉刺那是表明孩子消化不良，孩子出现大小脸，是因为孩子总喜欢侧着一边睡觉，孩子缺钙了，最好在煲骨头汤时下点白醋，白醋会使钙质溶解，不要经常给孩子喝凉茶，这样会降低孩子的免疫力等等的知识，妈妈几乎都是从不同的母亲口里得来的。在一次搭公交车时，妈妈和一个带着孩子的母亲聊起来，那母亲非常佩服妈妈丰富的育儿知识，以为妈妈是个儿童保健医生。

开朗大方是一举多得的事情

现在，妈妈的性格开朗了许多。

记得有一次在银行里办事，站在我前面的是一个年龄差不多大的女士。妈妈见她皮肤保养得很润滑很有光泽，很想知道她有什么保养良方，可敏感自尊的性格让妈妈很难开口，后来当那人回过头来时，妈妈终于鼓起勇气赞美她道：“小姐，你的肤色真好，一定是很注意保养？”

那人听了一笑，跟妈妈聊起了她的保养良方，并介绍了一款她认为很好的化妆品。后来妈妈就去买了这种润肤露，效果真的很不错。

一次又一次的经验告诉妈妈，开朗是一种智慧，只要我们开朗些，对什么问题都多点跟人交流，那么我们走到哪里都可以学到知识，甚至交到朋友。同时，在跟别人交流时还可以排解无聊，这完全是一举多得的事情。

所以，儿子，妈妈希望你以后和妈妈一起努力，不断战胜自己内向、不合群的性格弱点，争取做个开朗大方、自信活泼的孩子。

2007年3月5日

第一次和同学打招呼

今天，妈妈高度赞扬了你的表现，因为你终于主动跟同学谢建打了招呼，妈妈相信这是你过于内向的性格发生的第一步转变。

儿子，为了让你克服性格的弱点，妈妈跟你讲述了很多道理，希望你和妈妈一起努力，战胜我们共同的性格弱点。但是要克服自己，仅仅懂得道理是不行的，最关键的是如何让自己一步步地去实践。

为了让你变得开朗和自信，妈妈开始注意带着你多与别的小朋友交流，让你多些参加小朋友的聚会活动。只要一见到你认识的老师和同学，就鼓励你大胆地跟他们打招呼。每次见到妈妈的同事时，妈妈就提醒你叫叔叔阿姨好，并提醒你下次自己主动叫，结果你真的在不断进步。只要有一点点进步，妈妈都会表扬你、拥抱你。

今天，妈妈和你走在街上，看见和你玩得最好的同班同学谢建和他妈妈一起走在街头对面。

“儿子，快叫你的同学，大声叫，他是你最好的朋友。”妈妈鼓励你道。

“我不敢。”你犹豫着，一时还下不了决心。

“儿子，快点叫呀，他看见你一定会很高兴的。”妈妈期待着看着你。

你一时还下不了决心。

“儿子，妈妈相信你是最棒的孩子，赶紧大声叫他，要不他就走远了。”

这时，你终于开口叫了：“谢建！”虽然还不是那么自信和大声，但对面的谢建还是听见了。他回头高兴地和你招呼，并且跟你说了几句话才走开。

这是你第一次和同班同学打招呼，你终于感觉到了跟同学打招呼是件愉快的事，为你以后跟同学打招呼迈开了很好的第一步。

妈妈再次跟你分析了主动跟同学打招呼和交流是件很愉快的事情，希望你下次不用妈妈提醒，就能主动跟自己的同学打招呼和多交流，这样，你在班上的朋友就会越来越多，课余活动也会随着朋友的增多而越来越丰富。

妈妈相信你会不断进步！

2007年4月16日

怎样做个受集体欢迎的孩子

今天，妈妈和往常一样了解你在学校所发生的事情，知道你最近一直跟班上一个最顽皮、最难管的孩子玩在一起，因为你相对内向的性格，很难主动参与别的小团体去和他们一起玩，只有等那些调皮外向的孩子主动来找你，你才会跟他们玩。

长期跟这些调皮捣蛋的孩子玩在一起，妈妈难免为你担忧，一是担心你变得和他们一样调皮捣蛋，二是觉得你不够入群，没有做到一个善于融入集体和受集体欢迎的孩子，因此，妈妈希望你能有更多些机会跟别的孩子玩在一起。可是你说："我不敢去参加别人的小团体，我怕他们不欢迎我。"

看来，敏感脆弱的性格依然使你欠缺自信和胆量。

于是，妈妈跟你分析了怎样才能做一个受集体欢迎的孩子。告诉你，一个人要想得到别人和一个集体的欢迎，首先要懂得带给别人愉快，一个不懂得带给别人愉快的人，不可能受人欢迎。

要带给别人愉快，首先要有良好的形象和表情。假如一个人总是嘟着嘴、绷着脸，就像我们看到乌云密布的天气一样，肯定让人心里不舒服。

除了表情，当然就是语言，只要学会赞扬别人、鼓励别人，善于发现和欣赏别人的优点，那么这是带给别人愉悦的最好途径。相反，一个总喜欢炫耀自己、挑剔别人缺点的人，走到哪里都不可能受人欢迎。记得你跟妈妈说过，你们班上有个叫黄家乐的男孩，人家几个朋友一起在看一本书或一起做一件事的时候，他总是喜欢给人"泼冷水"，说"唉，都不好看的"或者"唉，都不好玩的"，结果大家都不喜欢跟他玩。还有一种孩子，就是经常喜欢讲粗口，一开口就说一些很难听的粗话、脏话，这样的孩子也是不受人欢迎的，因为没有人会喜欢听粗话和脏话。

有了文明的语言和良好的形象之外，还要有宽广的胸怀并且懂得与人分享快乐。平时跟同学相处的时候不要斤斤计较、不要小气。有些人很小气，给同学说一句不中听的话就受不了，跟同学间发生了一点小矛盾就不原谅别人，自己有什么好的东西也不愿跟同学分享，这样的人肯定不会受人欢迎。所以，要养成与同学分享快乐和分享同学快乐的习惯，主动、大方地把自己一些好的东西跟同学分享，比如一本好看的书要乐意借给同学看，让同学来分享乐趣。一个善于分享别人乐趣和善于让别人分享自己乐趣的人，一定是很受人欢迎的人。

另外，还要有自信和参与集体的热情。对自己保持自信，不要怕别人“泼冷水”，因为你本身就是一个很棒的孩子。假如你积极主动地参与别人的小团体，别人还是表示不欢迎你，那也没关系，这不是什么丢脸的事，一点也不要紧，你还可以参加别的团体。妈妈相信，只要你保持自信和热情，主动参与集体活动、乐意帮集体做一些事情，一定会是个很受大家欢迎的孩子。

孩子，要做到自信、宽怀和带给人愉快，对于你来说不存在任何问题，所以你一定要努力去尝试，主动去参与别人团体的游戏和活动，他们一定会欢迎你的，你本来就是一个很能带给别人愉快的孩子，只要你再增添一点自信和勇气，一定会成为一个处处受人欢迎的人！

2007年9月30日

妈妈心语

一个人的性格弱点，往往是在小时候形成的，因此在发现孩子的性格弱点时，决不能忽略或任其发展，更不能去批评他、打击他或唉声叹气，只有把大人的智慧传达给孩子，协助他一起来克服，才是明智的做法。

胆小内向的你成了“大王”

今天，妈妈跟你总结了一下你近段时间的进步，告诉你最大的进步就是你性格的变化，你已经不再是一个性格内向和不入群的孩子了。

你告诉妈妈说：“最近我在我们班上做了‘大王’，我手下有好几个‘小兵’和‘将军’，我们天天都玩这个游戏。”

当妈妈了解了你们的游戏之后，深深为你性格的变化而感慨：原来，你是那样一个胆小内向、敏感脆弱的孩子，为了让你克服这些性格弱点，妈妈做了很多努力。多次跟你们的班主任周老师进行过交流，周老师也做了很多努力，比如多些提问你，让你上讲台做小老师等等，不断地锻炼你的胆量，不断地提高你在同学面前的自信心。

为了让你跟同学玩得更投机，妈妈还提出带你玩得比较好的同学谢建一起去吃麦当劳。记得那天你高兴极了，两人在麦当劳里玩得特别开心，自此之后，你跟谢建的关系更密切了，每次见到他也不用妈妈提醒就能主动叫他了。

妈妈还带你一起去过好几次同学的家，增加你和同学亲近的机会，让你在班上交了好几个要好的朋友，这样你内向胆怯的性格在不断改善。

以前，你在路上见到老师总是想躲避，要不就是低着头不敢看老师。为此，妈妈也反复引导你做个有礼貌、更受老师喜爱的孩子，不断鼓励你。现在，你也发生了很大的改变，基本上能跟老师打招呼了，只是还不是很主动。妈妈希望你能进一步改进。

在妈妈单位，经过妈妈反复的提醒和引导，你也能主动叫叔叔阿姨好了，这真是个很大的进步，让妈妈很为你高兴。

今天，你跟妈妈详细描述了你在班上做“大王”的情形：你说，这个团队是你组建的，你是整个队伍的“大王”，其他有的是“将军”，有的是“小兵”，只要“小兵”表现好，你就会给他升级为“副将军”，“副将军”表现好就升级为“将军”。

妈妈问你：“假如‘将军’表现好呢？”

“‘将军’表现好就升级为‘副大王’，最多就只能升级到‘副大王’，不能再升到跟我一样做‘大王’。”

你还告诉妈妈，你们整个团队经常一起做游戏，有时候做“开火车”游戏：“大王”在前面“开火车”，“将军”和“小兵”在后面推；有时候做“打仗”游戏，“大王”指挥“将军”和“小兵”跟“敌人”作战。

在你的描述中，妈妈可以感觉到你现在的课余生活是多么丰富、多么有趣，你再也不是一个不入群的内向的孩子了，你不但能融入集体，还能自己组建队伍，并且让自己当上“大王”，这实在是太大的变化了。

为了怕你发展“当大王”的霸性，妈妈提示你，以后这个“大王”要轮流当，不能一直由自己当，要让“小兵”也有机会体验当“大王”的感觉，这样你们的团队才会更加平等和团结，才会更有乐趣。

孩子，回忆你性格变化的过程，你应该明白一个道理，任何性格弱点都是可以通过自己的努力去克服、去改变的，一点一点地、一步一步地去改变自己，直到完全克服为止！你看，原本内向胆怯的你，现在已经变成了一个开朗大方、充满自信的棒孩子了。现在，拥有那么多的好朋友，你的课余生活是那么丰富多彩！妈妈为你的进步而自豪！

2008年4月7日

妈妈心语

协助孩子克服性格弱点，最关键的是如何建立他的自信并在实践中及时抓住机会去鼓励他，在他获得一点小小的进步时大大地赞扬他，使他感受到战胜自己取得进步的快乐！

做个受人欢迎的人是幸福的

儿子，今天对于你来说是一个难忘的日子，也是开心幸福的日子。

你们学校举办了一场文艺汇报演出，你是其中一个文艺体操节目的表演成员。这个文艺体操节目的成员共有20多个，由来自不同班级的学生组成，而你们班上除了几个女生外就你一个男生被选上。记得刚开始被选上的时候，你还不大愿意参加，因为要排练你觉得很麻烦，后来爸爸妈妈都鼓励你，告诉你能被选上是一件很荣幸的事情，并且希望你懂得为自己的班集体争荣誉。结果你听了爸妈的意见，还是很乐意去参加表演。

你们的演出是在蓓蕾剧院，各界的一些领导和学生的家长前去观看。

当你一站到舞台上时，台下你们班的同学都为你欢呼，尤其是男生，很多都叫着你名字。你告诉妈妈，当时你的心里是多么高兴、感觉是多么荣耀，你忍不住都笑了起来。在表演过程中，他们一直在为你欢呼，让你深深体验到了受人欢迎的感觉是多么幸福！

儿子，当你告诉妈妈这一切的时候，妈妈也为你感到荣耀和幸福，你从一个胆小内向、不入群的孩子转变成了一个很受人欢迎、有很多朋友的孩子，这是一件多么值得庆幸的事情！

妈妈曾经跟你说过，一个人想要生活得幸福快乐，很关键的一点就是拥有各种情感和爱，而同学情和友情在你整个成长的过程中是很重要的。因此，在你和同学相处的过程中，妈妈经常引

在美国过万圣节时跟孩子们一起参加“捡金蛋”活动

经过长时间的引导，你从一个很胆怯内向的孩子变成了一个开朗大方、自信豁达的棒孩子了，你终于明白——做一个受人欢迎的人是多么幸福！相信这些童年的快乐会留给你永远美好的回忆！

导你要胸怀宽广，跟同学发生了矛盾要及时原谅同学。

记得在你上一年级第二学期的时候，你跟同学刘俊发生了矛盾，他竟然拿塑料水瓶往你的额头连敲了几下，斯文的你完全没有还手。放学后妈妈看见你额头上还在渗血的伤口，非常心疼，当了解了你们发生矛盾的经过后，觉得你们孩子之间打来打去也是正常的，叫你不要记恨同学，应该原谅他。结果第二天回到学校，你就原谅了他。

对于跟同学相处，妈妈还经常引导你要懂得尊重同学、关心同学、帮助同学，不要叫同学的别名刺伤同学的自尊心；在同学生病的时候，要懂得打电话问候同学；在同学需要你帮助的时候，要乐于帮助同学。

如今，你已变成一个开朗大方、自信豁达，懂得和同学友好相处的棒孩子了，妈妈心里是多么为你高兴。

儿子，你终于明白了——做一个受人欢迎的人是多么快乐！相信这一份童年的快乐会留给你永远美好的回忆！

2009年5月19日

妈妈心语

在孩子性格弱点得到改善、取得进步之后，要跟孩子一起来进行总结分析，分享孩子进步的喜悦，给予孩子适当的奖励，让他建立一个信念：任何性格弱点都是可以通过努力去改变的！

第六章　定力：穿上你的“防弹衣”

孩子，锻炼自己的定力是一辈子要努力的事情，有些人一直到老还很没自信、很没定力，别人说一句好听的，他会开心得得意忘形，别人说一句不好听的，他可能一夜睡不着觉。这样受人左右的人是很没智慧、很没力量的。

从现在开始，妈妈就希望你建立一种意识，不要被别人牵着走，不要靠别人的赞扬来肯定自己，更不要被别人随便泼的“冷水”中伤自己，做个智慧的、有定力的孩子，穿上你的“防弹衣”，让自己“刀枪不入”。

学会“只跟自己比”

前些天，妈妈跟你一起看了“小乌龟学美语”中的一个小故事，看后我们俩都很有收获。今天，你给了妈妈一个惊喜，因为你竟然那么快就学会了“跟自己比”的智慧。

一只泄气的小乌龟

一天，富兰克林（小乌龟）在家里找到了一个秒表，对它很感兴趣，拿着就去野外玩。他首先想到给自己测一下跑步速度，结果从家里跑到一座小桥用了四分钟。这时他见到自己的小伙伴小兔，就想到也测一下他的跑步速度，结果小兔跑完那段路只用了一分钟，富兰克林很泄气地走了。

走着走着，他看见小伙伴小鹅在玩拼图，这种拼图是他常常玩的，他很熟悉，就提出和小鹅比比看谁拼得快。结果小鹅用的时间和富兰克林的差不多，只比富兰克林快几秒钟，但是因为富兰克林一直在赶速度，把那拼图拼得混乱而不完整，富兰克林看后感到很不好意思，就更泄气地走了。

他心情暗淡地来到好朋友小熊家，看见小熊在玩滚球游戏，又想到跟小熊再比比看，看看谁更快把球滚进洞洞里。结果小熊很快就把球全部滚进了洞洞里，富兰克林又输了。他非常懊恼，情绪低落，小熊安慰他说，要么你跟我妹妹比比看，你一定比她快，但是富兰克林想到他妹妹才两岁半而自己已经六岁了，觉得不合适，于是情绪低落地回家了。

在回家的路上，富兰克林又碰上了自己的小伙伴海狸，见海狸在跳绳，他再次提起兴趣，提出跟海狸来一场跳绳比赛，以一分钟为限，看谁跳得更多、更快。结果海狸在一分钟里跳了60多下，而富兰克林才跳了20多下，于是他再一次输了，这让他更加懊恼和泄气，觉得自己什么都不如别人，连玩秒表的兴趣也没有了，于是就把秒表借给了海狸。

一个聪明快乐的小蜗牛

第二天，富兰克林跟好朋友小熊一起正在路上走着，忽然听见一阵小伙伴们的欢呼声，再走近一看，原来海狸、小兔等几个小伙伴正在拿着秒表给小蜗牛测速度。小伙伴们个个都为小蜗牛欢呼叫好，富兰克林觉得非常奇怪：小蜗牛这么慢的速度怎么还能赢？她在跟谁比赛呢？

小伙伴们却告诉他说：“小蜗牛根本没有比赛对象，她是在跟自己比。”

正在气喘吁吁的小蜗牛开心地说：“是啊，我当然是跟自己比了，我打破了自己原来的记录，在一个小时内走完了那一座小桥。”小蜗牛很为自己的进步高兴和喜悦，她还决心下一次要通过自己的努力取得更好的成绩。

直到这时，富兰克林才明白了一个道理：一个人的胜利和进步，不一定要跟别人比，只要跟自己比就足够了。只要自己做出了努力，用信心、决心和毅力不断地战胜自己、超越自己，把事情做到“自己的最好”，这就是令人喜悦的进步和成功！

一次成功的“跟自己比”

孩子，这个“跟自己比”的故事给了你很大的启发和教育。

今天，爸爸妈妈带你去爬白云山，走的是一条崎岖不平的小路。一直以来，野外活动很少的你很不善于走山路，但近段时间经过几次的训练，你爬山的能力已大大提高，妈妈很为你高兴。但是在今天爬山的过程中，你发现，妈妈走山路的水平远远超过你，因为妈妈从小就在山里长大，经常走崎岖山路甚至是下了雨后的滑路，因此，不管再难走的小路，妈妈都走得轻松自如。

你看着看着就十分羡慕起来，还反复地找一些难走的路来考验妈妈，结果即使是很陡的小路，妈妈依然可以像走平坦大道那样轻松自如。你越看越佩服，简直要拜妈妈为师了，并且对妈妈能训练到这种技能觉得不可思议。

正当你对妈妈的羡慕不可自已时，你忽然想到了“跟自己比”的道理，告诉妈妈说：“我不跟你比，我跟自己比已经进步很大了。”

妈妈赞扬了你的聪明，并且告诉你，只要你有信心，坚持经常训练，最后不但能达到妈妈的水平，还会超过妈妈。其实，做任何事情都是这样，“熟能生巧”，要相信自己，只要有信心和决心去做一件事情，就一定可以做得很出色！

2008年11月27日

妈妈心语

我们一生都活在与人比较中，跟人比成绩、比才华，还跟人比外貌、比财富，假如没有一定的智慧和定力，定会在与人比较的习惯中身心疲惫、失去自我。因此，教会孩子只跟自己比，这相当于给他幼小的心田播撒了智慧的种子。

不要说“这件事情我做不好”

今天，因为一件小小的事情，你哭了，你说：“为什么我什么事情都做不好?！”原因很简单，开始，妈妈陪你练琴，指出了一些你存在的问题，比如手指的状态不对，没有用力度支撑起来；练琴时总是心不够静，常常急躁。妈妈并没有批评和责怪你的意思，只是希望你能意识到存在的问题并慢慢纠正。

可是，你自己也忽然意识到妈妈说的这两个问题的确是你经常存在的并难以克服的困难，于是就很泄气地说：“妈妈，我这种心态根本不适合练钢琴，我的手总是不愿意用力撑起来，就这么软绵绵的，而且心里又老是急躁，根本静不下来，我这个样子，将来根本不可能成为钢琴家！”

妈妈耐心地跟你讲了很多道理，告诉你只要自己能意识到自己存在的问题就一定能纠正过来，就像一个人得了病，假如不知道自己得的什么病就很难治，但只要知道了就好办了，只要对症下药，很快就能治好。并且每个人学习钢琴都会有些缺点，比如有些人音乐的感受力很差，有些人辨音的能力很差，有些人记谱的能力很差，而你这些方面能力都很强，只要你决心克服那两个小缺点，你一定能把琴弹得很棒。

你终于平静了情绪，决心改正过来，首先从手指的状态做起，挑战自己，相信自己一定能用毅力支撑住。果然，你开始改变，手指状态好了很多，并且一直坚持到完成练琴任务。

刚离开钢琴，你说要到阳台用喷雾花洒浇花，于是要装些水到花洒里，因为花洒的口不够大，你便用刷牙的口杯盛了水倒进去。可是因为你不熟悉操作，一倒，水就倒了出来，洒得满地都是，你忽然就泄气地说：“就这点事情我都做不好，为什么我什么事情都做不好?！”说着还伤心地哭了起来。

妈妈过来看到满地的水，没有批评你，让你拿一条抹布把地抹干净，然后告诉你其实你什么事情都可以做好，但不是一开始就能做好，每一件事情，要做好都必须经过一段时间的训练，“熟能生巧”就是这个道理。

为了让你明白这个道理，妈妈跟你讲述了“卖油翁”的故事。这个“卖油翁”因为几十年都做卖油的生意，每天都要做无数次把油倒进别人的罐子里的动作，训练得多了，所以他倒油的水平就特别高，不管多小的油罐口，他都可以准确无误地将油倒进罐子里，从不会让油洒出来，让人十分佩服。还有，以前北京有一个卖糖果的老人，也有让人非常惊羡的“手艺”，就是每当顾客来买糖果时，你说二两，他一抓过来一称，就刚好是二两，你说三两，他一抓就是三两，几乎不用称就准确无误，别人都佩服得不得了。

妈妈告诉你，其实要做到这些并不难，只要具备两个条件就行了：一个是做一个有心人，就是说做一件事情就要专心致志地去做，用心去观察、去琢磨、去总结；第二个条件就是要经过长时间的操作训练，不断提高技能，只要具备了这两点，任何人都可以把一件事情做出色。

接着，妈妈跟你分析了近段时间你爬山技能的巨大进步就是因为最近反复去爬白云山的缘故，这时，你终于明白了“熟能生巧”的道理。

孩子，当你以后再碰到一些自己做不好的事情时，不要轻易说“这件事情我做不好”了，如果遇到一点困难就泄气，就否定自己、责怪自己，这样的人是很欠缺自信和定力的，没有自信和定力，就没有力量和勇气，那么，这样就真的什么事都做不好了。孩子，要记住，只要下决心挑战自己，有足够的信心、耐心和毅力，没有什么事情会做不好！当你遇到一些事情做不好的时候，首先要反省自己，究竟是缺了信心、耐心还是毅力呢？找出问题，再努力去做，一定会把它做好、做出色！

2008年11月3日

不要靠别人的赞扬来肯定自己

前些日子，妈妈发现你常常喜欢表现自己，并且要通过自己的表现来获得赞扬，在赞扬中肯定和鼓励自己，这对于孩子来说是很正常的事情。正因为这样，妈妈很注意赞扬你，因为你很多方面的表现的确很不错，不管是脾气、性格方面还是学习方面，妈妈都觉得你进步很大。

除此之外，你的自信和定力也在不断提高，你学会了赞扬别人，你那颗敏感脆弱、容易受伤的心灵比以前要坚固得多，因此，妈妈希望你能不断进步，对你提出了一些更高的要求。比如不要总是靠别人的赞扬来肯定自己，要不断地增强自信心和定力，不要太受别人的态度和评价影响。

妈妈告诉你，不管是哪一方面，你都很棒，都应该很有自信，不需要总是看别人对自己的评价。当然，同时要相信，跟你一样很棒的孩子还有很多，所以你也不值得骄傲。

当别人说你不好或泼你冷水的时候，除非你真的有错，否则你没必要太在意；而当别人都赞扬你很了不起时，你也不应该真觉得自己那么了不起，你应该知道和你一样了不起的还大有人在。

儿子，锻炼自己的定力是一辈子要努力的事情，有些人一直到老还很没自信、很没定力，别人说一句好听的，他会开心得得意忘形，别人说一句不好听的，他可能一夜睡不着觉。这样受人左右的人是很没智慧、很没力量的。所以从现在开始，妈妈就希望你树立一个意识，不要被别人牵着走，不要靠别人的赞扬来肯定自己。

为了锻炼你的定力，每当家里要来客人，妈妈就事先提醒你，在妈妈赞扬你的小朋友或是你的同学的时候，你不要受不了也不要不高兴，你的优秀不需要靠别人的赞扬来肯定。经过多次的提醒和锻炼，你的定力果然在不断提高。

今天，家里来了你的同班同学阳阳，他的钢琴弹得跟你的水平相当。在他弹完一曲后，妈妈高度赞扬了他，说他心静和心细，节奏把握得很稳，将来一定会有成就。

妈妈观察着你的表情，见你并没有太在意，更没有受不了，这足以说明你承受力强了、胸怀宽广了、变得自信了，不需要总是靠别人的赞扬来肯定自己了，妈妈很为你的进步而欢欣！

在客人走后，妈妈表扬了你的进步，并告诉你，其实你的水平不会比他差，并且你有你的优越性，比如你有很强的音乐感受力，你的心理素质比他强，不会紧张等等，假如你能把他心静、心细的优点再吸收过来的话，你一定会超越他的水平。

当然，妈妈告诉你，即使你的水平真的比他差，那也没有什么受不了的，只要你以后更加努力就赶上了。一个人要能容忍别人比自己优秀，不要看到别人优秀就自卑、看到别人优秀就受不了，这些都是胸怀狭窄和欠缺力量的表现。

儿子，要相信，最后的成功总是属于那种胸怀宽广、内心里充满力量的人！这种人，他不会时时处处都爱表现自己，也不需要靠别人的赞扬来肯定自己，他懂得欣赏别人，也懂得欣赏自己，能容忍别人的优秀，也不自卑怯懦。假如一个孩子能做到这样，他已经是一个很优秀的孩子啦！

2009年1月30日

妈妈心语

每个孩子都会喜欢听别人的赞扬，甚至只有通过别人的赞扬来肯定自己，这是孩子心智不成熟的表现。要想使孩子尽早建立自信与自我，不被别人的评价牵着情绪走，把父母的智慧传递给孩子是最好的捷径。

“做好自己就不错”

今天，妈妈跟你一起看了一个英语童话故事片，因为里面精彩的故事和优美动人的音乐，让你特别喜欢。看完之后，妈妈跟你进行了讨论，明白了一个很关键的道理：接受自己、做好自己就不错！

这故事里的小兔子长得特别的小，他的名字叫“happy”（快乐），他有两

★孩子，凡事只跟自己比，只要做到自己的最优秀就是成功！并且要相信自己，只要有信心和决心去做一件事情，就一定可以做出色！

个身强力壮的哥哥，这两个哥哥常常联合起来嘲笑happy，嘲笑他嘴巴小、吃饭慢，嘲笑他不能跟他们一起玩一些勇敢的游戏，使happy非常嫉恨两个哥哥。

有一次，happy鼓起勇气跟他们一起玩一个游戏，却被两个哥哥捉弄，把他小小的身体压在地上抱着翻滚，使他承受了很大的痛苦。

这事过后，happy在一个调皮捣蛋的小伙伴的鼓动之下，决心改变自己的形象。他要报复两个哥哥，要在两个哥哥面前树立威风。他戴上了墨镜，头上扎了一条红绸布，改名叫“小无赖”，什么卑鄙的事都做得出来。

一次，他和小伙伴俩装扮成一个很恐怖的怪物，把两个正在树林里玩耍的哥哥吓得魂飞魄散。后来，他不断地做一些卑鄙的事情：去偷田鼠的食物；哄骗两个哥哥去偷农夫种的萝卜然后再引出农夫的“狗守卫”去狂追他们，吓得两个哥哥狂奔乱叫。

后来，树林里的伙伴和他的两个哥哥都非常害怕他，见到他就要躲开，终于，happy成了整个树林里最无赖、最卑鄙的一个……

终于有一次，happy闯下了大祸，他的两个哥哥在他引诱下再去偷农夫的萝卜，却被农夫事先准备好的一个铁笼子给抓获了。Happy这回紧张了，回家哭着告诉妈妈自己犯下了大错，担心两个哥哥被农夫杀掉。他妈妈做好了一切营救两个孩子的准备，没想到最后，善良的农夫把这两只小兔给放了，这才免去了一场灾难。

这一次严重的教训，使得happy再也不想做小无赖了，他的妈妈告诉他：胸怀宽广、内心强大才是真正的强大！这个故事以一首优美动听的歌曲结束，歌里唱道：“你不需要最强大、不需要最高，你的笑容不需要最甜美，做好你自己就不错！”

妈妈跟你一起反复地听这首歌曲，还一起跟着唱。过了很久，妈妈脑海里还会出现那些生动的画面和那优美的歌曲。儿子，这个故事太深刻了：做好自己就不错！记住了吗？你不需要比别人长得帅、不需要比别人更聪明、不需要样样都比别人强。你很可能就是一个普通的孩子，有许多弱点，也有许多优点，只要你努力做好自己就不错，争取做一个内心强大的人、心胸豁达的人。这样，即便你遭受别人的嘲笑甚至捉弄，也可以通过自己强大的内在力量和广阔的胸怀征服别人！

儿子，告诉妈妈，以后不再去羡慕和嫉妒别人了好吗？也不要说自己这个不行那个不行，从现在开始增长自己的智慧，接受自己，努力做好自己。只要努力做好自己，跟自己比是最优秀的，你就是一个很棒的孩子！

2008年12年25日

要经得起别人开玩笑

今天，在你睡觉前，爸爸妈妈跟你一起躺在床上聊天。爸爸摸着你的头发说：“你看，这头发多粗，一根根像针一样。”妈妈笑着对你说：“就是了，难怪性格硬得像个臭石头。”（以前妈妈听说过头发硬的人性格就硬）没想到一句玩笑话竟然让你认真了，你立即发脾气了。

妈妈跟你解释说只是跟你开玩笑，可你仍然生气地说：“如果我说你是全世界最丑的女人行不行?！”妈妈这才感觉到自己刚才的玩笑话对于一个敏感的孩子来说大概不大合适。只是妈妈告诉你，假如你是开玩笑说妈妈是世界上最丑的女人，妈妈绝对不会生气，妈妈会告诉你：“哈哈，最丑的女人还能生出这么帅的儿子，多赚啊！”

想起你每次在春节回公公婆婆家时，都会因为舅舅他们跟你开玩笑而发脾气。每年春节回去，你总是成为大家逗乐的焦点，因为其他几个表哥、表姐他们都已经长大了，不好玩了，而性情开朗、天真活泼的你便成了大家的开心果，其中二舅舅最喜欢逗你乐。记得在你才五六岁那年，还哄你帮他擦鞋、打脚，可是忽然有一天，你觉得他们似乎都是在耍弄你，竟然哭了起来，说以后再也不回惠州了，以致去年回惠州前你还心里有阴影，说：“我怕他们又要我。”

为此，妈妈多次跟你进行交流分析，告诉你舅舅他们喜欢跟你开玩笑、喜欢跟你玩就是因为他们喜欢你，如果不喜欢你就不会跟你玩、跟你开玩笑。

儿子，一个男孩子，要培养一种大气的性格和胸怀，要培养自己幽默的气质，要经得起别人开玩笑，不要总是小心眼，怕别人取笑、怕别人耍弄，这样的人很猥琐、很怯懦、很狭窄，一点也不可爱。

妈妈告诉你，一个具备内在力量的人，他能很自在地抵御和化解别人的玩笑，不管别人是善意还是恶意，是真玩笑还是嘲弄，他要么用自己的幽默化解它，要么用宽广的胸怀包容它，根本不会往自己心里去，更不会让它影响自己的情绪。

平时在单位，妈妈也经常被别人开玩笑，到现在他们还有人不叫妈妈的名字，就叫“叶美人”，这样叫多少都有戏耍的成分，但是妈妈一点也不在乎。管他是戏耍、是嘲弄还是出于真心，爱怎么叫是他们的事，一点也不会往妈妈心里去。别人要戏耍人或嘲弄人是别人没有修养，自己根本没必要计较；假如别人不是出于坏心或欠缺修养，仅仅是想通过玩笑取乐和打发无聊，那就由他去吧，更没有必要去计较别人不认真的玩笑话。

儿子，有了这样的胸怀和定力，你就再也不会害怕别人开你的玩笑了，更不会因为别人的玩笑而生气、变脸或者受不了，做一个有内在力量的、胸怀宽广的大气男孩，一定会让你更加可爱，并且，让你的生活更加充满阳光！

2008年2月23日

妈妈心语

定力是心理素质中的重要内容，也是衡量一个人心智高低的标杆之一。一个缺乏定力，容易受人左右、被人牵制的人，不可能朝着自己既定的目标勇往直前，因此，锻造孩子的定力是我一直不懈的努力方向。

不要怕别人“泼冷水”

今天，在你放学回来后，妈妈与往常一样和你聊天，了解你在学校发生的事情。你说，今天上科学课时你因为讲话被老师罚站，还有很多个孩子一起罚，后来，老师说：“假如你们觉得自己能改正就坐下来。”可你总是不敢坐下来，一直等到别的孩子几乎都坐下之后你才坐下。

妈妈问你为什么，你说：“我怕他们说我。”妈妈知道，孩子，你有一个特点，就是什么事都怕别人“泼冷水”，因此显得很不自信，当老师需要你评价自己的一些行为时，即使你本来是做得很好的事情，你也不敢评价自己“很棒”，总是评价自己“一般”，因为你怕别人不认同。

有时候，妈妈想让你参与一些集体活动，你也不敢加入集体的队伍，说是怕别人说“不欢迎你”。因为你特别敏感、自尊的性格，导致你时时处处怕别人对你“泼冷水”，怕别人打击你的尊严，而一旦遇上别人真的向你“泼冷水”时，你就特别受不了。

记得有一次，一个小妹妹和她爸妈来我们家做客，叫你表演钢琴曲给他们听，开始你很乐意，因为钢琴是你的强项。可当你开始弹奏，弹得好好的，不懂事的小妹妹说：“一点也不好听。”然后还捂上了耳朵。结果你立即停下了，离开钢琴发脾气说：“不好听我就不弹了。”

妈妈哄你说：“儿子，小妹妹才三岁，她一点也不懂事，你不要和她计较。”可是越说你越伤心，还哭了起来，怎么劝都不听，连中午饭都不吃。儿子，你的承受力太差了，连一个三岁的小妹妹都可以击垮你的意志！

过后，妈妈跟你详细分析了这件事情，告诉你若是跟一个三岁的小女孩计较，说明你的智力就相当于三岁的水平。其实你弹琴不是弹给她听，而是弹给她爸爸妈妈听，因为她根本还不懂钢琴，就是一个著名的钢琴家来弹给她听，她也可以随便说“不好听”。假如你不跟她计较，仍然弹好你的琴，你会得到她父母的赞扬，而她却会遭父母批评。你若这么聪明懂事，爸爸妈妈便会以你为自豪。当说完这些，你终于明白了一点道理。

★孩子，你常常会有怕别人“泼冷水”的心理，因此总是不够自信。妈妈引导你要做个有力量的人，就算别人的话语像刀枪一样尖利，你也可以穿上“防弹衣”，让自己一点也不受伤害。

但是怕别人“泼冷水”的心理，绝不是一天两天能克服和改正的，今天你的表现再一次说明了你仍然欠缺自信。

妈妈告诉你，会给别人泼冷水的人，大多数本身素质不高、才能有限、心胸狭窄，才会因此而嫉妒或打击别人，在这种人面前，你更加应该建立自信。而一个自信的人，是根本不怕别人打击的。妈妈给你举一些例子，你就会更明白了。比如说，在妈妈出版了长篇小说《生之为人》后，也有一些人“泼冷水”，说妈妈写的东西很差，可妈妈一点也不受打击，因为妈妈有足够的自信和定力，对自己作品的优点和缺点都很清楚，当别人赞扬它很好时，妈妈也不会飘飘然，当别人说它很差时，妈妈也不以为然，更不会因此而受到打击，影响自己的心情和影响自己以后的努力。

妈妈还要跟你讲述一个画家的故事。这是妈妈认识的一个有点名气的画家，他的画很有个性、很有特色。但当他的画发表在报刊上或者挂在展览馆时，常常遇到别人的讽刺和批评。有的说：“哦，这也叫‘画’?!”有的说：“唉，我看是小学生习作！”还有的说：“嗨，这东西恐怕只有他自己看得懂！”什么风凉话都有。但是，这个画家从来不在乎他们的评价和打击，他笑着说：“嘿，刀枪不入了，我早就到了刀枪不入的境界。”

儿子，你看，“刀枪不入”，就是说，别人的话就算和刀和枪一样尖锐，都无法穿透他坚硬的心——当别人说了白说，就像身上穿上了防弹衣，一点也不受伤害。这就是一个很有力量的人，很自信、很有智慧的人，因为他这种力量和智慧，他画画的水平才不断提高，而不会因为别人的讽刺打击就放弃画画或者是停步不前。

所以儿子，以后不要再怕别人“泼冷水”了，当你真的遭受别人“泼冷水”的时候，一定要记住提醒自己——穿上“防弹衣”，做个自信的、有力量的男子汉！

2008年9月16日

妈妈心语

孩子的自尊心十分脆弱，有不少孩子会有怕别人“泼冷水”的心理，因此锻炼孩子的定力需要经过漫长的努力，时时抓住时机进行有效的、耐心的引导，增强孩子的自信心和承受力，定力才会慢慢增强。

“妈妈，今天我穿上了‘防弹衣’”

今天刚从学校回来，你就生动地跟爸妈说：“今天我穿了一次‘防弹衣’！”然后，你生动地跟我们叙述了事情的经过。

你说，下课时你和加豪几个一起玩，后来雨欣也加入进来。雨欣是女孩子，加豪和你们几个男孩子一起捉弄她，结果她生气了，就不跟你们玩了。上课时，坐在旁边的雨欣写了一张纸条传递给你，你打开一看，上面写着“你是大笨蛋、大笨蛋！”看了纸条，你想起妈妈曾经跟你说过的“不要怕别人泼冷水”的话语，结果一点也不伤心，你想起妈妈跟你讲述的那个能做到“刀枪不入”的画家的故事，于是变得十分自信和刚强，没有受到一点刺激。

你说，当时你就觉得，假如是以前，你可能会很生气，会不放过雨欣，但是这一次，你一点也不跟她计较。下课后，你轻松地对她说：“我是笨呀，你就聪明喽，聪明‘死’了！”结果雨欣也拿你没招了。

事后，你觉得自己穿上了“防弹衣”，别人的刺激一点也伤害不到你。并且你想起一个很脆弱的同学梁旭强，说假如是别人这样对他，他一定会哭的。

从你的描述中，妈妈感觉得到，你很为自己的“承受力”而自豪。妈妈表扬了你的进步，鼓励你以后再受到别人的语言和行为打击时，千万不要生气、动怒甚至一直耿耿于怀，这样很愚蠢，因为这样就成全了别人的用心和目的。

你完全明白了妈妈的道理，说：“妈妈，我会一直穿上‘防弹衣’的，我要锻炼成像那个画家一样——‘刀枪不入’。”

妈妈为你的进步而高兴，尽管妈妈知道，一个孩子要修炼到这一境界几乎是不可能的，但只要你有了这个意识和自觉，相信你的承受力会不断增强，那颗脆弱的、容易受伤的心会慢慢坚强起来！

2009年 9月20日

你的定力在不断增强

今天，我们家来了客人，有个三四岁的小妹妹，跟你玩得很开心。这个小妹妹性格很活泼外向，很爱表现自己，并且什么事都要说自己第一。

吃饭的时候，妈妈夸她自己吃饭很棒，她说："我吃饭第一、跳舞第一、唱歌第一，什么都是第一。"

妈妈笑着继续夸她道："噢，莹莹什么都第一。"

这时，妈妈观察着坐在旁边的你，脸上依然保持着正常的笑容，一点也没有要跟小妹妹争高下的意思，便笑着问你道："小妹妹是不是第一？"希望能进一步考验你的胸怀。

你宽怀地说："是啊，什么都是她第一。"

小妹妹听了，又得意地说："我什么都是第一！"

从头到尾，妈妈见你一点也没跟小妹妹计较，这足以说明经过这段日子妈妈反复地跟你灌输智慧与定力的道理已经起到了很好的效果。你果然不会再跟一个小妹妹较劲了，这说明你在客人面前已经有了应有的自信，也说明你的智慧提高了，不会将自己跟一个小妹妹放在同等的水平去比较了。

客人走后，妈妈高度赞扬了你的进步，告诉你，要是往常，你一听到就会受不了，甚至发脾气。假如那样，就会给全场的人带来不愉快，并且会让客人觉得你很幼稚、智慧很低，跟一个这么小的妹妹争高下。而今天，你不但自己不生气，还给大家也带来了愉快，这就是你智慧提高的结果。

妈妈相信，随着智慧和定力的不断提高，你将来一定会成为一个充满自信、稳健宽怀的大气男孩！

2009年10月12日

第七章　包容：要记住老师不是圣人

孩子，妈妈希望你一定要记住老师他不是圣人，他跟我们普通人是一样的，有优点也有缺点，有心情好的时候，也有心情坏的时候，偶尔表现不好也是正常的。所以，孩子，一定要多一点体谅老师，不要那么严格要求老师，就像你们希望老师不要那么严格要求你们学生一样。

孩子，没有什么承受不了的委屈和打击，一个人的成长和成熟，本身就必须要经过各种锻炼和体验，心灵才会变得丰富、意志才会变得坚强、心胸才会变得豁达，生活中的委屈、痛苦和打击不过是锻造你成长和成熟的催化剂，接受它、化解它、超越它，你的心灵会变得更加健康、丰富和美丽！

要记住老师不是圣人

今天放学回来，孩子，你很气愤地跟妈妈说了一件事情，你说，新来的一个老师在上课时竟然敢对一个同学说“神经病”。

妈妈向你了解详细的情形。你说，一个同学告诉老师说另一个同学没交作业，老师竟然说：“神经病，他不交作业是他的事，你管他干吗？他不交我就叫他重做，要你多管闲事。”儿子，你说着说着就十分气愤，说一定要报告给校长，说这样的老师你们不欢迎她来你们学校，不欢迎她教你们。你还说了一句很重的话，你说：“这种野蛮人还来教学生！”

妈妈看着你十分气愤甚至有些像是受了委屈一般伤感的样子，试探你道：“儿子，老师说的是不是你？”

你说：“不是，是说别人。”

看来首先排除是你直接受的委屈，完全是你对一个老师形象提出的抗议。妈妈不知道你的叙述是否完整、是否真实，假如老师真是这样说的话，那么说明这个老师的确是没有良好的修养。但是妈妈告诉你，老师她不是圣人，偶尔因为情绪不好说一两句过火的或者没修养的话也是完全可以理解的。

妈妈跟你做了详细的分析，平时我们在生气或遇到一些事情的时候，也会随口说一句“神经病”，这并不是什么严重的话，也许当时老师因为一些同学不好的表现而心情很坏，忍不住随口说人一句，这是可以原谅的。

妈妈告诉你，在以前旧社会，每个课堂上都是有教鞭的，一旦学生表现糟糕，是要接受体罚的。而现在，孩子跟父母之间、跟老师之间平等了很多，体罚的事情已经很少发生了。但是我们不能要求老师是圣人，连骂一句学生都不行。何况每个老师的修养都不一样，每个老师控制情绪的能力也不一样，并且，每个老师都会有自己的优点和缺点。

妈妈告诉你，以前我们读书的时候，常常碰上老师打学生的事情，因为有些学生实在是太顽皮了，又经常闯祸，不用武力教训一下就没法管住他。

记得在妈妈也是读三年级的时候，有一个数学老师（也是班主任），他特别聪明，教学生有很多独特的方法，我们都很喜欢听他的课。班上有一次参加镇里的数学比赛，有两个都得了一等奖，还有一个得了三等奖，当时这成绩在全校是很瞩目的（就是很了不起的意思）。但是这个老师也有一个弱点，他就是脾气比较暴躁，发生过几次打学生的事情。其中有一个学生很“烂仔”（就是很顽皮很捣蛋很不讲理），他经常跟其他同学打架，有一次，在他又跟别的同学打架时，这个老师一巴掌下去，就把那个“烂仔”打晕了。这个事情闹大了，学校差点要开除那个老师，但是最后让他休整了一段时间后，还是把他请回来了，因为很多同学和父母都觉得这个老师教得比别的老师好，因此，就原谅了这个老师的弱点。

所以，儿子，妈妈希望你一定要记住老师他不是圣人，他跟我们普通人是一样的，有优点也有缺点，有心情好的时候，也有心情坏的时候，心情坏的时候，也会有情绪失控的时候。

“儿子，想想你自己，是不是有时候情绪一失控就像一头发怒的狮子？”

妈妈见你不好意思地认同了。

说到这里，你对自己新来的老师已经没有开始那么气愤了，可你还没有完全原谅她，你说：“我们班上其他的老师没有一个会像她这么粗鲁。”

妈妈接口道：“儿子，那就是你们太幸运了，因为你们碰到的都是很有修养的好老师！这是很不容易的事情，你换个角度想想，其实他们多惨啊，长期在几十个学生眼光的监督下，连说一句话都要小心，不能像我们平时一样，随便说一句‘神经病’、随便说一句‘放狗屁’，而是时时刻刻都要注意自己的一举一动，多压抑啊。所以，儿子，你要多一点体谅老师，这样就不会那么严格要求老师了，就像你们希望老师不要那么严格要求你们学生一样，是吗？”

儿子，当我说完这些话时，妈妈看得出，你对老师的怨恨和气愤已经完全消失了，这的确又是课堂外的一堂课啊。

2008年9月21日

妈妈心语

只要孩子偏厌哪位老师，他的这门功课就将落下甚至毁掉，但事实上不能容忍的老师是极少见的，因此引导孩子接受老师的个性、发现老师的优点、包容老师的弱点，促进孩子与老师之间的感情，这是为人父母应有的智慧。

生活中要习惯于培养自己的豁达胸怀

孩子，今天，妈妈跟你聊天时，讲述了这段日子妈妈在一个小店买早餐的感悟：这是一个专门做早点的小餐饮店，妈妈常常在这里买早餐。这里的早餐品种很多，有糯米卷、糯米包、肉包、菜包、萝卜糕、饺子等二三十种，非常丰富，因此顾客很多，每次都要排队等候。

今天，在排队时妈妈观察了一下顾客。一个中学生男孩买了两只窝窝头，让妈妈觉得有些诧异，因为那种窝窝头没有味道，既不咸也不甜，是妈妈最不喜欢吃的。“这男孩怎么会喜欢吃这个呢？”可是，当妈妈观察了一下别的顾客时，这种诧异很快就消失了。因为每个顾客买的品种几乎都不一样，几十种早点各有人喜欢。妈妈当时就想，每个人的口味都不一样，自己觉得很好吃的东西也许别人觉得很难吃，这就叫不同“品味”。

其实，在我们生活中，我们常常会碰到一些看不惯、听不惯甚至讨厌的事情。比如说，他怎么喜欢听这些难听的歌曲？他怎么会喜欢去凑那种热闹？他怎么会交这样的朋友？

最让我们难以接受的，是我们身边的人他们的一些性格、脾气和品质。比如你的同学和老师，有的同学很多嘴，喜欢说三道四；有的同学很爱表现自己，在老师讲课的时候总忍不住要插嘴；有的同学很内向，成天像个木偶一样不好玩。老师也一样，有的很活泼、很幽默，讲课很生动、风趣；有的老师很严厉，很少笑容，讲课显得一本正经；甚至还可能碰上有些性格、脾气古怪的老师，比如特立独行（就是不爱与人交往）或脾气暴躁等等。

孩子，从现在开始，妈妈希望你开始培养自己豁达胸怀的习惯，不要因为身边人的不同性格、脾气、兴趣、爱好而看不惯这个看不惯那个，要学会包容各种不同于自己性格、兴趣的人，这样你就会因为自己的胸怀宽广而活得开心愉快。

你插嘴说：“是啊，我们班上就有几个同学性格有点古怪。像梁旭强，天天都在那里看书，别人下了课都去玩，他就一个人呆那里看书。还有陈伟欣，性格特别野蛮，谁惹他发火了，他会像发癫一样打人家。还有的同学特别爱表现自己，老师讲课他总是要插嘴。”

是啊，儿子，妈妈告诉你，这个世界就是因为有了各种各样的人、各种各样的人生，才变得那么丰富多彩和有意思，要不，大家都一样的性格脾气、一样的兴趣爱好，那么这个世界会多么单调沉闷啊！

就像妈妈最爱穿黑色的衣服，但是妈妈绝不会看不惯别人穿花花绿绿或彩色的衣服一样，因为妈妈会想：假如个个都像我这样只穿黑色，那人群里一片黑色，多沉闷啊。所以，儿子，一定要培养出自己豁达的胸怀和眼光，什么都看得惯、看得顺眼，这样我们就不会只生活在自己狭隘的世界里了，也不会因为看不惯这个看不惯那个而心情不愉快！

2008年8月16日

妈妈心语

从小就培养孩子广阔的胸怀和眼界，这对于孩子的成长和成熟有着很大的帮助，可以使他少走很多弯路、少受许多心灵的挫折。

要学会承受委屈

今天，刚一放学，你就向妈妈诉说你的委屈，说老师因为几个男同学不乖，就罚你们全班男同学留堂。你说这个老师这样做太不合理了，以前也发生过这种事情，有时有一个同学不乖，就罚全组的同学。你说：“真不知道这些老师是怎么想的，别人不乖关我什么事呢，这样罚人家真是脑子有毛病。”

儿子，你越说越生气、越说越觉得自己委屈，竟然哭了起来。妈妈好不容易才把你给劝停了。

儿子，你是一个很受不得委屈的孩子，自尊心很强，什么事情都要公平、公正和合理，但是妈妈告诉你，很多事情都是没有完全公平合理的，因为事情是人做的，而人没有完美，所以做的事情也没有完美。

……★没有什么承受不了的委屈和打击，一个人的成长和成熟，本身就必须要经过各种锻炼和体验，心灵才会变得丰富、意志才会变得坚强、心胸才会变得宽广，接受生活中的委屈和打击，化解它、超越它，我们的心灵会变得更加丰富和美丽！

不完美也就是说存在不公平、不合理等等的错误和缺点，而这种缺点是不可避免的，每个人都会犯下同样的错误：老师会做出一些不合理的事情，我们自己也会做出一些不合理的事情，这都是完全可以理解的。

妈妈记得以前读初中的时候，坐在我背后的是一个男生，他总是欺软怕硬，当他背后的男生很霸道地把桌子往前移的时候，他不敢去反抗，而是把桌子往我这边挤压。当时我总是很生气，跟他争斗，要求他把桌子往后移，可是他却不管，欺负我是女生，拿他没办法。争斗了几次无效后，我的确是没办法了，有时候被挤压得受不了就只能把桌子也往前面挤。

当前面的同学有意见的时候，我就没好气地说：“你要说就去说后面的人，他要往前面挤，我有什么办法？”

这件事几乎让我终生难忘，而对那个男生欺软怕硬的记忆也是永远也洗不掉了。可是，当现在我想起的时候，就会想：其实埋怨他欺软怕硬，而自己又能好得了多少呢？假如自己很公正很勇敢的话，就会去对付那个很霸道的同学，可是自己不是也没有那样做吗？想到这里，对那个同学的怨恨也减轻了，所受的委屈也化解了。

孩子，在我们成长的整个过程中，总难免会碰到这样那样受委屈的事情，这是非常正常的，首先你要在心理上明白这一点，当明白了这一点后，你承受委屈和化解委屈的能力就会大大提高了。

当你受委屈时，一定要试图想办法去理解和分析这件事情的原因。比如老师罚你们全班的男生的确是不合理的，但是我却能猜出老师大概出自两个原因：一个是老师认为当罚全班的时候，全班男生都会对那几个男生有意见，都会去批评那几个男生，这样就给那几个不乖的男生造成压力，让他们能在大家的批评声中受到更深刻的教育；一个是因为老师印象中总是你们男生调皮捣蛋，所以见到几个男生不听话时就对你们全班男生生气，惩罚你们全班男生。

据妈妈对你们班的了解，的确是你们男生常常调皮捣蛋，而女生大多数都很乖，所以你们男生给老师的印象不好，容易引起老师对你们男生不满的情绪。孩子，当你理解了老师的动机之后，你对老师的怨气很容易就消了。那么，这个原因有一部分是因为你们男生本身造成的。

当然，有时候你们所受的委屈，很可能主要是由老师本身的弱点造成的，比如老师对哪个同学印象好就偏袒哪个同学，做出一些不公平不公正的事情来，这可能会让人比较难以接受。但是，儿子，假如我们能站在更高的角度看，老师会偏爱哪个孩子或者比较不喜欢哪些孩子，那也是正常的。其实我们每个人都会有自己的偏爱和喜好，就像你会更喜欢哪个老师、更不喜欢哪个老师一样，这都是很正常的。当你理解了这些，承受委屈和化解委屈的能力就更强了，我们的胸怀也会变得更加宽广。

孩子，要记住，没有绝对的公平和合理，因为每个人的理解和判断水平都不一样，对一些事情的看法和处理方法也不同，更何况，每个人还都有这样那样的缺点，都会做错事情。所以当委屈降临的时侯，你若能通过自己的努力去改变它你就去改变它（比如，若是哪个老师不喜欢你，你就通过自己的努力去改变自己的弱点，让自己做得很好、很出色，这样自然就可以改变老师对你的印象了）；一些没法改变的委屈，就以宽广的胸怀接受它、化解它，让它像烟雾一样飘散得无影无踪，不让它在我们心中留下不愉快的痕迹甚至是难以去除的伤痕。

其实，孩子，没有什么承受不了的委屈和打击，一个人的成长和成熟，本身就必须要经过各种锻炼和体验，心灵才会变得丰富、意志才会变得坚强、心胸才会变得宽广，生活中的委屈、痛苦和打击不过是锻造你成长和成熟的催化剂，接受它、化解它、超越它，我们的心灵会变得更加健康、更加丰富和美丽！

2008年4月7日

妈妈心语

独生子女都很受不得委屈，但是承受委屈是孩子成长与成熟必不可少的功课，因此，在孩子遇到委屈时，引导孩子用智慧的眼光去认识它、开解它、超越它，这是提高孩子承受力的关键。

学会原谅自己

孩子，今天放学回来，妈妈发现你情绪有些黯淡，便猜测你在学校遇上了不愉快的事情。

你有些忐忑地说：“妈妈，我告诉你一件事，你不要生气。”

妈妈抱着你说：“妈妈不生气。”

于是你把事情经过告诉了妈妈：在课间的时候，曾加立拿粉笔擦丢来丢去，当他把粉笔擦丢到你眼前时，你立即把粉笔擦丢回给他，就这么丢了几次，没想到粉笔擦散了。后来老师上课时发现了，就问是谁弄坏的，同学们就告诉老师说是你和曾加立，结果老师要你和曾加立各赔一个粉笔擦。

当你说完这些，妈妈听了心里的确不大舒服，觉得自己的孩子得到老师这样的惩罚有些丢面子，并且买粉笔擦还得到处去找，很麻烦。原本心里就有些愧疚的你，见妈妈有点不高兴，就说：“我就知道你会批评我的。”

妈妈告诉你真实的心情：虽然妈妈并没有生气，但是心里的确有点不舒服，希望自己的孩子以后不要再做这样不懂事的事情了。

儿子，你听了更加自责了，竟然要跑去撞墙，说：“我愿以死谢罪！”

妈妈一下把你抱过来，责备你道：“儿子，你怎么能这样呢？就为了这点芝麻小事去撞墙?!”

可你说：“你觉得是小事，可我觉得是大事！”

这时，妈妈对你所有的气都消失了，告诉你这原本就是一件小事，而你把它当作是大事说明你已经意识到了自己的错误，相信你以后绝对不会再发生这样的事情了，能认识到自己错误的孩子是个棒孩子！但是，因为这么小一件事就去撞墙，这是很不应该的，假如真的因为这么小一件事就失去了自己宝贵的生命，那是会被天下人耻笑的，因为这太愚蠢了，死得太没价值了。

妈妈告诉你，每个人都会有犯错误的时候，而一个孩子经常犯点小错误就更加是正常的。只要在犯错后能及时改正就行了，没必要把一些小小的错误看成是不可原谅的大事。就像今天的事情，只要你认识到了错误并决心改正，妈妈就一定会原谅你。

而最关键的，是你自己要学会原谅自己！只有懂得了原谅自己，才不会沉浸在自己的错误里不能自拔，影响自己的心情，甚至做出一些自虐的傻事（就是自己虐待自己、折磨自己甚至走上自杀的道路），这是非常怯懦和愚蠢的，所以，学会原谅自己也是一种智慧、一种力量！

妈妈希望你从现在开始，就学会原谅自己、原谅别人，时常抱着健康和智慧的心态看待问题：做错事情是正常的！当你发现自己做错事的时候，要让那错误立即成为过去，不要让它再影响你的心情，以最快的速度赶走自己心里的乌云，让自己的心里重新洒满阳光。

"儿子，你明白了吗？"

妈妈看到你微笑着点头，妈妈告诉你，做到这样，你就是一个有力量的人，一个豁达的男子汉！

2008年12月23日

妈妈心语

学会原谅自己、包容自己，不要苛求自己、不要跟自己过不去，这是我们一辈子都学不到顶的智慧，而从孩子教起，使孩子尽早获得这为人智慧，定会使孩子终生受益。

第一次和同学闹不团结

孩子，这一次谈心课，妈妈跟你一起进行了两天，才总算取得了效果，这对于妈妈来说，又是一次智慧和耐心的巨大考验。

把爱管人的班干部当“仇敌”

昨天你放学回来后，就跟爸爸妈妈描述了一件事情，你说，你跟好朋友宗言一起回家，回到他住的小区时，他见到了班长晓雨，就过去跟她说话，可是你立即躲起来，因为你跟晓雨有“过节”，不原谅她。宗言发现后就赶紧不再跟她说话了，然后你“警告”宗言说，若是他再跟班长说话，你就不再跟他一起回家了。

妈妈听后真的非常惊讶，没想到你从现在开始已经会记恨同学，跟同学闹不团结了。“为什么会这样看待班长呢？以前你不是还跟她同桌过吗？不是好好的吗？”妈妈有些好奇地问你。

你说：“她以前还不错，自从她‘滥用权力’惩罚我和其他同学之后，她已经变成了一个‘管人婆’，我必须要用跟她对抗的态度来让她不能再‘滥用权力’，必须要用不搭理她的办法来让她明白她很让人讨厌。”并且你还说：“只要她一直当班干部，我就一直不原谅她，一直要给她‘颜色’看，而且对其他班干部也一样。”

妈妈听了真觉得很惊讶，平时总觉得你胸怀宽广，没想到你却会这样去嫉恨同学，并且似乎已经到了不易挽回的地步。妈妈对你跟这些班干部之间发生过的事情进行了详细的了解，得知这学期你并没有被惩罚过，只是在上学期的时候，班长跟你发生过不愉快的事情，但你却在这学期一直都不原谅她，对她越来越疏远，甚至把她当成“仇敌”。

于是在回家的路上，妈妈一直跟你讲道理，告诉你嫉恨别人其实是折磨自己，让自己难受。可是你说：“再难受我也愿意，反正无论如何我都不会跟她好。”此时，你是多么倔强！

妈妈又跟你说，作为一个班长，管理你们是她的职责，假如她不管你，老师就会怪她失职，而班里的秩序就会很乱。可是你说："她可以管但是她方法不对，她不可以直接惩罚我们，她最多只能去告诉老师。"你还说，她曾经态度恶劣，在管一个同学的时候竟然敢拍桌子。

总之，儿子，你以超强的思辨能力跟爸妈辩驳，数落那班长的不是。妈妈告诉你，不管是班干部还是老师，他们都不可能是完美的，他们管理的方法也不可能是完全正确的，就像你平时也有态度不好的时候，有时候说话腔调对爸爸妈妈很不尊重；还有，有一个同学喜欢说粗口，你就用粗暴的方法去对付他。总之，你跟这班长是一样的，也会有做事情不合理的时候，这是应该原谅的。

没想到你还是非常固执，认为自己就是不能原谅她这些问题，认为在他们几个爱管人的班干部面前，就是要对抗他们，不能让他们得逞。

直到晚上，睡觉前，妈妈接着跟你沟通和交流，因为假如不解开你心中对班长和其他班干部的敌意，就相当于在你的心灵中留下了阴影。可是交流了一段，直到睡觉时，你还没有完全接受妈妈的意见。

追求文明与美好首先自己要付出努力

今天上学时，爸爸妈妈跟你一起在车上听音乐《黄河》协奏曲，妈妈问你："儿子，当我们一家子开开心心地一起欣赏音乐的时候，是不是觉得很美好很幸福？假如爸爸和妈妈经常吵架闹不团结，爸妈和你也经常吵吵闹闹，你对爸妈也不好，这样生活在一起是不是很不美好？"

你表示认同，于是妈妈告诉你，你们一个班集体就像一个大家庭一样，大家在一起假如个个感情都很好，见到都很开心，这样就很美好。假如像你这样，胸怀狭窄，去记恨同学，见到了像仇人一样，那这个班集体就很没意思，很不美好了。妈妈知道你是一个很追求文明和美好的孩子，对美国人那种大家相互礼让、热情友善的氛围你感受很深，所以，妈妈相信你对于你们班集体，你也一样是希望美好和文明的。

你听了就插嘴说："我只要跟我的几个好朋友关系好就行了。"

妈妈告诉你，假如你抱着这样一种胸怀去跟朋友相处，哪天你跟朋友有矛盾了，你一样会记恨他们，这样你就会慢慢失去朋友。更何况，你只有团结所有的同学、包容所有的同学，为维护整个班集体的团结作出努力，体现出你是一个胸怀非常豁达的小男子汉，这样才说明你是一个真正追求文明和美好的棒孩子。如果你能建立这样一个观念，去包容那个班长、感化那个班长，那你们之间的矛盾和过节早就已经像烟云一样飘散了。并且你要是用这种心态对待每一个同学，每个同学都会成为你的朋友，这样你的生活就会非常美好、开心和快乐！

当妈妈跟你说完这些，你的态度已经有所好转。

征服别人靠的不是对抗而是魅力和胸怀

在下车送你到校门附近时，妈妈继续跟你交流：儿子，你脑子里一直抱着一个念头，认为自己要通过排斥、对抗的办法来对付你的班长，认为要给点“颜色”她看看，让她怕你。但是儿子，妈妈告诉你，人与人之间的心灵是有感应的，你排斥她和跟她对抗，她也会排斥你甚至也跟你对抗，她不会怕你，只会加深你们间的矛盾，什么问题都解决不了，而你在她心目中就是一个小家子气的男孩，一个难管的坏学生，这样她一直都不喜欢你、不欣赏你，也不会改良她对你的态度。

妈妈告诉你，你要改变她对你的看法和态度，只有靠你的魅力和胸怀，比如你的学习成绩要是不断地提高，成为大家都羡慕的尖子生；比如你的钢琴弹得很出色，拿了很多奖项；还有你的英语，现在准备代表班里去参加敏特英语网站的能力竞赛，要是能拿到很好的成绩，她和其他同学都会佩服你、羡慕你。除了学习争取出色之外，你还要以一种强大的内在力量去感化她。你要是表现出自己是一个非常大度、胸怀非常宽广的男子汉，她批评了你，你很快就改正过来，也不再跟她计较，过后依然很友好地对待她，那她就不可能再为难你，并且会因为你广阔的胸怀而佩服你、欣赏你，这样既解决了问题又树立了自己良好的形象，完全是一举两得的事情。儿子，要相信妈妈，只有这样才能显示出你独特的智慧和魅力！

当妈妈跟你说完这些，你对班长的对抗和抵触情绪已大大缓解，妈妈伫立在校门口，看着你走进校门，你回头看妈妈，妈妈回给你一个甜美的笑容。

让我们一起来理解班干部的苦处

中午午休前，妈妈继续跟你谈心，问你有没有主动跟班长打招呼。你说，你没有机会跟她打招呼，因为她当班长又当大队委，很忙，别人下课时就去玩，她就要去老师办公室谈事情，有时就要给大家发作业。下午大家自习的时候她还经常要去开会，又要搞学校广播，反正就是很忙，你忽然总结说："其实她当班干部就是要为我们服务。"

噢，儿子，你开始懂得体谅班干部了，妈妈告诉你，其实班干部真的很不好当的，就是比你们多了一些责任，要帮你们服务，要为你们的课堂秩序负责任；她还首先要克制自己什么事都要做好，要努力管好自己，不能像你们一样自由自在；还有，在你们有空去玩的时候，她还要做事情。

你听了插嘴说，上次你们班上体育课的时候，老师觉得女生表现好就让女生自由活动，男生就接着做体操。当班长晓雨正高兴时，老师却叫她来领操，结果就这样失去了一次放松开心的机会。

噢，儿子，你能明白了，当班干部是要付出代价的。妈妈告诉你，你的好朋友希希以前一直很想做班长，后来终于被同学选上了，可是做了一个星期之后，她就觉得做班长太不自由了，太多事要做了，就不想再做下去了。所以，儿子，妈妈希望你一定要多理解、多体谅班长，她跟你一样也是个孩子，偶尔管理方法不对、态度不好都是正常的，假如她十全十美，那就不正常了。因此妈妈相信，你一定能原谅她曾经管理方法不对的缺点，一定能更加配合班干部的管理了。

努力跟班干部做朋友

当妈妈跟你说完这些，你对班长晓雨的敌意完全消失了。妈妈跟你提出了一个希望，希望你能跟晓雨成为好朋友，因为妈妈认为她是一个有很多优点、很可爱的女孩：她学习好、纪律好，又很有才华，会舞蹈、会主持、会朗诵，是一个很值得欣赏和让人喜欢的好孩子；而你一样是一个很棒的孩子，你也有一些值得她欣赏的才华，比如你的钢琴、你的架子鼓、你的英语听力等等，都很棒，所以你们完全可以成为好朋友。

妈妈还跟你回忆了以前你曾经跟班长同桌过的往事，当时你们玩得也不错，只是因为后来你胸怀狭窄，要记恨她，两个人才开始疏远。所以妈妈相信，只要你放开胸怀去接受她、友好地对待她，跟她成为朋友很容易就会成为现实，到那时，妈妈奖励你两盘游戏。你听后很高兴，并完全接受了妈妈的意见。

妈妈告诉你，当你和班长成为彼此尊重、彼此欣赏的好朋友时，就再也不会发生不愉快的事情了。并且，你用同样的心态去对待其他的班干部，多一点理解他们、宽容他们、配合他们、欣赏他们，做到这样，你跟任何一个班干部都可以成为相互尊重、相互欣赏的好朋友。到那时，你的心灵里就再也没有阴影，你会生活在一个团结和谐的同学氛围里，享受同学间珍贵友谊的美好和快乐！

2009年6月2日

打开了自己对班长的“心结”

昨天，你同意了妈妈的意见，努力跟班长做朋友，努力跟每一个班干部做朋友。开始，你很没信心，担心班长晓雨会不搭理你，会跟你对她一样敌对你。

妈妈告诉你，只要你自己胸怀宽广地对待她，不再敌对她，她很快就会跟你有感应，也会跟你友好，妈妈希望你能对自己和对别人都要有信心。可是你仍然有些顾虑，希望妈妈能够帮你给晓雨打个电话，传达你想跟她友好的信息。但是妈妈告诉你这不是最好的方法，最好的方法是完全通过自己的努力去改善和同学之间的关系。你终于同意了妈妈的意见。

今天，你一回家就告诉妈妈说，其实班长晓雨根本没有把你当成“仇敌”，你和她终于说话了。今天下午，你和宗言、晓雨还有几个同学一起作为班上派的代表参加敏特英语网站的英语能力竞赛的预赛。在进入考场前，你们几个人都在教室外等候。你为了解开自己心中对班长的隔阂，你叫宗言过去叫晓雨过来跟你们一起玩，可是宗言去叫了她却没叫成，因为她在跟一个女同学一起玩。可你还是没有放弃，自己鼓起勇气过去跟她们一起玩。你们玩的是“出绝招”，你问晓雨说：“你出什么绝招？”她说：“我出‘无敌飞腿’。”然后你们一起玩得很融洽很自然。

后来，进入考场之后，晓雨就坐在你旁边，中间你们还偷偷地说了几句话，她问你考到第几道题了，你告诉了她，结果你再问她考到第几道题了，她说不告诉你。你说：“妈妈，可能她在心里还是很烦我的，要不她就不会不告诉我了。”

妈妈告诉你不要这样想，既然她会很自然地跟你说话，就说明她根本就没把你当成是“敌人”或者厌烦你，完全是你自己以前对她不友好，现在你已经打开了自己对她的“心结”，你们完全可以做好同学甚至成为朋友。你们都是很棒的孩子，大家相互学习、相互尊重、团结友爱，这样就很美好。

儿子，像你原来那样把同学当“仇敌”，那是一种心灵的扭曲、心灵的不健康！现在，你心灵里的阴影已经像云雾一样飘散了，你又是一个胸怀宽广、开朗可爱的小男子汉了，这样，你的同学、班长还有其他的班干部，他们一定会更加尊重你、喜欢你！

妈妈希望，你以后再也不要像这次一样，跟同学闹不团结了。只要你友好地对待每一个同学，甚至包容同学的过错，用宽广的胸怀去和同学相处，这样，你就永远不会跟同学“结仇”，每一个同学都会成为你的好朋友！

2009年6月3日

你接受了班长的优秀

今天，你一回来就跟妈妈说了你在学校发生的事情：你和班长晓雨还有另一个同学世宾作为全年级的代表参加敏特英语网英语能力竞赛的初赛。

记得在前些天的预赛时，全年级有二三十个同学参加，结果你得了第一名，而班长晓雨仅仅只低你一分。据妈妈了解，你们比赛的题目是“小学组别”，三、四、五、六年级是一样的题目，而作为才三年级的学生，你和晓雨、世宾三个能考70多分是相当出色的，在整个广州市的参赛选手中都排在前面。因此爸爸妈妈都高度赞扬了你，并且告诉你，晓雨是从五岁开始就坚持跟“外教”学习英语，一直坚持了四年多，所以她的英语能力的确很强，而你只是靠坚持在家里看英语故事提高英语能力，主要是听力强，而阅读和写的能力还不行，所以以后要加强这些方面的训练。

为了刺激你的上进心和认真对待初赛考试，妈妈对你说，假如你还能考得比晓雨好就奖你玩一盘游戏，你听了很高兴。

今天，妈妈见你不大高兴的神情，就猜出你一定是考得不如意，一问，果然是考得比晓雨少了三分。妈妈告诉你没关系，晓雨她因为一直都很努力学习英语，考得比你好是正常的，并且告诉你，昨天妈妈说希望你考得比晓雨好其实并不是要你跟她比高低，只是想刺激你更加认真对待考试。

为了了解你比赛得分情况，妈妈立即打电话给敏特英语网的一个老师去了解，得知你们考了65分和68分已经很棒了。虽然没有考到比晓雨高分，妈妈还是答应奖励你一盘游戏，因为你已经尽力了。妈妈还告诉你，只要你稍微再努力一点，配合爸爸的引导，多记些单词、多做些阅读训练题，一定能赶上同学晓雨的水平，并且可以一直保持英语水平领先。你听后非常高兴，并且决心今后一定加强阅读训练。

你告诉爸妈，当时你刚听到晓雨考得比你高分的时候，心里一下子就产生了一种嫉妒她的感觉，可是一想到在预赛的时候自己考得比她高分，她却没有嫉妒自己，然后心里很快就想开了。

噢，太棒了，儿子，妈妈赞扬了你的胸怀和智慧，告诉你能容忍别人比自己优秀、欣赏和学习别人的优秀就是一个很棒、很聪明的孩子，因为同学之间只有相互学习才会得到更大的进步，只有相互欣赏才会愉快地相处。

妈妈曾经告诉过你，在学习上你永远只有朋友而没有敌人，现在，当班长晓雨跟你一起参加比赛，成绩却比你好的时候，你能说服自己接受现实并不嫉妒她，这就是胸怀宽广的表现。妈妈希望你能变得更加自信豁达，努力和她成为朋友，常常学习她的优秀，这样，你也会变得更加优秀，而又增加了一个优秀的朋友，这又是一件一举多得的事情！

2009年6月12日

妈妈心语

培养孩子用宽广的心胸对待同学，能够理解和包容同学的缺点和过错，能够接受和欣赏同学的优秀，让孩子在学习上永远没有“敌人”，这是健康人格教育中的一项重要内容。

第八章　尊重：不要再叫同学“陈多嘴”

孩子，学会尊重每一个人、平等对待每一个人，常常想想自己和别人没有太大的区别，别人会犯错误，自己也会犯错误，别人有弱点，自己也有弱点，要包容别人，才会去尊重别人。当你做到习惯性地尊重每一个人的时候，你不但能获得受人尊重的回报，还会因为自己简单豁达的心胸而过得平和和快乐！

假如你要赢得爸妈更多的尊重，你最好做到自己管自己，自己管好自己，自己的事情完全由自己安排、由自己自觉完成，完全不用爸妈为你操心，更用不着爸妈来管理你甚至命令你。

“人有短　切莫揭”

孩子，在你很小的时候，妈妈跟你一起念《弟子规》的时候，有一句是让你记忆深刻的，那就是“人有短，切莫揭”。它告诉我们每个人都会有自己的弱点、缺点和短处，我们不要去揭示别人的短处而刺伤别人的自尊心，要懂得尊重别人，维护别人的尊严；要用一颗博爱的心去包容别人的弱点和短处。

在现实生活中，一个孩子要做到这一点是不容易的。你和很多孩子一样，有时喜欢嘲笑别人甚至捉弄别人，喜欢说别人的短处来显示自己的优越，这都是孩子不懂事的表现。

今天，爸妈带你和你的小朋友希希一家子一起去爬白云山。你和希希一起走在前面，走着走着，你就提出要和希希比比高度。比到希希才齐到你的肩膀高，你就笑起来说：“唉，这么矮，才到我这里。”

当时妈妈听了心里就不舒服，因为希希的个子一直长得很慢，使她一个八岁的女孩看上去还像五六岁，这已经让她爸妈常常为她担心，这也成了希希自己知晓的“短处”，你和她是很熟悉的朋友，这一点是应该知道的，因此很不应该再去刺伤希希和她爸妈的心。当时，妈妈没有立即纠正你。

在回来的路上，你看着希希的脸，又说了一句让人不愉快的话，你说：“希希的鼻子那么矮，我的鼻子这么高，以后我赚100万，希希只能赚30万。”想必你是听过鼻子长得大的人赚钱多的说法，我们暂且不去管这说法是否真有道理，但是这种以揭别人的短处来抬高自己的行为是幼稚且欠缺修养的。

在希希下车后，妈妈告诉你，鼻子长得矮一点是希希唯一的长相弱点，你这样说别人的短处，既带给了别人不愉快，又损害了自己在别人心目中的形象，这完全是“一举两失”的事情。

记得前些日子，你在学校还有过一些嘲笑同学弱点的事情，比如嘲笑梁旭强总是一点小事就哭，还想办法去捉弄他、“考验”他。这些都是不尊重别人和没有修养的表现。

儿子，妈妈希望你以后一定要注意，在你想嘲笑别人的时候，一定要克制自己，要想到这是“一举两失”的事情。况且，尊重是相互的，你若常常不尊重别人，也不可能得到别人的尊重。每个人都有缺点和短处，你自己也一样，假如别人总是嘲笑和捉弄你的弱点，你就会活得没有尊严、自信和快乐。所以，生活中要懂得常常带给别人尊重的愉快，要多鼓励别人，这样，大家活在一个相互尊重的氛围里，生活就会温馨和美好。

2008年12月17日

学会尊重你身边的每一个人

孩子，今天，爸爸的一个朋友说起他的孩子时，说现在的孩子很难教，说话比父母还大声，父母说他一句，他说两句，根本管不了，所以气起来就扇他一巴掌。这让爸爸听了很有感触，因为这个弱点在你身上也有，有时候你也是说话很大声，不够尊重父母，有时候要跟爸妈狡辩，不配合爸妈的管教。

“儿子，你觉得自己是不是存在这个毛病？”

你嘟着嘴，很不好意思地默认了。

“但是爸爸妈妈是不是从来都没有扇你一巴掌，为什么？”

“因为你们比较宠孩子。”

噢，你说错了，儿子，爸爸妈妈绝不是因为宠你才不打你，就是因为尊重你才不打你，因为爸爸妈妈觉得你是一个懂道理的孩子，而且会反省自己，所以相信你能够通过自己的努力，慢慢去改正这个毛病。

妈妈告诉你，这个毛病是现在很多孩子都有的，因为现在很多都是独生子女，在家里像个“小皇帝”，很容易养成唯我独尊（就是什么都以自己为中心，不懂得去体谅别人、尊重别人）的习惯，所以这个弱点在你身上也很难免。但是一个孩子的素质好不好、形象好不好，首先就看他懂不懂得尊重别人。要看一个父母对孩子教育得成不成功，也是首先要看这个孩子懂不懂得尊重别人。

你疑惑地问：“为什么？‘尊重’有那么关键吗？”

当然是那么关键了，儿子，你想想，我们生活在社会群体里，而不是生活在孤岛上，我们每天都要跟别人接触、跟别人交流、跟别人相处，如果大家彼此之间不懂得相互尊重，随便吵骂、随便讽刺、随便打击，随便做一些有损别人尊严的事情，那你想想我们这个社会还有文明和美好吗？

还有，在家里也一样，如果爸妈批评你、教导你，你就狡辩、顶嘴，说得比父母还大声，整天像吵架，你觉得这样的家庭氛围是不是很不温馨、很不美好？所以，儿子，学会尊重父母、尊重别人是你一直要努力的事情，从现在开始，你一定要配合好爸妈的教导，把自己培养成一个走到哪里都懂得尊重别人的棒孩子。

首先，妈妈告诉你，尊重别人，必须要做到尊重任何人、尊重身边的每一个人，而不是用不同的眼光对待别人。比如看到人家外表长得丑，就对人家很冷漠，看到人家打扮得很土气或很简朴就瞧不起别人，看到人家能力差、老实巴交就欺负别人等等，这是普通人常有的弱点，只有克服了这个弱点，我们的修养才会得到真正的提高。

孩子，这个世界上的每一个人，他的尊严都是平等的，因为不管他长得怎么样（是残疾人还是侏儒），不管他能力怎么样（是很有才华还是能力较差），不管他是贫穷还是富有，他的自尊心都是一样的，心灵也都是很丰富很细微的，都是一样需要得到别人的尊重。所以，儿子，你不要去歧视（也就是看不起）你们班上长得差的或成绩差或弱点多的孩子，也不要特别尊崇那些各方面条件好的同学。你要养成一种平和的心态去对待每一个同学，尊重每一个同学。

在生活中也一样，尊重身边的每一个人，只有尊重每一个人，我们才能得到每个人的尊重，尊重完全是相互的。

记得你跟妈妈说过，你们班上有些同学给别人起外号，有两个姓陈的同学都被叫做“陈多嘴”，一个叫“陈多嘴一号”，一个叫“陈多嘴二号”，后来，很多同学就只喊他们“陈多嘴”，再也不叫他们名字了。孩子，妈妈提醒你绝不要像别的同学那样叫人家外号了，这是很不尊重人的表现。

你想想看，其实你们每个孩子都会有自己的缺点，比如你就是一个很多动的孩子，别人也可以叫你“林多动”；比如还有的同学很小气，你们又可以叫他“李小气”。那么这样发展下去，同学之间就再也没有相互尊重了，这样大家都没有了尊严，生活在一起就很不文明、很不温馨。

还有，儿子，你在学校还取笑和捉弄过一个爱哭的朋友，这也是很不应该的。他是你要好的朋友，你应该想办法帮他克服爱哭的习惯才对，而不是去捉弄他、取笑他或者打击他，否则你就没有资格做他的朋友了。

从今以后，妈妈希望你能不再嘲笑别人和讽刺别人的弱点，学会尊重每一个人、平等对待每一个人，常常想想自己和别人没有太大的区别，别人会犯错误，自己也会犯错误，别人有弱点，自己也有弱点，要懂得包容别人，才会更懂得尊重别人。孩子，当你做到习惯性地尊重每一个人的时候，你不但能获得受人尊重的回报，还会因为自己简单豁达的心胸而过得很平和、很快乐！

2009年2月10日

妈妈心语

懂得尊重每一个人、懂得用赏识的眼光看待每一个人，这是处世哲学，也是为人智慧，是父母要打持久战的“心灵课堂”。

父母打你是“最不好”的教育办法

今天，你放学后跟爸爸先回家，一回到家你就打电话跟妈妈投诉，说爸爸打了你，说着说着就要哭出来，像是受了很大的委屈，叫妈妈快点回家。

妈妈回到家后，你还在生气。妈妈详细了解了事情的整个过程，也听了爸爸的叙述。原来，坐在爸爸的车上，你说要做爸爸的小帮手，总是动手去弄他的车子，一会儿去洗一下玻璃，一会儿又去弄音响或者空调，除了方向盘和油门由爸爸控制外，几乎其他事情你都抢着做，这让爸爸非常头疼。今天，在进我们家小区大门时，你争着要自己来刷卡，导致不便，让爸爸很生气。在下车库的时候，你见后面有车，就不断地催爸爸快点开，很急切地催，让爸爸十分生气，就拍了两下你大腿教训你，于是你特别生气，觉得爸爸动手打你是很严重的事情，并且还跟妈妈说以后要记他一辈子。

从小，爸爸妈妈很少打你，对你特别耐心，习惯于跟你讲道理，但是这样导致你跟父母太平等。从五六岁开始，你养成了跟父母狡辩的习惯，做错事情时，父母说你，你常常顶嘴，即使这样，父母仍极少动手打你，仍是耐心地跟你讲道理。有一次你跟父母狡辩的时候，妈妈非常生气，要求你写下保证书，每当你再与父母狡辩的时候就及时提醒你。虽然这样有所改变，但是因为你跟父母过于平等的现象仍然存在弊病。偶尔你做错了事情，妈妈批评你，你却比妈妈还大声地顶嘴，这样发展下去，爸妈就很难再管好你了，而管不好你，最后受害的就是你自己。为此，爸妈跟你订立了一个规范，以后凡是无理狡辩和对抗的，就要自觉接受惩罚，如果不接受惩罚就要接受体罚（就是挨打）。

儿子，你一定注意到了，父母很不愿意打你，因为打孩子是最不文明的教育方法，使孩子完全没有尊严，又让孩子承受疼痛，所以我们一般都不用。除非是其他任何办法都没有效果，我们才可能会用，这是迫不得已的办法。所以当爸妈真的打你的时候，你首先要想一想：是不是你逼得爸妈没办法了，才这样教训你？假如是，这就完全可以理解了。

妈妈跟你讲述一件妈妈小时候挨打的事情，这件事情过去20年了还记忆犹新。大概是在妈妈十一二岁的时候，不知因为做错了什么事情，在去干农活的路上，婆婆骂妈妈说："你这个臭人！"妈妈就很不敬地顶嘴说："你更臭！"结果婆婆生气地一直追着要打妈妈，拿着挑担子的扁担一直追，追了好一段路后终于追上了，用扁担狠狠地敲了妈妈的腿一下。这一下就够疼了，妈妈哭了，可哭了仍要跟着去干农活。但这次被打，让妈妈教训非常深刻，再也不敢跟婆婆顶嘴了。假如当时婆婆不打妈妈，就这样你一句我一句地吵下去，那么妈妈不尊敬父母的德性就会发展下去，幸好被婆婆这一打，毛病就改掉了。所以，偶尔必要的时候对孩子体罚一下是很有教育效果的。

今天，你坐在车上表现不好，多手多脚动这动那，影响爸爸开车，这是严重的毛病，爸爸打你一下是应该的，这样你记忆深刻，下次坐在车上就不会再犯这毛病了。正因为爸爸妈妈太少使用打你的方法教训你，有时在你犯一些原则错误时惩罚不够，导致你形成了一些坏习惯。比如说，假如几年前在你刚开始和爸妈顶嘴和狡辩的时候打你一次，让你教训深刻，也许就不会养成现在常常和父母狡辩的坏习惯了。虽然这段时间你已经改善了很多，但是要彻底改正还是比较困难。所以说，儿子，为了避免让爸妈采取最不好的教育方式，你最好配合父母的引导教育，管好自己，而一旦你不配合，逼迫父母采取体罚方式教育你的时候，你也应该明白这是对你负责任。懂事的你，应该是完全可以理解的。

当妈妈跟你讲完这个道理，你不再怨恨爸爸了，过不了几分钟，你就和爸爸和好了，后来也再没提起爸爸打你的事，说明你已经理解了妈妈的道理。

睡觉前，妈妈问你：“以后不要再逼迫父母采用最不好的教育方式了，好吗？”

你懂事地点头答应了。

2008年9月23日

妈妈心语

用文明温馨的教育方式教出来的孩子会更加自尊、自信和拥有一颗健康愉悦的心灵，因此一定要提醒孩子，“打骂”都是很不好的教育方式，是父母迫不得已才采用的办法，以此去激发孩子的自尊心和自觉性，使孩子更加配合教育和自觉管好自己。

要求爸妈不能用“命令”的口气

儿子，你是一个自尊心很强的孩子，因此对父母、老师或同学的批评指点你都非常敏感、在意，对班干部偶尔的指责和惩罚你很受不了。今天晚上，你还跟爸妈提出了一个要求，说爸妈平时不能对你用“命令”的口气，只能用商量和平和的口气。这些都是你特别自尊的表现，可是妈妈告诉你，要赢得别人对自己的尊重，首先自己要做到尊重别人。比如说你样样都表现好，主动配合父母的指点和教育，就完全可能赢得父母的尊重。

爸妈为什么会用命令的语气

妈妈跟你分析了一下为什么有时候爸妈会用命令的口气对你说话，因为你常常在玩的时候，不理会爸妈对你的提醒和要求。比如爸妈叫你去练琴或者叫你去洗澡，你常常听见了却当作听不见，或者听见了仍不立即去执行，要要赖皮继续玩。当爸妈叫了两次、三次甚至更多的时候，你还是不理会，爸妈就只好用命令的口气叫你立即执行了。因此你要明白，要想父母不命令你、尊重你，用平和的口气和你说话，你就要自觉配合父母的管教和指点。

从今天开始，妈妈要求你做到叫你做任何事情时都不能让爸妈叫三遍，因为这是你常常犯的毛病，再次发生的时候，爸妈不但要命令你，还要批评你。

学会自己管好自己

假如你要赢得爸妈更多的尊重，你最好做到自己管自己，自己管好自己，自己的事情完全由自己安排、由自己自觉完成，完全不用爸妈为你操心，更用不着爸妈来管理你甚至命令你。比如，每天晚上回到家，你首先自觉完成自己的作业，做作业时不分心不偷玩，专专心心地高效率完成自己的作业。完成自己的作业后，自己收拾好书包和明天上学需要带的东西，然后有计划地安排自己接下来要完成的事情，你还要练钢琴、还要洗澡，有时间还要听英语故事，等做完这一切，在时间允许的情况下，你才给自己放松休闲。

儿子，假如你能做到这样自觉地管理好自己，这样，爸妈一定会非常地尊重你、欣赏你、赞扬你，不但不会因为你不配合管教而生气，还会因你的表现出色而高兴开心。这样一举两得的事情，妈妈希望你一定要努力去实践！

学会管好自己，在学校也一样，不违反课堂纪律，上课时不讲话、下课时不捣乱，尊重老师、团结同学，这样你在学校也一样会得到老师和同学的尊重和欣赏。到那时，就不会再有人命令你或惩罚你之类的事情发生了。

儿子，妈妈相信你一定明白了，要想得到别人更多的尊重，一定要学会自己管自己、自己管好自己！

2008年11月20日

如何赢得别人更多的尊重

儿子，你是个自尊心很强的孩子，但是最近妈妈带你在外面逛街和购物的时候，却发生了好几件不愉快的事情，让妈妈感觉丢面子。

每次带你去逛商店买东西的时候，你总是喜欢用手去动别人的东西。比如今天，妈妈在买水果的时候，你就用手去按压别人包装好的榴莲肉，虽然没有被店员批评，但是妈妈看了很不愉快，觉得你不懂事，因为按压坏了的榴莲肉就不好卖了，只要别人发现了就肯定会批评你。

上次妈妈跟你一起在小店买开心果，你也总是用手抓抓这个抓抓那个，动动这里动动那里，被卖东西的阿姨说了你，叫你不要“多手多脚”，不要动坏了她的托盘秤。记得曾经还发生过很多次被人说的情况。

孩子，你和妈妈都是自尊心很强的人，妈妈希望你以后不要再做这种有损我们形象的事情了。虽然妈妈知道一个孩子控制自己行为的能力较差，对这种“多动”现象也能够理解，但是妈妈希望你为了自己的形象，为了能得到别人更多的尊重，还是要努力改变这种坏习惯。

以后，当爸妈带你去公共场合的时候，希望你能不断地提醒自己：只能看，不能动，并且努力地克制自己。妈妈相信你一定能够做到。孩子，要想得到别人更多的尊重，一定要注意自己在公共场合的形象。比如，不要大声说话或喧闹，这一点你有时也做不好。还有，不要随处乱扔垃圾，不往车子外面扔垃圾，这一点你是做得很棒的。还有，不随地吐痰，有些人无所顾忌地随地吐痰，他们的形象就会大受影响，幸好你没有这个毛病。还有，在过马路的时候不要闯红灯，这点你也做得很不错。

总之，儿子，我们要在公共场合随时注意自己的言行举止，要树立起公共道德、公共秩序意识，不要给别人带来不好的影响，不要损坏公共财物或别人的东西，要是不小心影响了别人或弄坏了别人的东西，要真心跟别人道歉，不要让别人来批评和指责，这样我们才能赢得别人的尊重。

刚才妈妈给你作了那么多的分析，大多数是你做得很棒的，尤其是爱护环境方面，你做得比妈妈还好，从来不踩草地不偷摘花朵，因此妈妈相信，你能够通过自己的努力做得更棒，把自己“多手多脚”的坏习惯彻底改正过来。这样，你在公共场合里就一定能树立起更加良好的形象，就会得到别人更多的尊重和好感，爸妈也会以你完美的形象而自豪！

“儿子，告诉妈妈，你有信心改正吗？”

“应该可以吧，下次我要是忘了，还去动人家的东西，你就提醒我。”

“噢，这就是配合妈妈教育的棒孩子！”

2008年8月27日

妈妈心语

社会公德意识和公众形象一定要从小教起，这是素质教育必不可少的内容。具备了良好形象和教养的孩子，走到哪里都受人欢迎。

跟你订立餐桌上的礼仪规范

今天，你的同学宗言来我们家做客，在吃饭的时候，宗言表现得很有礼貌，让妈妈看了很佩服。这当然首先归功于他妈妈对他细致、规范和严格的教育，同时也说明宗言是个配合父母教育的好孩子。所以妈妈希望，从今天起，你也要配合父母对你礼仪教养方面的教育，做个知礼的、处处受人欢迎的孩子。

“儿子，告诉妈妈，你有没有信心做到像宗言一样有礼貌？”

“当然有了！”你很肯定地回答。

那么，妈妈今天就根据你日常存在的一些问题跟你订立几条餐桌上的礼仪规范，希望你从今以后不管是在家里吃饭还是到别人家做客，都注意自己的形象和教养，做到一餐饭下来，让大家看到的你，是一个形象完美的孩子！

首先第一点，妈妈希望你要尊重做菜人的劳动，一看到餐桌上的菜，不管适不适合自己的口味，都不要嫌弃和挑剔，不能随口说“唉，这些菜都是我不喜欢吃的”或者“这些菜都不好吃的”。这是最不尊重别人劳动的话语，因为菜不是做给你一个人吃的，每个人的口味都不一样，别人辛辛苦苦做出来的菜，适不适合你的口味都要肯定别人的劳动，这是一个人最基本的教养。

第二点，妈妈希望你能在拿起筷子之后，首先叫长辈或客人先吃，不能一拿起筷子就抢先自己吃，做到尊重长辈和客人，这也是基本的礼节。

第三点，不能看到自己喜欢吃的那样菜，就只顾着吃那一样菜甚至抢着吃那一样菜，这是最没礼貌、最自私的表现。你最爱吃的菜就是炒鸡蛋和炒肉片，在你还小的时候，每次妈妈做这两样菜你都抢着吃，后来经过爸妈反复的教育和引导，你才改进了一些，开始懂得叫爸爸妈妈吃。从今天起，妈妈希望你进一步改变，不要出现只顾吃自己喜欢吃那一样菜的现象，也不要一下子就夹很多到自己碗里。不能一下子就把一种菜都夹到自己碗里，这样可能一下就夹掉了半盆菜，这也是不礼貌的表现。

孩子，现在物质那么丰富，吃饭并不是那么重要，偶尔一餐，吃少点、吃差点都是无所谓的事情，吃得不好，下一餐就可以补上。但如果在餐桌上为了吃一样菜而损害了自己的形象，那就很难再补回来了，所以妈妈相信你以后不会再因为贪吃一样东西而损害自己美好的形象了。

第四点，妈妈希望你能严格要求自己，做到吃饭时从头到尾一直坚持不离开座位，这一点也是你日常存在的难以克服的弱点。你是一个很多动且纪律比较散漫的孩子，常常吃饭时，吃到一半甚至吃了几口就要离开座位，下去走走或者看看电视又再回到座位。为了改正你的这个缺点，妈妈已经进行了一段时间的管教，但是你依然没有彻底改正过来。为了让你认识到自己的问题，妈妈把调查了解到的表现好的几个小朋友的情况反复跟你讲述，希望你能向他们学习。今天，你的同学宗言又给了你一个榜样，相信你一定能做到跟他一样形象完美。

最后一点就是在自己吃饱后，不能一声不出就离开位置，应该跟大家说：“我已经吃饱了，你们慢慢吃。”经父母、长辈同意，你再离开座位。

儿子，在餐桌上的礼貌和教养的确很多，一个孩子的教养和形象，一餐饭下来就能看出个大概，除了以上几点之外，妈妈还希望你不要总是吃得很快、总是那么大口地狼吞虎咽，像是一个饿鬼一样。还有，不要把饭粒掉到桌上，甚至吃得自己座位上一塌糊涂；吃饭过程中，不要塞着满口的饭跟别人说话，这样既不礼貌也不安全，容易呛着；去夹菜的时候，不要用粘着许多饭粒的汤勺或筷子去夹，这样就会把饭粒弄到菜盆里，很不好看；夹菜时，不可以挑菜，挑菜的人最没有教养，更不能把自己吃过或咬过一口的菜放回菜盆里，这也是最没教养的表现。最后，要尽量把饭碗里的东西吃完。这些都是应该注意和做到的。

“哎呀，太多要求了。”你听了感叹道。

儿子，这些要求都不难做到，经过一段时间的努力，你会把这些要求完全变成一种自觉的行为，到那时候，你去别人家做客就会有一个全新的形象，就像宗言来我们家的形象一样完美。做到这样，爸爸妈妈就会为你良好的形象而自豪！

从今天开始，妈妈要按照这些规范和要求不断地提醒你，让你克服原来的毛病。“告诉妈妈，你愿不愿意配合？”你说：“好吧，我试试吧。”

“儿子，要相信你的同学能够做到你就一定能够做到！哪天你都做到了，爸爸妈妈一定会为你庆祝、给你奖赏！”

2009年1月28日

愿你做个形象完美的孩子

今天，我们家来了客人，是你很好的朋友志毅和他妈妈。在他们要走的时候，儿子，你显得很有礼貌，不但主动送他们出门，还提出要送他们到小区门口。这是一个很大的进步。记得以前，每次客人要走的时候，你依然一个人坐在沙发上只顾着看电视或者自己一个人在玩，一点送客的礼节都不懂。经过爸妈反复的引导，你现在开始改进了。

记得爸爸妈妈常常跟你提起住在我们楼上的一个大哥哥，因为他是一个很有礼貌、很有教养的孩子，所以爸爸妈妈对他印象特别深刻，感觉他是一个非常可爱的男孩。开始，爸妈完全不认识他，记得大概是曾经一起搭电梯的时候，爸妈跟他搭过腔，后来，每次见到爸妈，他总是很有礼貌地叫叔叔阿姨好；进电梯的时候，他总是先按住电梯，等别人先进，他最后进。虽然只是一点小小的细节，但是一个懂事、知礼、有教养的男孩形象就树立起来了，所以

★ 想要获得别人的尊重、信任和关心，自己首先要懂得尊重别人、信任别人和关心别人！做个有教养的形象完美的孩子，走到哪里都受人欢迎！

一想起这个男孩，爸妈的内心里就会涌出一种喜欢的感觉。因此，孩子，做一个有礼貌、有教养的孩子是多么受人欢迎！

儿子，爸妈希望你以后也要树立起良好的形象，在与人交往的时候，注意自己的言行举止，带给别人愉快，也带给自己愉快。

以前，每次见到熟人、同学和老师的时候，你总是不肯开口叫人或主动打招呼，后来经过爸妈的教育和引导，你改进了很多，见到人基本上能开口叫人了，这的确是很不容易的进步。但是爸妈希望你能做得更好、更完美，希望你能改正存在的一些不良的习惯：比如在你叫人的时候常常没有看着别人叫，态度不够认真，声音不够响亮。跟别人打招呼和说话一定要用眼睛看着对方，表示对别人的尊重。在路上跟别人道别的时候，也一样，眼睛要看着对方，不能随随便便地说一声就走。

每次带你去老师那里学习钢琴、架子鼓的时候，见到老师首先要响亮地叫老师好，学完之后一定要说“谢谢老师”，在老师面前树立一个有教养的孩子形象。

平时，有客人来自己家的时候，一定要热情地出门迎接，不要坐在沙发上等客人进来，去迎接客人的时候主动叫叔叔阿姨好。等客人要走的时候，也要主动送客人出门，不能当作不知道。送客人走时至少要送到电梯口，等客人进了电梯后跟客人说了再见再回家。这些礼貌和教养，常常是被你忽略的。

孩子，你知道为什么与人交往要做好这些细小的礼节吗？因为我们每一个人都希望能获得别人的尊重、得到别人的重视和关心。你想想看，假如你去别人家做客的时候，别人不懂得热情地迎接你，在你走的时候也不送你出门，对你来不来、走不走都好像无所谓一样，这样你的心情会舒服吗？相反，别人要是对你非常热情地招待，走的时候一直送你很远还舍不得你走，这样你的心里是不是会觉得很温暖、很美好？

你说："是啊，就像我今天一样，一直把他们送到小区门口，志毅他们一定会觉得很温暖。"

对了，儿子，今天你有了进步，爸妈特别为你高兴，希望你以后不断地改进，让自己成为一个像我们楼上那个大哥哥一样，让人一想起他就觉得他是一个非常可爱和受人欢迎的孩子！

2008年10月24日

妈妈心语

孩子的教养不是一朝一夕能养成的，他需要父母潜移默化的影响，同时也需要父母反复的教导、点拨和耐心的指正，在孩子有了一点进步的时候及时夸奖和鼓励，这鼓励会成为孩子进步的原动力。

第九章　配合：让你进步更快的捷径

儿子，经过这么漫长的磨合，你终于对钢琴和英语的学习都产生了兴趣，都取得了进步。儿子，这说明了一个道理：配合父母的教育和培养，是你进步的捷径！

记得以前你做作业的时候，总是喜欢偷偷地玩或看小人书，现在这个毛病已经完全改掉了。现在你做作业好快，这样就给你争取了更多放松休闲的时间，所以你终于明白了：讲究学习效率就是最聪明的做法，是一举两得的事情！

多点理解老师的苦心

这些日子，妈妈反复叫你多点理解老师的苦处，你果然有了改变，更加懂得换位思考地站在老师的角度看问题了。

今天，你回来跟妈妈讲了一件很有感触的事情。你说，一个男同学很粗鲁地随手扔纸团，不管旁边有没有人，乱丢，被老师抓住了，就罚他捡全班的垃圾。

捡完后，老师问他："光彩吗？"

"不光彩。"那孩子不在乎地说。

"那你觉得羞耻吗？"

"不羞耻。"那孩子仍然满不在乎地说。

"那你究竟是觉得光彩还是羞耻？"

"不光彩也不羞耻，很平常，被老师罚一下不算什么。"那孩子嘴巴厉害得很。

老师被他弄得没话说，只好不管他了。

儿子，你说："假如我是老师，我可能会打他，要不完全管不了他。"

妈妈告诉你，比这孩子难管得多的学生还有的是，假如要打他，那就经常会碰到要打学生的事情发生。因此，妈妈再次提示你要理解做老师的难处，有时候碰上太难管的孩子，老师不知要受多少气！因此妈妈要求你以后一定要配合老师的教育，不要对老师要求太苛刻，更不要随便就对一个老师产生抵触情绪，老师对你们严格要求就是对你们负责任。

当做错事时，要用良好的态度接受老师的处罚。这样，一个错误很快就可以得到纠正，而如果用逆反情绪对抗老师，不接受老师的处罚或者虽然接受了老师的处罚，但心里却记恨老师，那么最后受害的就是你自己。

儿子，记得你曾说过好几次，因为你上课时跟同桌的同学讲话、搞小动作而被老师罚站，结果你就得出结论说这个老师对你不好，甚至说这个老师对你们全班同学都不好。儿子，这个结论肯定是错误的，你要是形成了上课不专心听讲的坏习惯，随着年级的升高，要学的东西越来越难，那你的学习绝对是跟不上的，要是这样，爸爸妈妈就要责怪老师没管好你了。所以，儿子，老师管教你就是对你尽责任，而你配合老师的管教就是对自己负责任，对学生尽责的老师才是好老师，而对自己负责任的孩子才是聪明懂事的棒孩子！

“儿子，告诉妈妈，以后在你表现不好被老师惩罚的时候，还会不会说老师对你不好？”

“不会了。”

这就对了，虚心接受老师的批评和惩罚，配合老师对你的教育，你就能成为一个不断进步的棒孩子！

2008年10月13日

妈妈心语

孩子在受到老师的惩罚时，很容易产生逆反和对抗情绪，假如不及时引导，很容易影响孩子与老师之间的感情。因此引导孩子通过换位思考多点去体谅老师，使孩子接受教育和配合教育，这在孩子学习成长过程中至关重要。

配合教育是你进步的捷径

今天，当我们一家子正在流花湖公园里吃晚餐的时候，妈妈接到了你的小朋友玲玲的电话，她说她想听听我的意见，她不想学钢琴了，但是要放弃学钢琴，爸妈要她写下“保证书”，保证以后不会责怪父母没有培养她学习钢琴，想听听我是否赞同。听了她的述说，妈妈知道她爸妈是想让她自己树立起一种责任感，要对自己的行为负责任。

当时，妈妈没有给她明确的答案，告诉她要听父母的意见（后来妈妈知道，玲玲又给她的钢琴老师打了咨询电话，老师同样叫她要听父母的意见）。挂下电话后，妈妈为了了解清楚她父母的用意，立即又打了电话给她妈妈。当了解到玲玲她目前最出色的特长是唱歌，而若是将来要发展唱歌，就必须要懂弹钢琴时，就决定要说服玲玲。

为了说服她，妈妈先让你来跟玲玲交流，你说："玲玲，你还是坚持学下去吧，要不以后长大了，我会弹钢琴而你不会，你会很伤心的。"接着妈妈也给她讲了很多道理，告诉她若真的放弃学钢琴爸爸妈妈会很伤心的，让她终于同意继续学习下去。为了这件事情，我们在吃完晚饭后，立即又来到了玲玲的家，当面解开了她和爸爸妈妈的对抗心结。

这件事过后，妈妈告诉你，孩子要配合父母对你们学习兴趣的培养，要不等到长大后再后悔就晚了。妈妈有一个朋友，她的孩子已经大学毕业了，每当参加晚会和在一些娱乐场合时，见到别人都多才多艺，要么歌唱得很棒，要么琴弹得很好，她就羡慕得不得了，并因此而产生自卑感，觉得一个女孩子没有一样文艺才华很没吸引力、很没光彩，这时，她就开始抱怨父母："小时候那么多孩子都学钢琴你为什么不让我学呢?！就算逼我学也好。"

儿子，可怜天下父母心，很多事情，不是父母想逼孩子学就能逼得成的。像玲玲，假如不是我们想方设法劝解她，她总是和父母对抗，这样逼她学是没有效果的。因此，妈妈赞扬了你的懂事，虽然在几年的练琴路上，你也有过泄气和抱怨，但是在妈妈的耐心引导下，你没有对抗，总是很快就说服了你，一直这么坚持了下来。自从你过了四级考试后，你的钢琴水平开始飞跃了，一些奏鸣曲已经可以弹得非常流畅和动听，你自己也体味到了弹琴的快乐和一种成就感。近来，你学习钢琴和英语的兴趣都提高了，这是一件很值得庆幸的事情。

以前，每当爸爸一放英语碟和一说英语，你就抵触，常常说："英语有什么关键，反正我又不出国！"每当这时，爸爸妈妈就耐着性子，跟你讲道理，鼓励和引导你，但有时候你连道理也听不进去，或者就跟父母狡辩，让爸妈感到很无奈。

有一次，妈妈提醒你：妈妈负责辅导你的钢琴，爸爸负责你的英语，现在你的钢琴进步那么大，这是对妈妈付出的回报。而英语，爸爸付出了那么多，你也应该给爸爸回报。然后再鼓励你说：你钢琴能弹好，英语更加能学好，以后，钢琴很棒，英语也很棒，就可以出国演奏了，到那时，你就可以带着爸爸妈妈一起出国。小时候你因为爸爸而出国，长大以后爸妈就因你而出国，到那时，爸爸妈妈多么为你自豪！

慢慢地，你没有那么抵触英语了，而爸爸更是想方设法来引发你的兴趣，给你买了很多含有精彩故事的碟片，如《小乌龟学美语》这个系列童话故事，还有《下金蛋的鹅》、《猴子王》等一系列的《伊索寓言》故事。出于故事的吸引，你慢慢地喜欢听了，每天上学和放学的时候，一上车就打开英语，结果你很快就记下了很多英语词句，平时说话常常会冒出一些英语，让爸妈十分欣慰。相信你只要坚持下去，生活中很快就可以用双语表达了。

经过这么漫长的磨合，你终于对钢琴和英语的学习都产生了兴趣，都取得了进步。儿子，这说明了一个道理：配合父母的教育和培养，是你进步的捷径！懂得配合父母教育的孩子，才是聪明的孩子。妈妈相信，以后你一定会努力做个聪明的孩子！

2008年11月6日

妈妈心语

贪玩、不肯学习，尤其是拒绝枯燥的学习，这是每个孩子共同的天性，而要使孩子配合教育和培养，开导、鼓励和创造愉悦的学习氛围、学习方式都是父母必不可少的功课，功课做足了，孩子就会更配合，孩子配合了，进步就快了。

帮你改掉“说谎”的毛病

孩子，爸妈一直都认为你是一个很诚实的孩子，在七岁以前，你从来没有撒过谎，每当爸妈听到别的孩子撒谎的事情时，就特别为你感到庆幸。

可是最近，妈妈却发现了几次你撒谎的事情，这是严重的问题，希望你在还没有发展成一个爱撒谎的孩子之前，赶紧配合爸妈改掉这个毛病，要不发展下去，你很可能会成为一个没人信任的孩子。

没人信任的孩子是很可悲的，譬如，妈妈若是不信任你，你放学回来说什么妈妈都不会相信你。你受了什么委屈、跟同学之间发生了什么矛盾妈妈也不会相信你。也就是说，妈妈不会再帮你排解苦恼和分担你的苦恼，同样，也不会分享你的快乐，因为你要是告诉妈妈老师表扬了你或者做了其他什么表现出色的事，而妈妈根本不相信你，就不会为你高兴。所以一旦对你失去信任，妈妈就会对你失去爱、失去尊重。而要赢得爸妈对你的爱和尊重，你首先就要赢得爸妈的信任。

跟老师和同学之间的关系也一样，要想赢得老师和同学的尊重、欣赏和喜爱，首先要赢得他们的信任。判断一个人是不是品质优秀的人，首先就看他是不是一个值得信任的人，这是做人最根本的前提！假如你被老师发现你说谎，你就不能被评为三好学生了。

儿子，妈妈跟你回忆一下你几次说谎的事情。

有一次，你在课后管理的自习课中，一点作业也没做，放学后你告诉妈妈，因为全班的同学都被班长罚读书，所以就没时间做。妈妈感觉得到你大概是撒谎了，于是提出了疑问，但你仍然坚持刚才的说法。当时，妈妈没有再追问到底，到了晚上睡觉前，妈妈微笑着对你说，假如你今天说了谎话，妈妈也不批评你，要你告诉妈妈真相，你才终于承认你是骗了妈妈。其实是你和另一个孩子因为说话而被罚读书，而不是全班同学都被罚。

当时妈妈没有批评你，告诉你，你的错主要是错在说谎而不是在课堂上说话，因为说谎是品质问题，而偶尔违反课堂纪律是学习态度问题。妈妈知道你在课堂上违反一点小纪律不会很生气，但是发现你说谎了就很生气，希望你下次不要再犯，做个诚实的孩子。

可是后来，你陆续又有过几次说谎的事情，但几乎每一次都被妈妈发现，并且都批评了你。有一次是做错了事情不敢承担责任；有一次是放学后过了好一会才出来其实是被老师罚写字，而你却说是跟同学玩；还有一次是因为迟到了没有去上成“快乐大作文”课而没有告诉妈妈。

儿子，假如你不配合妈妈的教育，不及时改正过来，就有可能发展成一个常常说谎、让所有人对你都失去信任的人。最近你听过一个英语故事，就是一个放羊的孩子，因为觉得闷就说谎，喊“狼来了”，请求别人帮助他，结果别人急匆匆地来了，他却笑起来。后来，他继续玩了两次这种说谎的游戏，结果有一天狼真的来了，他喊救命，再也没有人相信他，没有一个人来救他的绵羊，这就是说谎的后果。

孩子，说谎的代价太大了，失去了别人的信任、尊重和喜爱，生活就没什么意义了。所以妈妈希望，即使是犯了多大的错误，你都要勇敢地向爸妈承认，不要说谎，爸妈只要感觉到你能认识到自己的错误，并且决心改正就一定会原谅你，但是说谎和隐瞒的话，爸妈会更严厉地批评你，这后果更糟。

“儿子，告诉妈妈，有没有决心改正自己说谎的毛病？”

“我试试吧。”

孩子，你回答得不够肯定。妈妈相信只要你肯下决心，一定能改掉这个坏毛病，让自己做一个人人喜欢的诚实的孩子！

2008年12月10日

改掉“小心眼”的坏习性

今天，爸妈跟你一起在羽毛球馆打羽毛球，你和爸爸一对跟妈妈打，开始打得很开心，可是打到中间，你忽然发脾气说：“唉，你总是打给爸爸！”妈妈跟你解释，说有时候控制不了方向，不是妈妈故意要连续打给爸爸，可是你依然狡辩说：“为什么不能控制的就只会打给他，而不会打给我。”妈妈提醒你，有时候连续打给你，可爸爸就不会生气，可你听了仍是不高兴，走到窗口不打了。

妈妈批评了你心胸狭窄，指出你平时总喜欢跟爸爸“争宠”，有时候妈妈跟爸爸多说几句话就怪妈妈只管跟爸爸说话，有时候妈妈先给爸爸盛汤就怪妈妈更关心爸爸，有时还要问妈妈：“我和爸爸究竟谁更关键？”总之就是喜欢耍“小心眼”，一点小事情都要计较，而且是跟自己家里人计较。

你听了妈妈的批评更不高兴，把球拍扔在了地上。这时，妈妈严厉地指出了你不接受批评是错误的，要求你把球拍捡回来坐在凳子上，听妈妈跟你分析你存在的问题，并希望你以后能改正过来。

妈妈告诉你，一个孩子有错，就应该虚心地接受批评，这样才能改正错误，才能不断进步，要不错误不断地发展下去，就会导致不可挽回的后果。比如你喜欢计较、心胸不够开阔的问题，假如不得到及时的改进，这样一直发展下去，就会成为一个心胸狭窄的小人，一个心胸狭窄的小人是没法与人相处的，他自己也不可能得到快乐的生活。

妈妈最瞧不起的人就是心胸狭窄的人，尤其是男人。有些男人样子长得高高大大的，但心胸很狭小，什么小事都斤斤计较，别人做了一点不合他心意的事，他就要排斥别人甚至是报复别人。这种男人叫“鸡肠小肚”，最让人看不起，更不用说想赢得别人的尊重和喜爱。

一直以来，妈妈希望你做一个自信、宽怀的大气男孩，不要因为一点小事，就去怀疑别人对自己不好，这样自己过得不开心，更加不讨别人欢心。而那种因为跟别人一点小小的过节就要去报复别人的人，就更加让人厌倦和瞧不起了。所以，培养宽阔的胸怀是我们一辈子要努力的事情。

孩子，一个人可不可爱，很重要的一方面就是看他的胸怀。所以妈妈希望你从现在开始，把“小心眼”的这个问题改正过来，不要斤斤计较一些小事情，不要随便发脾气带给别人不愉快。当做错事情的时候，一定要虚心接受父母和老师的批评，培养宽阔的心胸，这样才能成为一个受人欢迎的男子汉！

当你听完妈妈的道理，终于接受了意见，又开始跟爸妈一起打球了，并且再也没有发生不愉快的事情。

2008年12月13日

妈妈心语

要培养孩子广阔的心胸，父母应从生活中的点滴小事去切入，对孩子进行耐心的引导，一次、两次甚至无数次，相信孩子“小心眼”的现象定会得到改造。

不要忘记两次血的教训

今天，爸爸妈妈带你到金沙洲的江边绿化带游玩，这里的风景开阔美丽，是你很喜欢的一个地方。我们一家子享受着休闲和浪漫，可是没过多久，这种心情就被你一个不懂事的表现破坏了。

在一个码头边上，有好几块大石板，齐到你的膝盖高，你反反复复地在那里跳过来跳过去。调皮惯了的你一定是觉得这样很好玩，但是石头的边角非常锐利，爸爸妈妈看了都很担心你不小心绊倒，若发生意外，后果会不堪设想，因此爸妈叫你不要再跳了，很危险。

你却一点也不听，还反驳妈妈说："你小时候更大胆，还敢爬到单杠上坐着翻下来，那不是更危险吗？"

妈妈告诉你以前妈妈翻单杠是不大危险的，因为地下是沙池，摔不严重，更何况妈妈小时候有错也应该改正。可你依然不服气，还跟妈妈生气，直到妈妈跟你讲了很多道理，你才接受教育。

儿子，你应该能理解爸爸妈妈的苦心，我们要为自己的孩子负责任——为你的生命安全负责任、为你的身体健康负责任。除了这点之外，爸妈还要为你心灵的健康负责任、为你的学习进步负责任，还有，你的品质、修养、礼貌等等，父母的责任多大呀，假如爸爸妈妈不管好你这些，那么爸妈就失职了，这就叫"子女不教，父母之过"。因此，你应该配合父母管好你、教好你。

为了保证你生命的安全，父母要付出许许多多的努力，譬如要接送你上学放学，不管有多少困难，父母都要克服；不让你玩一些危险物品，不让你做一些有危险的行为。

儿子，因为你的调皮多动，你已经接受过两次血的教训。

一次是在我们小区，你总喜欢到一条没水的水沟里奔跑，不走正经的道路，结果被一个石子绊倒了。当妈妈紧张地把你抱起来时，见你的眉头一角已冒出一摊鲜血，一个大裂口还不断地涌出血液。妈妈紧张得颤抖，抱着你，一个手紧紧地压着伤口。那时，妈妈一半心疼你，一半却在恨你，恨你不听爸妈

★男孩子调皮多动是可以理解的，可你因此已接受过两次血的教训，但时间长了，你又忘记了伤痛，仍然会做出一些让父母提心吊胆的事情来，因此妈妈希望你不但要配合父母对你的管教，还要对自己的生命安全负起责任来！

的劝告，导致这血的教训。在爸爸的协助下，我们一家子打的到了医院，给你做了缝针手术，使你的脸上留下了第一块伤疤。

后来又有一次，在儿童医院看病出来后，妈妈带你到真功夫吃饭，结果你坐不住，一边吃一边玩，两个手按压着桌子往前跳，结果手和身体协调不好，“啪”的一声，你摔倒在墙角，下巴刚好碰在砖墙上。当听到你惨痛的哭声时，妈妈的心都要碎了，不知道你究竟伤到什么程度，急忙赶过去抱起你，一眼就瞥见了地上的鲜血，妈妈的心是多么难受啊，同样是又疼你又恨你。幸好医院就在旁边，妈妈按着你下巴上的伤口，拉着你又回到了医院，缝针、打破伤风针（还要脱敏注射），折腾了一整个晚上，你的脸上又增添了一块伤疤。

那时，妈妈就想，你以后一定会吸取这次血的教训，不会再那么顽皮不懂事了。可是，时间长了，你又忘记了伤痛，仍然会做出一些让父母提心吊胆的事情来。比如像今天的跳石板，那是很危险的，假如你不配合父母的管教，一定要一直跳下去，很可能又会出现一次血的教训。所以，儿子，妈妈告诉你，只有配合父母教育的孩子才是聪明的孩子！

妈妈希望你以后不但要配合管教，还要自己自觉负起责任来。比如，平时走路时要遵守交通规则，不要乱闯红灯，过马路要走斑马线，在过马路时不要走神，要左右看；凡是在有危险的地方（如在湖边、山崖边、高压电线前等）玩，都要特别留意，不用大人来提醒。

儿子，你现在已经是个大孩子了，妈妈相信你会懂得珍惜自己的生命，从现在开始，对自己的生命安全负起责任来！

2008年11月2日

不偷父母的零钱买零食吃

今天，在你放学回来的路上，妈妈碰见了你，见你正好在喝饮料，就问你哪来的饮料。你告诉妈妈是你的朋友晓周（不同班级）给你买的，你说，晓周告诉你，他经常偷他爸妈的钱来买零食吃，今天偷了五块，刚好给你买一瓶饮料和他自己买一瓶饮料，并且你答应他明天你也请他喝饮料。

妈妈问你："那你会不会像他那样偷爸妈的钱？"

你说："我不会，我自己有零用钱。"

妈妈再问："假如你自己没有零用钱呢？"

你想了想说："应该也不会偷吧，我会跟你要一点钱。"然后你说："我们班上有好几个同学都会偷父母的零钱买东西吃。"

噢，孩子，大概你没有意识到，这是一个很严重的问题！偷父母的钱，不管是多是少，都是一种偷盗行为，一旦发展下去，最后就是犯罪，白白毁了自己的前途，白白浪费了父母的养育。

你说："他们只是偷父母的钱又不是偷别人的钱，这不算是严重的问题。"

孩子，妈妈告诉你，每个人的一种行为都很容易成为习惯，开始偷父母一点钱没被发现，然后就再偷，还没被发现，就经常偷，当然，也许他会跟自己说："只偷一点，就只偷一点零钱，这没什么大不了。"可是，随着他慢慢长大，越来越会花钱，就会偷得更多些，而偷到父母没得偷或被父母发现之后，他因为已经习惯了花钱而又没钱用，就很可能会去偷别人的钱，就这样发展下去，一个盗窃犯就产生了。

在妈妈还很小的时候，常常就听到大人教育孩子说：小时偷针，大时偷金！就是这个道理，因为孩子的行为很容易形成习惯，加上孩子的自制能力（就是自己约束自己、自己控制和自己管理自己的能力）还比较差，犯过一次错没被大人发现就很容易再犯，直到最后事情严重被发现时已经太晚了。

所以孩子，以后你决不能再接受你同学用偷父母的钱买来的任何东西了，你应该告诉他，偷父母的钱是很不好的事情，应该跟父母商量，假如父母不同意，就不应该买那些零食和饮料，这些东西都是损害身体健康的，你们应该做懂事的孩子，配合父母的管教。

儿子，记得妈妈以前带你进商场购物的时候，你喜欢拿那些散装的花生来品尝。后来，有好几次，妈妈并没打算买花生，可你却仍然喜欢去拿那些花生来吃，你说反正那花生是允许品尝的。但是妈妈告诉你，一个人在公共场合所做的每一件事情，都应该是光明正大的、维护自己形象的。你既然没有想要买人家的东西，却贪小便宜去品尝人家的东西，次数多了总会被人发现，这是非常丢人的事情。你想想看，几粒甚至一粒花生就损害了自己的形象和尊严，这是不是很不值得的事情？经过妈妈几次跟你讲道理和在现场对你的提醒，你终于再也没有去品尝那些花生了。

后来，商场里又开始售卖一些你最爱吃的棉花糖和橡皮糖，也是一大堆散装的，你常常缠着妈妈要买，可妈妈常常不答应你，因为吃这些零食都是有害无益的。可每次进商场时你都会去看那一大堆的糖果，有时还忍不住偷偷地拿一粒，后来终于被妈妈发现了。妈妈没有批评你，也是反复跟你讲道理，告诉你我们不能因为一粒糖而损失了尊严、影响了品质。并且反复在现场提醒你，一段时间后，你也终于改掉了这习惯。

儿子，假如妈妈不制止你，甚至怂恿你，想必你一定会形成偷东西的习惯，由小到大，由少到多，最后很可能会发展到犯罪的地步。

今天，妈妈要表扬你，因为你还从来没想到过要偷父母的钱来买零食或玩具，而你那几个小同学却干出了这种让父母特别生气的事情，妈妈希望你引以为戒，决不会向他们学习，努力做一个诚实的孩子、懂事的孩子、品质优秀的好孩子！

2009年2月27日

妈妈心语

孩子小偷小摸现象相当普遍，但是在发现后绝不能大惊小怪或过于严厉地惩罚给孩子的心灵留下创伤，循循诱导，耐心说理，适当鼓励，孩子一定会配合父母改掉毛病。

说谎比考试考得不好更严重

今天，你放学回来后，爸爸问你是不是发了数学期末水平评价测验卷，你支支吾吾说“不清楚”，又说“好像没有发”。爸爸因为手机接到了“校讯通”信息，确定是发了的，于是再追问你，你才从书包里取出了你的数学试卷，结果才考了八十多分。

爸爸检查了你的差错，大多数都是粗心大意弄错的，也有一小部分是没有很好地理解和掌握搞错的。当时，爸爸没有直接批评你，只是跟你进行了差错题目的讲解分析。

后来妈妈问你：“儿子，发试卷了，为什么要瞒着爸妈？”

你说：“我怕你们批我。”

妈妈告诉你，你考得不好妈妈可以原谅你，但是你说谎和故意隐瞒不告诉父母，就应该严厉批评，如果下次还发生这种欺骗父母的事情，一定要严厉处罚，并且要剥夺你最喜欢的每周一次游戏的奖励，这一次是严厉警告，妈妈不希望你再次发生。

你很不解，问：“为什么？”

妈妈告诉你：考试考得不好是学习能力和学习态度的问题，而说谎和欺骗父母是做人品质的问题，这是最根本的、严重的问题。一个人能力再高、学习再好，只要品质不好就没用，这种人不会得到别人的信任和欣赏，也不会受人欢迎。

本来，像你这一次考试主要是因为粗心大意导致的考不好，其实很容易改正，只要下决心认真对待考试，考完后认真检查就行了。还有一小部分是没有掌握好的，也不难，稍微复习一下，以后上课认真听讲就解决问题了。但是，你一旦形成了说谎和欺骗父母的习惯，这后果就非常严重了。到那时，你就是一个不诚实的孩子，一个没有人信任的人，你说什么话父母都要怀疑你，老师和同学也要怀疑你，这样的一个人走到哪里都不受人欢迎。

一个不受人欢迎的人，他的生活就不会再有幸福了。所以，儿子，品质问题是最关键的，你说一次谎就等于你损害了一次自己的形象、影响了自己的品质，这种损失是最大的。

另外，你考试考得不好就瞒着爸妈还有一个很大的损失，就是没有让爸妈及时了解你哪些知识没有掌握，就无法针对你存在的问题给你有效的指导，这样你不懂的东西就可能一直不懂，下次考同样题目的时候还是一样错。所以，儿子，以后不管你考得再差，就算不及格也要诚实地告诉爸妈，跟你一起来分析原因、一起来解决问题。

你插嘴说："可是我就是怕你们批我。"

儿子，就算爸妈真的批评你，也是为了你更好地改正问题，这不是接受不了的事情，而你说谎，父母就批得更严重。既影响了你自己，又让爸妈更生气，这完全是"一举两失"的事情，很愚蠢。

其实，你有时考得不好，假如能够很诚实地告诉爸妈，并且表示决心改正，爸妈绝不会严重地批评你。记得你以前也发生过考不好的事情，但是父母从来就没有打骂过你，但是批评指正是应该的，如果不批评你不指出你存在的问题，你就不会重视不会改变，这就是怂恿孩子、对孩子不负责任了。所以，当你表现不好的时候，就应该接受父母的批评，而不是通过说谎来掩盖自己的错误，通过说谎来掩盖自己错误的孩子是最傻的、最害自己的。

现在妈妈提醒你，若是下次再发生隐瞒或说谎的事，你一定会得到爸妈严厉的处罚！妈妈相信你是一个聪明和懂事的孩子，再也不做这种有损自己形象和品质的事情了！下次你若真的考得不好，又想隐瞒或说谎的时候，你一定要提醒自己：说谎比考得不好更严重！

2009年6月10日

懂得学习效率才是聪明的孩子

做作业总是偷看小人书

孩子，今天，你在书房做作业，妈妈在厨房做饭。可是当妈妈抽空打开房门看你的时候，你赶紧把正在看的一本小人书塞进箱桌里，妈妈说你不要再偷看那些书了，要赶紧做作业，等做完作业再看书。

你说："好，我知道了。"可是过了好一会，当妈妈再打开你房门的时候，你又赶紧把那书塞进箱桌里，妈妈要求你把书拿出来，你不肯，妈妈说不批评你，你才把那本书拿出来，是《虹猫蓝兔七侠传》。

这段日子，你总是着迷这个故事书。再看你的作业，老半天还没把语文的字词写完。妈妈再次严肃地提醒你：如果再偷看书的话，妈妈就一定要批评你了。可是当妈妈把饭菜都做完之后，你的作业还没做完。妈妈知道，你虽不再看图画书了，却仍然不专心做作业，一会儿玩一下小玩具，一会儿又走神想些自己的东西，总之就是不懂得专心做作业、专心学习，不懂得提高学习效率。

练钢琴总是坐不住

平时练习钢琴，你也总是坐不住，练一会儿就下来休息，要么说要喝水，要么说要上厕所，要么就说很热要开空调，总之耐性很差，导致练钢琴的效率很低，效果也不好。为了这个，妈妈常常提醒你，只有快快练完钢琴、完成任务，才能得到更好的放松休闲，可是效果还是不明显。

提高学习效率是为了更好地放松休闲

今天，妈妈要好好跟你分析一下关于学习效率跟你玩乐休闲的关系。儿子，平时你做作业一般都要一个半小时甚至更长时间，因为你不集中精力，中间总是要做一些别的事情，影响了效率。本来你完全可以用40分钟来完成作业，然后剩下的这一半的时间就完全用来休闲和玩乐，这才是最聪明的做法。

所以，妈妈告诉你，只要你集中精力做作业和练习钢琴，中间尽量不要浪费时间，争取以最短的时间完成任务，这样其实就是为了自己能有更多的时间用来放松休闲。

孩子，你平时总是不讲究学习效率，偷偷摸摸地看一会儿书或玩一下玩具，这样时间都浪费掉了，玩也玩得不放松、不开心，给爸妈看见了还要批评，所以这完全是很傻的事情，只有懂得以最高效率完成作业任务然后再来放松休闲的孩子才是最聪明的孩子。

约束与奖励一起来提高你的学习效率

从今天起，爸爸妈妈跟你作了约定，以后争取在一个小时内完成课堂作业，在练琴的一个小时里中间只能休息一次（用来喝水或上厕所），假如一个星期里连续五天都做到了，就奖你一盘游戏。你认同了爸妈的约定，相信你一定能够做到，而当你做到了这样，你就为自己争得了更多的休闲放松的时间，这的确是一举两得的聪明做法。

2008年4月8日

高效完成作业成了你的自觉行为

儿子，今天，妈妈跟一个朋友聊天。她也有一个孩子跟你一样大，也跟你一样学钢琴，可她每天做作业都拖拖拉拉，中间总是玩一下这个动一下那个，经常要两个小时才能做完作业，所以剩下很少的时间来练琴，钢琴就老是学不好，这让她妈妈非常苦恼。

妈妈告诉阿姨说：“我儿子每天都能很自觉很快速地完成作业，完全不需要父母监督。”阿姨听了好羡慕啊，妈妈也为你是一个懂事听话的孩子而感到自豪！

记得以前你也是喜欢在做作业的时候偷偷地玩一下或偷偷地看图画书，后来经过一段时间跟你的谈心和对你的约束，你已经完全克服了这个毛病。现在你做作业好快，有时候在学校就做完了，回到家里就有更多的时间用来休闲、运动或者看英语故事。这样，你每天都有时间可以跟爸妈一起踢毽子或做游戏。

因为你做作业和练习钢琴的效率都提高了，因此常常在睡前还有时间看英语故事，使你的英语口语和听力又得到了很大的进步。所以，孩子，讲究学习效率的确是最聪明的做法，是一举多得的事情。最值得庆幸的是，这使你得到了更多放松休闲的时间，因此而提高了生活的质量！

所以儿子，要相信自己的每一个弱点、每一个不良习惯，都可以通过自己的努力去克服、去改变，没有改变不了的弱点和毛病——只要你愿意配合父母的指点，只要你愿意下决心努力去做，再难改的毛病都可以改正。

今天，妈妈把你改变的过程告诉了阿姨，希望她的孩子也能向你学习，改正做作业拖拉的坏习惯，做一个聪明的讲究学习效率的棒孩子！

2009年4月17日

妈妈心语

从刚上小学开始，就要特别留意孩子的学习习惯，及时纠正他存在的问题，而不讲究学习效率是非常普遍的现象，要得到有效的纠正，鼓励、引导与约束要三管齐下。

第十章　毅力：没有战不胜的困难

假如把生命比作一根会伸缩的弹簧，当它遇到生活压力和障碍时，它能用力量支撑住，甚至把障碍反弹出去。保持一颗上进的心，保持一颗自由和快乐的心，这种力量就是生命力。

一个人之所以成功，往往就是因为他付出了比常人更多更大的努力。他朝着一个方向，坚持不懈地努力，永不说放弃，一步一步地向着自己的目标靠近。

不做娇嫩脆弱的“小树苗”

今天在放学回家的时候，孩子，妈妈带你已经回到了我们小区，可是你说自己很渴，一定要去商场买饮料或买水喝。妈妈不同意，跟你说很快就到家了，回到家再喝水，你却不高兴了，说你都要渴死了，最后妈妈还是跟你讲道理，让你坚持回到家里再喝水，尽管你为此很不高兴。

娇嫩脆弱的小树苗长不成大树

在吃晚饭的时候，妈妈再跟你一起探讨了关于怎样锻炼自己意志力的问题。妈妈告诉你，一个意志力薄弱的人，经不起一点生活的风雨，是很难培养成才的。就像一棵特别娇嫩脆弱的小树，被风雨一打就倒下了，怎么可能长成一棵大树呢？所以，一个孩子要想将来取得成就、做出事业，首先必须要有坚强的意志，要经得起各种困难的考验，假如遇到一点困难就退缩、回避甚至承受不起，这样一定是一事无成的。

所以孩子，从现在开始，你就必须要有锻炼自己意志的意识，已经具备了聪明头脑的你，若是再加上坚强的意志，将来就很有可能成就一番事业。而具备了坚强意志的人，不但在事业上能够获得成功，在生活上更能获得成功。因为当生活的各种考验、各种失败的打击到来时，他不会被它压倒、击垮，这样就能保持住内心的平静和快乐。

★ 孩子，锻炼意志力是你一直要努力的事情，具备了坚强意志的人，不但在事业上能够获得成功，在生活上更能获得成功。因为当生活的各种考验、失败和打击到来时，他不会被它压倒、击垮，这样就能保持住内心的平静和快乐。

锻造意志从忍受饥渴和冷热做起

儿子，我们曾在看《魔剑生死棋》那部武打片时讨论过“智者无惑、勇者无惧、仁者无敌”的人生境界，那么要练就“勇者无惧”的境界，首先必须从克服生活中的小困难开始。假如你连一点小小的困难都克服不了，那么就永远也到达不了“勇者无惧”的境界了。

那么怎样克服一些小困难呢？儿子，妈妈告诉你，从今以后，你首先要学会忍受饥渴和冷热。不要一遇到有点渴、有点饿就受不了，尤其是渴，这是你最不能忍的，常常有一点渴就缠着爸妈买饮料。为了锻炼你的意志和养成节省的习惯，妈妈经常不同意，而你却因此常常跟妈妈闹别扭或不高兴，这都是很不应该的。要锻炼自己的意志，就要从这些生活细节做起，除了忍耐饥饿、干渴之外，对天气的冷热也要学会忍耐。不要一碰上冷天，就显得畏畏缩缩，衣服穿少了一点就总是叫冷；天气热的时候也一样，不要稍微有点热就开空调，或者在外面晒一下就受不了。只要不是太长时间的暴晒，都是晒不坏的。你看那些在马路上扫地的环卫工人，他们几乎一整天都要在热辣辣的水泥地上工作，总是汗流浃背，但是干的时间长了，他们的意志力都锻炼出来了。

争做生活和学习的强者

儿子，要锻造自己的意志力，必须要做生活和学习中的强者，要努力克服生活和学习中的困难，不管是大困难还是小困难。

平时在家里，首先要克服自己的懒惰，除了自觉做好自己的事情外，还要帮助父母做些家务，克服自己的懒惰也是一种意志力的培养。

在生活中，碰到任何小困难时都要提醒自己：要锻炼自己的意志力！比如有时感觉疲劳了还要坚持做完该做的事情；做事情失败了不要灰心丧气；不小心摔跤了不要一点痛苦就叽哩呱啦叫或痛哭流涕；遇到一些难解决的问题时不要惧怕或逃避，而是勇敢地面对；等等。总之，在生活中常常要有锻炼自己意志力的意识。

对待学习也一样，要建立起克服困难的信心、决心和勇气来，不要一遇到难题就放弃或唉声叹气。比如你最近不大爱写作文并且有些惧怕作文，妈妈就要让你加强锻炼，让你克服这个难题，所以妈妈希望你一定要努力配合；练钢琴的时候也一样，有时候遇到很难攻下的难点时，不要再像以前那样喜欢发自己的脾气了，因为这样就是懦弱的表现。遇到难点，应该有信心、决心和耐心去攻克它，最后不管再难的难点，经过努力总是能攻下来的。还有，以后学习中若是碰到考试或参加比赛的时候失败了，也不要承受不起失败和打击，要有再次挑战自己的勇气，把失败转化为一种力量，让自己下一次表现得更加出色。

儿子，假如能做到这些，你就成了生活和学习中的强者，要相信“一分付出一分回报”的道理，你克服的困难越多，你所收获的也会越多！孩子，付出努力、战胜困难，回报你的是充实、快乐和成功！

2008年10月27日

妈妈心语

新时代的孩子大多意志薄弱，而能否成才与健康成长，意志力是很关键的因素。我们必须事事留心，从生活和学习的方方面面入手，有意识地去培养和锻造孩子，才可能使孩子不至于成为温室中的花朵。

做一根有弹力的生命弹簧

掏粪女工的故事

孩子，妈妈今天听了一个故事，很有感触。这是最近发生的一个真实的故事。一个做了20年粪便处理工作的掏粪工嫁给了一个澳大利亚的男人，准备到国外去开始她全新的幸福生活。

这个阿姨先前很不幸，结婚后生了一个儿子，但他丈夫很快就不喜欢她了，跟别人好上了，于是他们离了婚，儿子判给了她丈夫。为了离开那个伤心的地方，她一个人来到了广州，因为没什么文化，她找了一份粪便处理工作，整天跟臭醺醺的粪便打交道，一天干下来，全身都是臭气（儿子，平时你一遇上臭的厕所就不愿意进去，宁愿憋尿也不愿意进去闻那臭味，可是，这个阿姨要一整天闻着这种臭气）。这样的遭遇、这样的工作环境，却没有把她给打垮。慢慢地，她适应了这份工作，干起来还有滋有味的。

儿子，也许你不明白，当一个人不能改变客观环境的时候，就只有改变我们自己，让我们慢慢去适应它、接受它甚至安享它。妈妈说的这个阿姨就是这样，她的生活尽管很不幸（家庭破裂、工作不好），但是她没有因此而自暴自弃或埋怨命运，她调整自己的心态，仍然快快乐乐地过日子。每当和亲戚朋友一起来到她厂里的时候，别人都捏着鼻子说“臭死了”，而她却笑着说：“没有啊，我闻到的是花的香味。”厂区的周围的确种了很多花草，她忽略了臭味，闻到的是花香，别人却忽略了花香而闻到的是臭味。没有了孩子和家庭负担，她就有时间打扮自己，把自己打扮得很年轻，业余生活唱唱歌、跳跳舞，生活过得阳光灿烂的，所以一直干了20年的粪便处理工作。她都快50岁了，依然还显得很年轻，看上去像是30多岁的样子。

就在她快要退休（50岁就可以退休）的时候，一次机会，她姐姐带她去澳大利亚游玩。就在一次歌舞厅跳舞时，活泼开朗的她认识了一个当地的澳大利亚男人，虽然他们语言不通（一个说中文、一个说英语），但是她活泼自信的模样和性格深深地吸引了那个老外，结果他们彼此留下了电话。第二天，那老外就打电话邀请她去他家做客。这个老外也是个离了婚的单身汉，50多岁了，两个人很快就喜欢上了，结果，这个老外就决定跟她结婚。当她说起自己的工作是处理粪便的时候，这个老外没有瞧不起她，告诉她在澳大利亚，这是一项让人尊敬的职业。于是，一个在我们很多人看起来都觉得很不幸的掏粪工，开始了自己的幸福生活。儿子，幸福往往会降落到那种有生命力的人身上。

你说：“什么叫生命力呢？”

妈妈告诉你，假如把生命比作一根会伸缩的弹簧，当它遇到生活压力和障碍时，它能用力量支撑住，甚至把障碍反弹出去，保持一颗上进的心，保持一颗自由和快乐的心，这种力量就是生命力。

所以，孩子，锻造出生命力是无价的财富，因为它可以不因外界环境的变化而影响自己内心世界的平静和快乐，这是一个很难到达的境界。但是只要我们认识到这一点，不管生活里遇到什么困难、阻碍和不幸，都不要怨天怨地、自暴自弃，而是调整心态积极去面对它、战胜它，一旦战胜了，压力和不幸就不存在了，生命的弹簧就舒展了，心灵也变得自由和快乐了。

2008年8月16日

作家史铁生的人生故事

最近，妈妈在看作家史铁生的作品，对他的人生故事很有感触。还记得妈妈不久前跟你讲过的一个粪便处理工的故事吗？

你说："当然记得了，她的生命就像一根有弹力的弹簧。"

噢，儿子，你的记忆和悟性真好。是啊，能让自己在不幸的压迫下得到舒展，就是很有生命力。而妈妈现在了解的这个作家史铁生，他也是一个很有生命力的人，他不但让自己的人生在不幸的压迫中获得了舒展，还放射出了夺目的光彩。

史铁生和张海迪阿姨一样，双腿残疾和麻木了，只能坐在轮椅上，还满身都是病，几乎长年都要接受治疗。他的脚瘫痪是在读完高中之后，刚刚成人，刚刚对生活充满幻想和追求的时候，得了一种脊髓病，在医院呆了一两年。进医院的时候还能勉强走动，出院的时候就完全残废了，因为他这种病是很难治好的。

于是，他只能每天都坐在轮椅上，在妈妈的照顾下过着日子，还要常常跟医院打交道。开始，他对这种痛苦的生活非常绝望，想不通命运为什么对他这么残酷，想不通这样痛苦地活下去还有什么意义。所以，他常常想到了死，想到了自杀。但是，一个人真要放弃生命是不容易的事情。当时，他常常独自一人摇着轮椅到家附近的一个广场去散心，见到形形色色的人，也有和他一样坐轮椅的，也有夫妻俩很幸福的，也有一个人很孤独的。过了几年后，他又发现了很多变化，有些夫妻俩一起的变成了独自一个人，有些孤独的再也没有来过。总之，他感觉到了生命的无常（也就是生命是变化莫测的，幸福不一定是永远幸福的，谁也不知道不幸会在什么时候降临），于是他意识到了死亡终究是会到来的，那么既然死神还没有降临，我们就没有必要急着去死，好好的就去自杀，不如坚强地活下去，并且让自己活出价值来。

当他想明白了生死和命运的涵义之后，他很快就跳出了自己的痛苦，焕发出来的是无穷的力量。他是怎样想明白命运的呢？他想，这个世界的存在和发展，都是因为存在各种矛盾和斗争，否则就不可能存在下去，也没有存在的意义和价值了。孩子，怎么理解呢？比如，假如我们的人生只有幸运而没有不幸，大家都是那么一辈子都是幸运，没有苦难，那么我们还会珍惜这幸福的人生吗？因为没有对比，我们又怎么知道我们的生活就是幸运的、值得珍惜的呢？如果都是一个样的幸福人生，无数的人过的是同一个人的生活，那我们的人生是不是就没有意义了呢？那么，既然人间要存在幸福，它就必须要存在不幸，那么既然存在不幸，就必须要有人去承担不幸，这个人可能是别人，也可能是自己，不管是轮到谁，那么都应该接受它，然后再战胜它、转化它，把不幸转化为力量，让这力量再去寻找幸福。

那么怎么去转化它呢？史铁生开始写作，把自己对生命、对命运的感悟写出来，尽管这对于一个残疾且又满身有病的人来说，他要付出比正常人多几倍的努力，他要克服许多常人难以想象的困难，但是心中的力量让他战胜了一切，让他坚韧地朝着一个目标去奋斗！

终于，他的作品发表了。他越写越好，越写越有力量，他的作品影响越来越大，得到了很多读者的赞扬。同时他也获得了很多奖励。这些赞扬和奖励又进一步鼓舞了他自己，而他的作品却鼓舞了无数的读者，让很多同样在苦难中挣扎的人看了他的感悟后，都从痛苦中跳了出来，积极去面对不幸和痛苦。

就这样，一个不幸的人用自己的毅力创造出了生命独特的价值、闪耀出了灿烂的光华。而史铁生的人生，也因为自己战胜了苦难、超越了苦难、创造了价值而体验到了属于他自己的幸福。

痛苦和幸福就是这样进行了转化，而这转化，靠的就是智慧和力量！

孩子，虽然你现在还没有体验过苦难，但是妈妈希望，你现在就树立起对苦难的一种智慧的认识，当苦难一旦来临，要记住让自己做一根有弹力的生命弹簧，勇敢地面对苦难的压迫，通过努力把苦难转化成生命的欢乐！

2008年11月9日

妈妈心语

要锻造孩子的意志力，除了在生活和学习上常常提供一些锻炼的机会让孩子实践外，在理念上的引导激发也很关键，而讲一些真实的、有震撼力的故事是激发孩子的有效途径。

战胜自己的惰性

儿子，你是一个玩性很重的孩子，常常跟父母抗议说：“我没时间玩了！”

是啊，孩子的天性就是贪玩，玩会带来直接的放松和快乐，但是假如一个孩子整天想着玩，影响了学习和进步，那么玩的代价是沉重的。

道理很简单，一个孩子不做作业或没做完作业，第二天就会挨老师批评甚至惩罚；一个经常不努力学习不专心听课的孩子，到考试时就会因为不懂做题而苦恼，考的成绩差，老师批评、父母责罚、同学奚落，那么这带给他的痛苦和烦恼将会长时间地延续下去。学习一旦掉队，要赶上就要付出比别人多几倍的努力，这时他若再不付出努力，继续贪玩，那么成绩越来越差，他就成了班上真正的差生了。一个让老师厌倦、同学鄙视、父母哀叹的孩子，他的生活当然不可能快乐。因此，儿子，过度的玩乐代价太大了。

妈妈小时候学过一则“寒号鸟”的故事，这种鸟就是特别懒惰，不愿意下苦功夫做窝，因为做窝要不断地去叼树枝、稻草和泥巴，就像我们建房子一样辛苦。因此，每当到了北风呼啸的冬夜，“寒号鸟”总会被冻得忍不住唱：“哆啰啰，哆啰啰，寒风冻死我，明天就垒窝。”可是到了天明，阳光灿烂，大地回暖，“寒号鸟”又觉得自由闲散地飞翔多好啊。到了晚上，寒风一来，它又唱起了“哆啰啰”的歌……终于有一天，下起了冰雪，大地和树木都被冰雪覆盖，这“寒号鸟”在冰天雪地里无处藏身，终于被冻死在枝头……这就是懒惰的代价。

孩子，我们只有不断地战胜自己的惰性，每战胜一次，就相当于获得了一次成功，成功换来的便是快乐。譬如说，妈妈有过睡懒觉的经验，上午醒来时已是10点钟，可疲倦的感觉还想接着睡，觉得睡一场懒觉是多么舒服啊，于是放松自己再睡，一直睡到12点或下午1点。等起床后想到自己整个上午的时间就这样虚度了，心里便空虚得要命，并且睡得太久对身体不利，疲倦的感觉一点也没有消除。这时候妈妈就会后悔，后悔自己当时没有战胜自己。

后来，因为有过这种经验，妈妈便常常跟自己的惰性作斗争，当自己还想睡懒觉的时候，就提醒自己：战胜自己！一定要爬起来，起来了才会发现战胜自己的感觉真好！

孩子，要知道，每个人都有很多天生就有的人性弱点——懒惰、贪玩、胆怯、自私、贪心等等，要是我们都任凭这些弱点自由发展，那么我们的人生就难以想象会怎样的一团糟了，不但会一事无成，还会成为人人讨厌、素质低下的人。所以，生活中我们时刻都需要与自己的弱点作斗争，要战胜我们的懒惰，要战胜我们的自私，要战胜我们的贪心……只有不断地战胜自己的弱点，才会得到不断的进步和成长，并且在进步中和成长中体验到长久的快乐。

明白吗？儿子，那是长久的快乐，而不是会换来苦恼的短暂的快乐！“告诉妈妈，以后不要总是贪玩了好吗？”

“好吧。”你不大情愿地答应了。

2007年12月3日

战胜自己的胆怯

今天，妈妈带你到朋友晓玲家参加音乐晚会，总共有七个孩子参加，你表演的节目是钢琴演奏。因为你以前是一个胆小且不入群的孩子，所以妈妈特别鼓励你要战胜自己的胆怯，勇敢地融入集体，跟其他孩子一起玩，并且表演节目时也不要紧张，要自信大方。

来到晓玲家后，妈妈注意观察你的举动，还好，很快就能跟其他孩子玩在一起，玩得很开心。轮到你表演节目的时候，你也没有紧张，很顺利地完成了弹奏。回来时，妈妈赞扬了你的进步，告诉你现在你已经不是一个胆怯的孩子了。

记得在你还小的时候，胆子特别小，在跟别的孩子玩时常常被他们欺负，很多别的孩子敢做的事你都不敢做。记得你学会单独一人溜滑梯，是在两岁之后，而别的孩子，还没学会走路时就已经敢溜了；荡秋千就学得更迟，是在五岁时才学会。平时，很多东西你都怕，怕动物、怕虫子、怕雷电、怕黑、怕盗

★妈妈一直很注意锻炼你的胆量，一点点地引导你战胜自己的胆怯，结果你真的一步步地改变了。最近这一两年来，你越来越勇敢，吊单杠、溜冰、溜滑板、游泳，你都学会了，妈妈为你的进步而欢欣。

贼，真是一个非常胆小的孩子。

为了纠正你这性格弱点，妈妈跟你讲了无数个相关的故事，记得其中一个是兄弟俩的故事，一个非常胆小的哥哥和一个非常勇敢的弟弟间发生的故事。这些妈妈自己编的针对性很强的故事，对你产生了很大的影响，在心理上不断地给予你战胜自己胆怯的力量。

为了在行为上帮助你克服胆怯的弱点，妈妈也付出了很多努力。记得在你两岁前，你一直不敢溜滑梯，妈妈就常常抱着你，跟你一起溜下去，反反复复，你终于敢自己单独溜了。

有一次，妈妈抓了一个蜻蜓，说什么你也不敢抓，妈妈跟你细细分析，告诉你蜻蜓是不会咬人的，一点也不可怕。妈妈抓住你的手一起来抓它，可你一碰到会动的蜻蜓，手立即就缩了回去。为了让你战胜自己，妈妈又去叫来一个小朋友来示范，让他抓给你看。这男孩比你还小，在妈妈再三的引导和鼓励下，你终于敢抓蜻蜓了。后来，妈妈一直很注意锻炼你的胆量，一点点地引导你战胜自己的胆怯，结果你真的一步步地改变了。

最近这一两年来，你越来越勇敢，还学会了游泳，现在你已经可以游好几百米了，妈妈感到十分欣慰。有时候，天气有些寒冷，妈妈犹豫着不大敢去那露天泳池游泳，你反倒鼓励妈妈说："唉，那么怕冷，我都不怕。"在你的激励下，妈妈鼓起了勇气，当下到那冷得几乎要抽筋的泳池时，你仍然安慰我说："没事，一会儿就不冷了。"儿子，妈妈真佩服你的勇敢！当游完泳回来，妈妈总要为自己又战胜了一次自己而感到开心。

儿子，你的确在不断进步了，当然，你胆怯的本性还没完全改变，你仍然需要不断地提醒自己：战胜自己，向前迈进！记得前些日子，妈妈带你去参加钢琴演奏四级的考试，由于第一次参加此类考试，你非常紧张，告诉妈妈越靠近少年宫考场，你的心里就越紧张。妈妈不断地鼓励你，并为你减轻心理压力，告诉你若是考不过关也不过是一件小事而已，妈妈决不怪你。

后来，当你真正进入了独立的考室，面对着陌生的评委时，你并没有想象的胆怯和紧张，发挥也很正常，让妈妈非常佩服你的胆量和心理素质。过后，妈妈给了你很多的赞扬，并对你通过了四级的考试进行诸多的奖励。

孩子，每战胜一次自己的胆怯，就会让自己向前迈进一步。所以，战胜自己的胆怯也是一件非常值得庆祝和欣喜的事情。

2008年8月24日

妈妈心语

孩子胆小是很普遍的现象，遇上这个问题，打骂和逼迫是最糟糕的教育方式，只会加重孩子心里的阴影。要保持十足的耐心，抓住时机进行引导和鼓励，传递足够的力量和智慧，再胆小的孩子也会变得勇敢和自信。

战胜自己的自私

今天，我们家里来了客人。为了招待客人，妈妈打开了一罐你最喜欢吃的曲奇饼。在你拿了一块正准备吃时，妈妈立即凑近你的耳边说：“儿子，先给谁吃？”你立即塞给阿姨说：“先给阿姨吃。”然后，你又分别给叔叔和妹妹拿了一块，最后才拿给自己吃。

儿子，妈妈看了多高兴啊，你的表现太棒了。过后，妈妈又提醒你不要只顾着自己吃，要叫叔叔阿姨和妹妹吃，结果你都做到了。儿子，这样就是一个懂礼貌、会关心别人的棒孩子。

记得以前你常常表现得很自私，每当遇到好吃的东西，比如你最爱吃的蒸饺子、月饼等，你总是自己先吃，并不大愿意给爸妈和别人吃。后来，妈妈常常跟你说“好吃的东西要与人分享”，并且应该先给爸爸妈妈吃，不要做个自私的孩子。告诉你爸爸妈妈爱你，你也要爱爸爸妈妈。妈妈还把你认识的几个小朋友的良好表现告诉你，让你对照自己。

还记得吗？妈妈还跟你讲述了一则很有教育意义的故事：那是在过去很穷苦的年代，一对恋人很相爱，他们一起在农村生活吃了很多苦。一天，生产队给每家每户发了一个月饼。那个男人先回家领了月饼，然后把月饼分成两半，自己吃一半，另一半留给女朋友。当他吃完了那一半时，觉得月饼实在太美味了，于是就把剩下的那块月饼又分成了两半，心想：女朋友回来后也会分给我一半的，于是他再吃了这一半。吃完后，他还是受不住美味的诱惑，又想：女朋友那么爱我，她知道我那么喜欢吃这月饼，应该会把最后这块也让给我吧。想到这里，他终于忍不住把最后一块月饼吃了。当他的女朋友回来后，知道了这件事情的经过时，对他男朋友非常失望，觉得他太自私了，有好吃的东西只顾着自己享受，并且，这么一点小小的诱惑都抵挡不住，觉得他实在不是一个好男人，于是决定跟他分手。就这样，一块小小的月饼失去了一个爱人！

经过反复的引导和提醒，儿子，你不断地改变。现在每次买了你喜欢吃的蒸饺子，你都会留一两个送到爸妈面前。吃任何好吃的东西，你都懂得跟爸妈分享了。前些日子，当开切了月饼之后，妈妈小声提示你：先给谁吃？你就用小叉子插给爸爸妈妈先吃。看到你的进步，妈妈心里是多么高兴。

你看，儿子，妈妈真的很相信你，一切弱点都可以改正，对于克服自私的弱点，妈妈相信你以后一定会不断地提醒自己，不断进步，成为一个人人夸赞的棒孩子！

2008年9月25日

没有什么战不胜的困难

“叉子”的故事

孩子，今天，妈妈还是和往常一样和你谈心。今天，妈妈跟你讲述了最近在电视上看到的一个叫“叉子”的人的故事。

“叫‘叉子’？为什么叫‘叉子’呢？”你为此感到非常好奇。

因为他两只手长得像叉子：两边都只有四个手指，中间少长一个，四个手指的结构也是怪怪的，特别像一把叉子。

长了这样一把叉子手，别人都会当他是“怪胎”，但他自己却没有看不起自己，更没有埋怨自己的命运或是埋怨自己的妈妈。相反，他还很感谢他的妈妈，说正是因为他妈妈生了他这样一双手，才给了他一个与众不同的人生，让他成了一个与众不同的钢琴手和小提琴手。

“钢琴手？”你睁大了好奇的眼睛看着妈妈说，“不可能吧？”

是啊，儿子，这的确是件不可思议的事情，平时我们学钢琴，不但要手指正常，还一般要求手指要长、手形要好，可这人长了这么两个“叉子”，怎么也能学钢琴呢？可事实真的就是这么神奇，这个“叉子”真的就是一个钢琴能手，现在，他还经常被人家邀请去演出呢！

妈妈觉得，这个“叉子”能成功，最关键的一点就是因为他的不自卑和敢于挑战自己的个性。在他才七岁的时候，他发现自己很喜欢音乐，于是就产生了要学小提琴的念头，希望有一天自己也能拉出优美的音乐来。但是，没有一个老师愿意收他做学生，碰到这样的困难，他仍然不气馁、不放弃，他开始自学，不管怎样困难，他都不放弃。

有一天，他听到一个业余小提琴比赛的消息，于是希望能够报名参加，但是因为他的“叉子”手，没有人接受他的报名。

在比赛那天，他独自带着自己的小提琴，在比赛的教室外情不自禁地拉起来。优美的琴声吸引了一个老师，那老师走出来一看，发现了那双独特的手，被他对音乐的执著深深感动了，立即就答应收他为学生。

就这样，这个“叉子”开始正式走上了一条别人认为最不可能走的路：演奏之路，他不但学小提琴，还同时学钢琴。在这条道路上，叉子碰到的困难实在太多了：因为只有四个手指，所有的琴谱都不适合，于是在琴谱中，凡是需要中指（3指）弹的音符，他就必须将它改为别的手指弹。因此同样一首曲子，他要花的时间就要比别人多许多，难度也比别人大许多，但就是他敢于迎难而上的性格和意志，使他一直永不退却地往前走！

在他长大之后，他的小提琴和钢琴都演奏得很出色，经常被邀请参加一些演奏会。在他们那个城市，他成了一个小有名气的名人，他的父母也很为他骄傲。

儿子，听完这个故事，妈妈问你有什么感受。

你说：“这个‘叉子’很自信、很坚强，要是我，根本不可能像他那样坚持下去。”你还说：“他什么困难都不怕，所以他最后成功了。”

儿子，你说得太对了，他的成功，完全就是一种超常的意志力决定的。所以，只要我们有信心战胜困难，没有什么事情会做不到！

儿子，你现在也是在学习钢琴，但是你比他幸运多了，你的手是一个很好的钢琴手，可是你却没有他的意志力。经常在遇到比较难攻的新曲时，你就很容易泄气，要么说不再练习这首曲子，要么干脆说放弃学琴改学其他。儿子，你不知道，学哪一种艺术，走哪一条路，都是一样要经受许许多多的磨难，要克服许许多多的困难，才有可能走向成功，没有什么事情会是轻而易举，就像天上不会掉馅饼一样。

相比“叉子”，你在练琴中遇到的一点小小的困难实在不算什么。妈妈希望你以后再碰到困难的时候，千万不要轻易泄气，那种一遇到困难就退却的人，将来肯定是一事无成的。妈妈相信，你决不是一个遇到困难就退却的人，以后，当你遇到困难想生气或抱怨的时候，赶紧想想这个“叉子”叔叔的故事，你的心里一定会增添无穷的力量！

2008年7月3日

贝多芬的故事

儿子，今天你开始练习一首贝多芬创作的《奏鸣曲》，在你练曲之前，妈妈简单跟你讲述了关于贝多芬的故事。

贝多芬在很年轻的时候就耳聋了，他本来是一个非常优秀的音乐家，耳聋对一个音乐家来说，是一个多么残忍的事情：就算自己作出了再动听的乐曲，他自己也听不见了！所以他觉得非常痛苦。当时他常常想到自杀，准备了一把手枪放在抽屉里，每天都拿出来对着自己的太阳穴，比比看从哪里打进去会死得比较痛快，只是一直都没有下决心扣扳机。这段日子，贝多芬每天都生活在痛苦中，觉得人生对于他来说已经没有任何意义。

有一天晚上，他在痛苦的煎熬中决定自杀。他坐下来，拿起手枪准备自杀，但是他想：总不能随随便便就这么自杀了，什么也不留下?！于是他想到应该先写遗书给自己爱的亲人、朋友，并立即开始写，没想到越写越多，因为这世上爱他的人实在太多了。

儿子，妈妈是不是曾经跟你说过，爱是人生中最重要、最珍贵的东西，只要拥有爱，我们再艰难、再不幸的生活也还有意义？

你点头认同了。妈妈告诉你，贝多芬就是这样忽然间感觉到了这一点。当时他给亲人和朋友写遗书，越写越多，一直写到天亮。这时，阳光忽然从窗外照射进来。贝多芬看着灿烂明媚的朝阳，感觉自己听到了阳光的声音。

然后，贝多芬放下手中的笔，走到门口。看着美丽的大地，这个时候他感觉自己听到了花开的声音，听到了飞鸟欢乐的歌唱，听到了很多耳聋以前听不到的声音。

“耳朵聋了他怎么听啊？”你不解地问妈妈。

是啊，他的确是耳朵聋了，但是，儿子，他还有明亮的眼睛、还有细微的心灵，耳朵听不见，可他能感受得到，可以用心灵去听，所以最关键的是我们的心灵、我们的智慧和我们的力量！你想想看，虽然耳朵听不见了，他照样还可以作曲，可以在心里哼唱，然后把它谱写出来，虽然比较困难，但还是能够做到。贝多芬就是这样做到了，并且做得非常出色，创作了许多充满力量的乐曲。

所以，当他感受到了生命的力量时，就不再想自杀了，他把自己的手枪收起来，开始重新面对他的音乐。他用心去聆听生活中和自然界中许多美妙的声音，然后用心把它谱成乐曲，于是，一首首著名的乐曲诞生了，我们最熟悉的《命运交响曲》和《第九交响曲》都是在他耳聋之后创作出来的。

所以说，儿子，不管生活中遇到什么困难，甚至是遇上了很大的不幸，我们仍然要珍惜自己的生命，要用顽强的意志战胜自己、超越自己，通过自己的努力去创造生命的奇迹，这样，不幸就会转化成我们生命中的欢乐！

2008年10月3日

妈妈心语

通过一些有震撼力的故事，焕发出孩子对生命和生活的热爱。常常告诉孩子，勇敢地去面对一切困难，努力地战胜一切困难，生命就一定会为我们绽放出美丽的花朵！

持之以恒是成才的关键

儿子，你经常跟妈妈说，你的理想是将来成为一个钢琴家。妈妈听了可高兴了，因为妈妈最爱音乐，音乐在妈妈的生活中特别重要，假如你将来是一个钢琴家，随时都可以弹奏优美的曲子给妈妈听，那我们的生活会多么浪漫美好啊。

在音乐方面，你的确在很小的时候就表现出了对音乐的敏感和天赋，不管是去逛商场还是在玩的时候，你总会注意到周围的音乐。有一次，在你才两岁多的时候，你听见一个小朋友的玩具推车上的一首曲子，你告诉妈妈那是《卡普里岛》，妈妈仔细辨听，发现果然是我们曾经听过的这首歌曲，但是因为我们听的是朱逢博演唱的歌曲，而它现在播放的却是轻音乐，并且节奏快了一倍，弄得妈妈没有辨听出来，没想到你一听就听出来了。

还记得在你小的时候，睡觉前妈妈常常给你哼曲子。有一次，妈妈用很幽婉的调子哼唱了那首《红河谷》，你听着听着竟然流泪了。你的善感和对音乐的独特感受力，让妈妈判定你对音乐有天赋，在你五岁的时候就决定让你练钢琴。结果你音乐的天赋仍时时会表现出来，你对钢琴每个键的音高很快就记了下来，随便弹一个音让你辨听你都能辨认出来。

但是，练琴的路子是漫长的，每当你疲劳的时候，就会发一声感叹：“要是我不练钢琴就好了。”是啊，儿子，一个人能不能成才，靠的主要不是天赋而是毅力和耐性！

发明家爱迪生有一句名言说“成功＝一分天才＋九十九分的努力”，任何一个伟人，都少不了持之以恒的坚毅品质。你知道的著名画家达·芬奇，他在成名之前坚持画了三年的鸡蛋。多么单调乏味啊，每天画的就是一个鸡蛋，但是他却坚持了下来，以他不同凡响的意志力，当然能做成大事业。

如今，你既然已经给自己定好了远大的目标和理想，那么就要有充足的思想准备，要成就一个钢琴家，需要你付出坚持不懈的努力，不是一天，而是每一天、每一年甚至要坚持一辈子。可是，每当你遇到难以攻下的曲子时，你常常会说一些泄气的话，你说，我不想做钢琴家了，我选一样更容易的，比如武术、画画，一边学一边玩，比弹钢琴轻松多了。

妈妈告诉你，要成就事业没有一样是容易的，假如容易，那大家都能成名成家了。画画怎么能轻松呢？假如轻松，达·芬奇就不用坚持画三年的鸡蛋了，学武术就更辛苦，一天到晚进行严格的、超体力的训练，你会更加受不了。

最近在奥运会上拿了八块游泳金牌的菲尔普斯，你知道他是怎么训练的吗？他连圣诞节都不休息。当所有人都去休闲娱乐和享受节日的时候，他依然在泳池里坚持训练。

所以，儿子，你一定明白了，一个人之所以成功，往往就是因为他付出了比普通人更多更大的努力！他们朝着一个方向，坚持不懈地努力，永远不说放弃，一步一步地向着自己的目标靠近。终于有一天，他们会到达自己的目标，实现自己的理想，成就自己的事业！

就因为这一点，妈妈很注意培养你的持之以恒的习惯。既然决定了培养你钢琴，就不会再轻易放弃。在你六岁的时候，因为带你去美国住了一段时间，那时没有条件学习钢琴，导致耽搁了近半年。可是一回来，妈妈很快就让你重新开始了。如今，经过近三年的学习，你已经过了四级的考试，接下来妈妈还会让你常常去参加一些钢琴比赛，去接受锻炼，开阔视野，不断提高。

儿子，只要你付出努力，只要你坚持不懈，就算成不了一个钢琴家也没有遗憾，因为至少，你可以通过自己的双手弹出自己喜欢的曲子，让优美的乐曲常常伴随自己的生活——这同样是无比珍贵的收获！

2008年9月3日

关键时刻你体现出了拼搏精神

今天中午放学时，天下着大雨，妈妈刚好在外面吃饭并且也没带伞，想到你要淋雨走回爸爸的办公室，心里很牵挂。

就在这时，妈妈的电话响了，是你在爸爸办公室打来的。电话一接通，妈妈就听到你兴奋的声音："妈妈，我跳绳考试跳了104下，得了个'A+'（也就是优秀）。"

"真的?！儿子，你太棒了！"妈妈听了也很兴奋，这完全是一个意外惊喜！在电话里，妈妈完全能感受到你那种战胜自己的喜悦，知道你冒雨回来淋得全身湿透，却仍然十分高兴。

晚上放学回家，妈妈高度赞扬了你，并且当场就奖励了你一盘游戏。

吃饭时妈妈跟你谈心，跟你一起回忆了你跳绳的艰难历程。在去年你二年级第一学期的时候，体育老师提出要你们学会跳绳。那时几乎同班同学都会跳了，就你还不懂，连一次都没法跳，后来经过艰难的训练，你终于学会了。训练了差不多一个月，你最高跳到了70多下，这下妈妈放心了。可是二年级时你们没有考跳绳这个项目，结果你就完全放了下来没再练习了。三年级开始你喜欢上了踢毽子，结果就经常练习踢毽子，从原来只能踢一下到现在已经能连续踢20多下了，已远远超出了你们体育老师的要求。

前些天，你忽然告诉妈妈说这学期期末要考跳绳，并且下星期就要考了，妈妈问你要求跳多少下，你说女生要110下，男生要100下，并且要限时一分钟。

噢，天哪，妈妈听了真是大吃一惊，你几乎一年没再跳过了，现在恐怕都完全忘记了，一分钟跳100下几乎成了天文数字。

就剩下一个星期了，只能抓紧时间让你练习。结果拿了绳子一跳，你的动作十分笨拙，连跳了几下就停了。妈妈要求你第一天一定要达到40下，可无论你怎么跳，动作始终是那么笨重，最多也只能跳到20多下，无奈只能把希望寄托在明天。后来经过连续三天的训练，你终于跳到了40多下，妈妈赞扬了你的进步，告诉你我们的目标是达到80下，这样就不会离要求太远。

还剩下几天时间就要考试了，妈妈的心里很替你着急。又连续训练了两天，你的动作已经轻盈了许多，最高能跳到70多下了，妈妈感到十分的欣慰。

昨天是最后一天训练，妈妈要求你争取跳到80多下。可你说很困难，因为每次跳到70多下的时候你就觉得喘气喘得很厉害，并且手脚都累得几乎动不了了。妈妈告诉你一个人在关键的时刻要有拼搏精神，只要不是晕倒在地，都应该坚持下去。

妈妈指出了你平时一些欠缺拼搏精神的表现：数学考试的时候因为怕麻烦，总是不愿意在检查试卷的时候重新计算那些最容易错的计算题，结果有两次才考到八十多分。妈妈告诉你，在考试那一刻，就是再麻烦、再辛苦，也应该克服，因为那是最关键的时刻，决定你考试成绩的时刻！所以妈妈希望你以后凡是在考试的时候都认认真真地检查，不要怕麻烦，不要浪费一分钟的时间。而对待跳绳考试也一样，不管再累都要坚持下去！

你接受了妈妈的意见，昨天你最高跳到了83下，这对于妈妈来说已经是十分的惊喜。没想到经过一个星期的练习，你就能获得这样的进步，明天就要考试了，妈妈再次叮嘱你明天在关键时刻一定要有拼搏精神，只要你努力坚持，发挥出色，就一定能考个好成绩。

考试的结果实在是太出乎妈妈的意料了，你不但能够正常发挥和坚持，并且还超出了妈妈的想象和期望，完全达到了优秀的要求。妈妈问你是否跳得很辛苦，你说："我的手和脚都累得要麻木了，但是我还是一直坚持。"

孩子，妈妈以你是个坚强、上进的孩子而感到无比高兴和自豪！你告诉妈妈说，和你一起考的同学中，有一个才跳了六下，不及格。妈妈提醒你，假如不经过刻苦的练习，你会跟那个同学差不多，也考不及格。所以要做好每一件事情都要经过刻苦和努力，并且要有拼搏的精神和战胜自己的勇气。

经历了这件事情的考验，妈妈相信你的意志力一定得到了锻炼和加强。“儿子，以后每到关键时刻，都不要忘记提醒自己：努力拼搏，坚持到底！记住了吗？”

“记住了。”你很高兴地回答。

2009年6月16日

妈妈心语

靠激励去点燃孩子的上进心，努力进取就会转化成他自觉的行为，然后在他通过努力取得一点成绩的时候，分享他进步的快乐，这又会促使他更加上进，形成一种良性循环效应。

第十一章　奋斗：分享你成功的快乐

有许多快乐，是要用艰辛的努力才能换取的。就像一个钢琴家，当他通过自己的努力能够把一首曲子弹得更好、更美、更能感动人的时候，他就会体验到一种别人都体会不到的快乐；就像一个体育健儿，当他通过艰苦的奋斗又打破了自己原来纪录的时候，他也会体验到一种属于他自己的快乐。

孩子，现在的努力就是投资将来的幸福，努力多一分就是投资多一点，将来回收的幸福就多一点，这是一件最聪明的事情！妈妈相信，以后你一定会努力去战胜自己的惰性，做一个最聪明的幸福投资人！

怎样在奋斗中找到乐趣

孩子，今天妈妈跟你总结了这段时间你的优缺点，最大的优点就是胆量变大了。不管在什么场合让你表演钢琴，你都能非常镇定、自然地表演，并且能够良好地发挥。一次是在班上表演给全班同学和音乐老师听，你一点也不紧张，赢得了全班同学的掌声；一次是在一个家庭音乐会上表演，也表现得很出色。前些日子，你还参加了一次英语口语比赛，虽然有一点点紧张，但总体上还表现不错，赢得了老师的赞扬。总之，你胆量大了，不再是一个胆怯的孩子了，你说："妈妈，就算让全世界的人来看我表演钢琴，我也不怕。"妈妈听了多么为你高兴和自豪啊！

玩性太重是你这段日子的突出弱点

当然，这段时间你的缺点也不能忽略，比如对爸爸妈妈还不够礼貌，还是喜欢顶嘴，这个缺点一直没改好，以后一定要努力改进。而你最大的一个缺点，却是玩性太重，没有对学习建立起兴趣来。你总是爱说："我没时间玩了！"你把玩看得最重要，把乐趣完全建立在"玩"上，而对学习却没有一点积极性和主动性。

为了提高你的作文水平，妈妈常提出让你多练习，可你很不配合，不愿意写，觉得写作文是件很乏味很烦人的事；平时你的数学思维不够开阔、灵活，爸爸希望你能多做"培优作业"，但你也不够配合。总之，你不愿意通过自己的努力去提高自己的学习水平，这是很需要改进的问题。

在奋斗中体验快乐的人生才能完美

儿子，你现在还小，不知道我们人生大多数时间都是要奋斗的，我们必须要把快乐建立在我们的进步和成绩上，而不是休闲与玩乐，因为休闲和玩乐所带来的快乐是很短暂的，玩过了什么也没收获，还要为这玩乐付出代价。

你插嘴说："少壮不努力，老大徒伤悲。"

噢，儿子，你是完全懂了。记得妈妈曾经跟你讲过“寒号鸟”的故事，它就是因为贪玩、因为懒，总不愿意下功夫去做窝，结果最后被冻死在雪地里，这就是贪图一时玩乐的代价。还有，妈妈曾跟你讲过农民伯伯耕种粮食的故事，种一分地的人就收获一担谷子，种五分地的人就收获五担谷子，不种地的人当然就没有收获。没有收获或收获得少的人当然就要挨饿，要为自己一时的休闲放松付出代价，而那种通过自己辛勤劳动最后获得丰收的农民，他们既可以在劳动的过程中体验到劳动本身的快乐，又能在收获成果的时候享受丰收的快乐，这样就是完美的人生！

努力奋斗能否快乐取决于一种信念

你说：“劳动的时候那么辛苦，劳动怎么会得到快乐呢？”

是啊，劳动的确是辛苦的，有时候要很早起床，有时候要挑很重的担子，有时候要被太阳晒得汗流浃背……但是，儿子，当一个人心里抱着一种信念的时候，认为自己这样做是有价值、有意义、有收获的时候，他就会体验到一种快乐，而这个信念能不能建立起来，完全要看一个人的智慧。

记得妈妈曾经跟你讲过张海迪阿姨的故事，她就是因为抱着一个非常坚定的信念，认为自己虽然是一个残疾人，但也可以通过自己的努力做一个有用的人，可以通过自己的努力取得比普通人更辉煌的成就，通过自己的努力实现比普通人更高尚的人生价值……因为抱着这个坚定的信念，她十分刻苦努力，要战胜许多我们正常人想象不到的困难，但是因为她心中抱着那种崇高的信念，就能在奋斗的过程中体验到一种战胜自己、战胜困难的快乐，同时也因为自己付出的努力而收获了丰硕的人生果实。

儿子，你还记得她博客上面的那些照片吗？她的笑容都是那么美丽、幸福，让妈妈每次看到都觉得很感动。张海迪阿姨用她坚强的意志造就了一个完美的人生，告诉了我们努力奋斗的人生才是真正幸福的人生！

儿子，妈妈真的希望你能快快建立起一个信念，常常告诉自己学习和努力奋斗是快乐的，因为你每付出一分努力，都会获得一分回报。譬如当你认真看完一本书，你的知识就增加了很多；自觉多写一篇作文，写作能力又提高了一步；多做一道数学难题，思维就变得更加开阔……随着慢慢的积累，你会因为自己付出比别人更多的努力而收获比别人更多的成果，你会成为一个知识丰富、思维宽广、学习优秀的好孩子。到那时，老师、同学、父母都更加欣赏你、尊重你、喜欢你，那时你就会发现，噢，努力奋斗是一件多么有意义、多么快乐的事情啊！

2009年2月18日

妈妈心语

引导孩子在奋斗中找到乐趣、在进步中体味快乐，是温情教育的根本，靠打骂、唠叨和逼迫孩子去努力、去上进的教育方式，即使达到了同样进步的效果，却导致了孩子愉悦的缺失、性格的压抑。

一次让人欣喜的英语思维比赛

参加这次“广州市少年儿童英语思维大赛”是一个偶然，你的一个小朋友希希她妈妈告诉我这次比赛消息的时候已经过了报名期限，但为了给你创造一次锻炼的机会，激发你的英语学习兴趣，妈妈特别叫阿姨跟主办方商量，增补了你的报名。

再过几天就要比赛了，时间太匆促，你没做什么准备。比赛要分为三个项目进行——看图说话、朗读短文、现场答问，你只能准备了一个寓言故事中的一个片段作为朗读内容，其他什么都没准备。

比赛那天，爸爸妈妈根据你平日的优缺点跟你做了一些交流，激发你的自信心，要求你要表现大方、自信，朗读清晰，只要你能自信地发挥，一定能获奖。当然，就算没有获奖，能够有勇气去参加这次比赛，爸妈已经觉得你很棒了！

比赛是由评委老师和你单独在室内进行的，那是一个有窗户的教室，妈妈对你的表现看得很清楚。由于是第一次参加比赛，你显得胆小拘束，不够自信和大方，幸好你平时英语功底较深，看图说话和与老师对话回答问题都还表现不错。

这是一次很能考验孩子英语会话和思维能力的比赛，由于不知其他选手的水平，比赛结束后爸妈对你能否拿奖没有把握。尽管你表现并不如意，爸妈仍然表扬你回答得很不错，并且告诉你，下次若能更加自信、大方，声音更加清晰响亮，就一定表现得更加出色！

过了十天，妈妈接到一个电话，通知说你得了二等奖，叫我们去领奖状和奖品。那时，妈妈的心情是多么激动，并立即发信息给在法国出差的爸爸，爸爸更是为你而高兴、自豪！回忆培养你学习英语兴趣的艰难历程，妈妈不觉十分感慨。爸爸为你付出了足够的耐心，想尽了方法，如今，总算获得了一点回报，并取得了初步的成功，这是多么值得庆贺的事情啊！

儿子，妈妈说过，只有配合父母的教育和培养才是聪明的孩子，因为只有配合，你才能得到更快、更大的长进，才会学到更多的知识、掌握更多的技能，取得更好的成绩。刚开始引导你学英语的时候，你很抵触，一点也不配合，为此爸妈是多么苦恼。后来，在你爸爸十分耐心的引导下，你终于喜欢上了一些生动的英语童话故事和寓言故事，英语口语进步很快。现在，你在生活中已具备一些英语思维，说话中常常冒出英语，这是一件多么令人欣喜的事情！

这次比赛获奖，是对你努力学习英语的最好回报和肯定，这时你才明白，通过自己努力取得成绩是一件多么快乐的事情，待到下一次参加比赛时，你一定会发挥得更加出色，表现得更加自信！那时，我们的目标是——一等奖！儿子，只要你愿意继续努力，一等奖的奖状一定等着你！

2009年3月29日

做个聪明的幸福投资人

孩子，由于你玩性太重，常常强调只有玩才能带给你快乐，因此而不喜欢下功夫学习。妈妈常跟你说一个人的快乐必须要建立在自己的奋斗和取得的成绩上，而你却总接受不了这个意见，反复强调自己没办法在学习和奋斗中找到乐趣，认为学习就是枯燥、动脑筋就是麻烦，没有乐趣，只有玩才有乐趣。

今天，妈妈跟你分析了关于学习带给了你多少的乐趣和收获，而不学习又会带来怎样的麻烦和后果，让你终于明白了学习的意义和乐趣。

爸妈以你的知识丰富而自豪！

孩子，今年你九岁了，你是个学习能力和接受知识能力都很强的孩子，因此你的小脑袋里装了多少的知识啊，很多知识妈妈都不懂，所以常常被你出的题目考倒了。还有你的英语口语和听力，也比妈妈要强得多，和你一起听英语故事的时候，只要妈妈听不懂的就问你，你准能行。所以，爸爸妈妈都为你是个知识丰富的孩子而非常自豪！

学习其实给你带来了无穷的乐趣

儿子，你也许没有留意，其实学习带给了你无穷的乐趣。记得在你还只有五岁的时候，你已经能认几百个汉字了，一般的小人书你都可以阅读了。而到现在，你的词汇已经非常丰富，语言理解力很强，自己还在脑子里编一集集的武侠连续剧，学习了语文知识使你脑子变成了一个丰富的宝库。你想想看，你的奶奶因为没有念过书而不识字，也不会听普通话，因此她看电视都看不懂，也没法看书，生活是多么单调啊，而你现在才九岁，能看书、能写作文、能玩电脑、能玩手机，还常常跟爸妈探讨一些历史知识、军事知识和太空知识，生活就因此而变得丰富多彩，这就是学习给你带来的快乐！相反，不识字的人，连路牌都不懂看，因此奶奶要是在街上走迷路了就回不了家了。所以，儿子，学习太重要了，而你现在掌握了那么多的知识，是一件多么值得庆贺的事情啊！

努力奋斗给你带来了喜悦的成就感

儿子，这几年里，通过你的努力，你的钢琴水平已经相当不错：几次家庭音乐会上的表演你都表现得很出色；今年3月份你还参加了一场大型的音乐艺术比赛，结果拿了铜奖；上个月又参加了一次钢琴比赛，结果拿了广东赛区的银奖，现在正准备参加全国的复赛，这是多大的成绩啊！英语口语方面的进步也让爸妈很为你自豪，前些日子参加了一场英语思维大赛，你得了二等奖。

现在，你又开始学习架子鼓，经过这几个月的学习，你已经能用鼓伴奏出好几首乐曲，尤其是《黄河的怒吼》，好雄壮好有气势啊！若再坚持学下去，一个很帅的小鼓手就诞生了，到那时，你一定能伴奏出很多的乐曲！儿子，每学一种技能，你都会收获成功的喜悦！每付出一分努力，就会获得一分回报！

做个聪明的幸福投资人

只要你继续努力，一个多才多艺、知识丰富、学习优秀的孩子就被自己给创造出来了。以后走出社会，你就是一个别人都争着要的人才！孩子，以后你就明白了，当你走出社会，只有具备了一定的才能，并且能够发挥出自己的才能，你的生活才会过得快乐。否则，一无是处，没有一项突出的才能，干什么都干不好，甚至连工作都找不到，连养活自己的能力都没有，更不用说回报父母对你的付出了。到那时，你想想，你的生活还能获得幸福吗？

所以，孩子，现在的努力就是投资将来的幸福，努力多一分就是投资多一点，将来回收的幸福就多一点，这是一件最聪明的事情！妈妈相信，以后你一定会努力去战胜自己的惰性，做一个最聪明的幸福投资人！

2009年5月13日

跟你一起体验英语成就的快乐

今天，爸妈为你出色的英语能力而高兴，为你取得的成绩而自豪！

前些天，英语老师选出了你们班上的一些同学作为代表参加了敏特英语网的英语能力竞赛的预赛，没想到你考了全级第一名，得了73.48分。

为了了解你的水平状况，妈妈特地给敏特网打了个电话进行了解。一个负责老师告诉我，你们参加的是“小学组别”，也就是三、四、五、六年级的孩子。考的是一样的题目，单词含量是1200个，而你才三年级，就能考70多分，这不仅在全年级排前面，在广州市几十间学校的三年级选手中都排前面。那负责老师对妈妈说：“你儿子太厉害了！”

儿子，当时妈妈听了心里是多么高兴和自豪啊。这说明只要你付出努力，总会得到回报，也说明只要你配合父母的指导和培养，就会收获喜悦的成果。

在我们谈心的时候，爸妈告诉你，这一次比赛，主要考的是你的英语听力，你的英语阅读能力还没有得到加强。没想到你说："接下来我决定每天阅读一篇英语短文，并完成课后练习，一定要把英语阅读水平搞上去。"

噢，儿子，你太有上进心了，爸妈听了多开心呀！

在此之前，爸爸早就给你买了英语阅读训练的书本，可你一直提不起兴趣来，要求你做，你也不大配合，只有看英语故事这轻松有趣的活儿你才乐意，可只看故事，只能提高听力和口语，对于词汇、语法和阅读能力就得不到多大的提高。没想到经过这次比赛，你竟然主动提出以后要加强阅读训练，这实在是给爸妈的一个惊喜！

妈妈告诉你，这就是一种良性循环效应。

"什么叫良性循环效应？"你不懂。

妈妈给你打个比方，你配合爸妈培养你学习英语的能力，通过努力取得了一点成绩，体验到了奋斗的喜悦，就会愿意更加努力一些，当你取得了更大的成绩，就会体验到更高的快乐，到那时你就会焕发出更强的自信心和更大的力量去努力和奋斗，这种通过自己积极去做事、在取得成绩之后就更努力去做而最后取得了最好成绩的现象，就是学习的良性循环效应。

儿子，现在你愿意主动增加英语阅读的训练，说明你已经有了更强的上进心，你已经进入了一种很好的良性循环状态，相信你通过自己的努力，将来会收获更大的成绩更多的喜悦，你英语的听、说、写的能力会得到全面的提高，到那时，你就可以成为真正的英语能手了，爸爸妈妈会更加为你而自豪！"告诉妈妈，你有信心吗？"

"当然！"你非常自信地回答。

2009年6月9日

妈妈心语

激励孩子进入一种良性循环的学习状态，也是温情教育的效果，这样的学习，既培养了孩子自信、自主与自强的素质，又能达到良好的学习效果。

拿到第一个打鼓获奖证书

儿子，今天，你拿到了第一本架子鼓演奏获奖证书，这是一个值得庆祝的日子。妈妈相信，以后你还会拿第二本、第三本获奖证书或者奖牌，因为你是一个懂得努力奋斗的孩子，是一个学任何东西都不会半途而废的棒孩子。

半年前，妈妈为了提高你音乐的节奏感和得到音乐方面更多的训练，决定让你学习架子鼓。来到架子鼓教学点，你就被架子鼓的好玩吸引住了，但是当妈妈了解到学习架子鼓要克服很多困难并且具备很多条件时，就担心你不一定能学得成，于是只能抱着试试看的态度给你报了名。

结果真正的学习果然不是那么好玩，要抄写“鼓谱”、记“鼓谱”，鼓谱和琴谱完全不一样，使你显得很陌生。在学习的时候，要严格按照鼓谱来敲打，而不是像想象中那样随意敲打和发泄，所以很多孩子兴冲冲地来到后，看到这种情形，都不愿意学了。幸好我的儿子是一个敢于挑战自己的孩子，所以你完全没有退却，很快就把鼓谱中的几个符号（军鼓、地铜鼓、铜鼓一、铜鼓二、调叉、踩叉等）记了下来。学习的第一天，你就学会了看一大段的鼓谱，老师赞扬了你的聪明，妈妈更是赞扬了你的用心，鼓励你下决心认真学下去。

★从胎教开始，妈妈一直没放弃过音乐对你的熏陶，尽管在音乐方面你不一定会有什么成就，但我坚信音乐素养对孩子心灵、胸怀和思想品位的深刻影响，相信音乐素养将成为你无价的人生财富！

开始，家里还没有买架子鼓，你就拿着“鼓棒”空打进行训练，爸妈见你那么认真，被你的精神感动了，很快就给你买回了一套架子鼓。经过隔音处理，你终于可以在家里进行训练了。每天，你都会按照老师的要求进行练习，学了几次，就学会了《铁臂阿童木》。当爸妈听到你能完整地演奏完这首曲子时，真的体验到了一种培养孩子的乐趣和成就感。

因为妈妈不懂架子鼓，只能拼命鼓励你，每一次打完，妈妈都会竖起大拇指夸赞你，使你越来越自信，并且在打鼓中找到了乐趣。有一天，你告诉妈妈，每一次打鼓的时候，你看到的都是妈妈的笑脸、听到的都是妈妈的赞扬，所以，你很喜欢打鼓。就这样，你坚持把架子鼓学了下来。经过半年的学习，你已经学会了五六首曲子的伴奏，其中，《黄河的怒吼》、《赛马》、《我爱北京天安门》等曲子的伴奏，都非常好听，你也打得很棒。每次看到你那么投入地练习，像是一种享受，妈妈就十分为你高兴。

为了开阔你的视野和给你提供一个锻炼的机会，在你才学了三个月的时候，老师就鼓励你去参加一场比赛，是“爱我中华”全国艺术人才教育成果展示盛会中的广东赛区的选拔赛。你是一个敢于挑战自己的孩子，虽然才刚刚学会《黄河的怒吼》这首高难度的曲目，你还是很愿意去参加比赛，结果在广东赛区的预赛中，你以良好的表现获得了复赛资格。

在前些日子的复赛中，虽然由于伴奏音乐不大清晰影响了你的演奏，但是你还是表现很棒，节奏和气势都把握得很不错，结果获得了儿童组的三等奖。

今天，你拿回了一本豪华的荣誉证书，爸妈为你感到十分的高兴，可你说：“妈妈，我才拿到三等奖，说明我的鼓打得很差。”

妈妈告诉你：“儿子，你才学了几个月，就拿到了三等奖，其他选手很多都是学习了两三年了，当你学到两三年的时候，妈妈相信你一定能拿一等奖！你觉得呢，儿子，有没有信心？”

你说：“有，我练一年就要拿个一等奖。”

这就对了，儿子，你就是一个很有上进心的孩子，并且是学一样就成一样的孩子，爸妈对你都很有信心，你对自己也很有信心，一两年后，你一定会成为一个很棒的小鼓手！

2009年7月13日

妈妈心语

孩子学习一样技能否坚持下去、能否有所收获，跟父母的引导教育有着密切的关系，给予孩子战胜困难的力量、鼓励孩子持之以恒、激励孩子增添自信，都是我们必不可少的努力。

难忘的第一次钢琴比赛

孩子，今天，当爸妈带着你从儿童活动中心出来的时候，阳光显得特别灿烂，我们一家子的心情，也显得非常舒畅喜悦。今天，是一个难忘的日子、开心的日子、收获的日子，是通过你自己努力付出收获喜悦成果的日子！

第一次参加钢琴比赛，并且是一个比较大型、正规的比赛，是“中华艺术节音乐艺术大赛”。你参加钢琴演奏项目，得了广东赛区儿童A组的铜奖，可以获得奖状和奖牌，这是一件多么值得庆贺的事情呵！原本，你愿意参加这次比赛，妈妈就表扬了你很棒，有上进心、有胆量。因为是第一次参赛，没有任何经验，爸爸妈妈根本不敢巴望你得奖。

为了让你放松心理负担，并且有可能要面对的失败，妈妈事先跟你做了不少思想工作。告诉你，能上台去表演就已经是一种成功、一种挑战、一种进步！不管你能不能拿奖爸爸妈妈都要表扬你，即使失败了，也是一次很珍贵的体验，因为你至少可以发现自己的缺点在哪里，跟别人比自己差距在哪里，这也是很可贵的学习机会。妈妈告诉你，很多钢琴家都是在一次次的失败中不断改进、不断提高才会取得最后的成功的。因此我们要珍惜这次比赛的机会，把它当作是一次去“照镜子”的机会，去照照自己，也去看看别人。

比赛前，妈妈还跟你做了一个约定：假如获得金奖，奖励你一个礼拜每天半个钟头的游戏（因为你最想做的事就是玩游戏）；假如银奖，奖四盘的游戏；假如铜奖，奖两盘的游戏；假如表演奖，奖一盘的游戏；假如没有获得奖励甚至发生弹奏失误但心态和形象保持良好，妈妈照样奖你一盘游戏！因为妈妈跟你做了足够的心理辅导，让你完全没有比赛的压力。

今天比赛终于到来了，你表现很棒，从头到尾都没有一点紧张，上台、下台保持了很好的风度和礼貌，向评委、观众鞠躬致礼，演奏完整、形象完美，虽然因为不适应新环境和三角钢琴而没能得到良好的发挥，弹不出气势和力度来，但爸妈依然觉得你很棒，并相信你下次比赛定会有更良好的发挥。三个评委给你的分数分别是93分、92分、90分，总分还差一分就可得平均分92分了，92分就可拿银奖，因此爸妈给你提出了更高的要求，下次比赛时一定要拿出气势来，要表现得更自信、更稳健，这样才会有更出色的演奏效果。

孩子，珍惜这次荣誉、珍惜这次锻炼机会，下次再来挑战自己，定会有更大的喜悦和收获等着你！

妈妈问你："儿子，有信心吗？"

"当然有了！下次我最少要拿银奖！"你回答得非常自信。

2009年4月10日

妈妈心语

对孩子的表现，父母要常怀感恩与知足心态，不要总是期望过高。在孩子取得一点成绩时，哪怕并没达到你的期望值，也要真诚地给予孩子赞扬和鼓励——激励是孩子进步最好的力量源泉！

令人振奋的第二次钢琴比赛

孩子，今天是5月1日，刚好是国际劳动节，这是爸妈永远不会忘记的日子。因为今天，你参加了第二次的钢琴比赛，是第三届亚洲青少年艺术交流盛典活动中的广东选拔赛，结果你获得了广东赛区的银奖，得了很高的分数，可以直接参加全国范围的总决赛，这是一件多么值得爸妈为你自豪的事呵！

在这次比赛中，你演奏的力度和效果比上一次明显进步了，这足以说明，你是一个一次比一次表现好的孩子！你努力上进，具备充足的自信心，敢于不断地挑战自己，让自己不断地朝着一个目标奋进！只要你愿意坚持，并且下决心更加努力和刻苦地练琴，你的钢琴水平一定会不断地提高，最后，你的远大理想——做一个钢琴家就会成为现实！

儿子，要成为一个钢琴家，这的确是一个非常美好的愿望，但也是一件对于孩子来说很残酷的事情，因为钢琴演奏要到达一定的水平，它没有捷径可走，再聪明的人、再有音乐天赋的人，都要经过刻苦的基本功的训练，来不得半点马虎。现在你熟悉的那个年轻的钢琴家郎朗，他小时候每天都要练琴四五个小时甚至更多时间。还有现在世界著名的钢琴大师傅聪，直到现在已经六七十岁了，仍然每天要坚持练几个小时甚至十几个小时，因为他要把音乐的效果不断地提高，尽管他已经是一个很著名的钢琴家了，仍然要不断地追求进步。每当他通过努力，能把一首曲子弹到更好、更美、更能感动人的时候，他就会体验到一种别人体验不到的幸福和快乐！那是一个真正的钢琴家的快乐，是用艰辛的努力才能换取的快乐。

儿子，在妈妈看来，你具备良好的音乐天赋和良好的头脑，却缺乏良好的意志力，也就是不够刻苦、不够坚韧，这是现在孩子普遍的特点，因此妈妈认为，想要将来取得与众不同的成就，就要付出比普通人更大的努力！这段日子，虽然你的钢琴在不断进步，但是若要表现得更加出色，还必须要更加努力才行。妈妈希望从今天开始，你每天增加20分钟的练琴时间，假如你能做到，那么以后再慢慢增加。为了你美好的理想和将来，妈妈相信你能不断地战胜自己，做一个刻苦的、有意志力的孩子。

“能做到吗，儿子？”

“没问题！”你很肯定地点头。

妈妈为你感到无比的自豪！

今天，妈妈跟你进行了一次很有意义的谈心，接下来我们先放下一切，先为你获得的奖励好好祝贺，我们一家子到你最喜欢的西餐厅美餐一顿，然后再奖励你一盘游戏，让你好好体验通过自己努力取得成绩的快乐！

2009年5月1日

妈妈心语

分享孩子成功的快乐也是对孩子的一种激励，因此对于孩子哪怕是小小的成功，都要懂得表示自己的喜悦和真诚的祝贺！这是无声的激励！

你已经是一个稳健的钢琴能手了

孩子，今天是爸爸妈妈为你感到最自豪的日子！因为你表现太棒了，你的钢琴演奏又进了一步，现在，妈妈告诉你，你已经是一个很稳健的钢琴能手了，以后，就算是再大场合的比赛，你都不会再紧张、再害怕了，这是多么值得庆贺的事情啊！

这次是第三届亚洲青少年艺术交流盛典选拔赛中的全国总决赛，你能够进入总决赛，爸妈已经很为你自豪，希望你在总决赛上能取得更出色的成绩！从上次广东赛区的比赛到今天已经过了三个月，在这些日子里，你刻苦训练，乐感和力度都有了较大的进步，爸妈对你参加总决赛也增添了信心。

可是很不巧，在比赛前几天你就生病了，感冒发高烧，头晕呕吐，连续吊了两天针，精神状态很不好。比赛越来越临近，妈妈很为你着急，担心你无法顺利参加比赛。而你是一个非常懂事的孩子，为了参加比赛，生病时还坚持练

习，有时候妈妈见你状态不佳，就不忍心再让你练下去。告诉你，假如这次比赛不能拿奖也没关系，可是你说：“不行，我一定要拿奖，最少要拿银奖，最好要拿金奖。”

噢，孩子，你实在太有上进心了，只是这次比赛是强手聚集的一次，并且你又生病了，如果发挥不好，拿不到奖也不要泄气，以后还有很多机会，妈妈相信以你的努力和上进心，你的钢琴一定会不断进步！

★经历了几次大型的钢琴比赛，你已经锻炼出了沉稳的气质，你说：“妈妈，就算让全世界的人来看我弹琴，我都不再害怕了。”妈妈听了是多么为你自豪！

比赛是在大学城华南师范大学音乐厅举行，那天，天气酷热，一路上，你还不断地咳嗽，爸爸妈妈很为你着急。到达大学城后，为了镇住咳嗽，爸妈临时给你买了止咳药。进入赛场后，你还是一直在咳嗽，妈妈提示你：“儿子，比赛过程中，假如能忍住不咳嗽，你尽量要忍，确实忍不住也没关系，不管怎样的情况你都不要紧张，一定要镇定，要把自己驾驭钢琴的气势拿出来，妈妈给你力量！”在你上后台准备之前，你仍然还在咳嗽，妈妈只能在心里为你祝福！

终于轮到你了，妈妈见你很稳健地登台，在主持人作介绍时，你很有礼貌地向台下的评委和观众鞠躬致礼。到了钢琴旁，你很镇定，先为自己调节了凳子的距离再坐下，坐下后先酝酿了一下情感才开始演奏。一开始演奏就把贝多芬奏鸣曲的气势弹出来了，细腻的地方也做得不错，一直到结束，你控制和把握都很好，完整无误地演奏结束，一点也看不出像是一个正在生病的孩子模样，妈妈为你感到非常自豪！

评委老师在点评中也给予了你很不错的评价，称赞你弹奏规范、音乐表现力很不错。听完点评后，你还懂得鞠躬致礼，被主持人赞扬你是一个很有礼貌的孩子，让爸妈的脸上很有光彩。

在下午的颁奖典礼上，你捧回了一个豪华的奖牌，获得了银奖。爸妈告诉你，这是你第一次获得全国总决赛的奖牌，这是非常值得珍惜的荣誉，爸妈为你感到非常的自豪，希望你下次向着金奖的目标奋斗！

你说："这次我没有得到金奖，我都不满意。"

妈妈告诉你，能得到银奖已经是一个很大的进步，要得到金奖，还要进一步努力，把每一个音都弹得很精细，把音乐的效果弹得很出色，这需要花更多的功夫、需要付出更大的努力，你愿意吗？你说："当然了，下次我一定要拿金奖！"

回到家后，妈妈给你和你的钢琴老师分别买了礼物作为奖励，相信你以后会更加配合老师和爸妈的指导，会努力朝着自己的目标奋进！

2009年8月2日

第十二章　自控：不做坏情绪的俘虏

当你和同学发生矛盾时，当你受到老师的批评时，当你遇到一些烦人的乱子或是某种失败的打击时，只要记住提醒自己——不过都是小事！芝麻小事！不要暴怒、不要沮丧，只要稍微克制自己的情绪，这种苦恼和打击很快就会过去，你的人生依然那么美好、平静，就像太阳每天都照样升起一样。

嫉妒别人只会破坏自己的心情、扭曲自己的心灵、影响自己的进步，只有把别人的一些长处、优点吸取过来，让别人的优秀成为你进步的“能量”和激发你进步的力量，你才会得到更大的进步。所以，孩子，放开自己的心胸，增添自己的自信，接受别人的优秀、欣赏别人的优秀、学习别人的优秀，这样，你在学习上就永远没有敌人、只有朋友！

第一次憎恨别人

孩子，今天妈妈跟你一起看六祖慧能的故事，看到关于仇恨的一则故事时，我们都很有感触，为此，妈妈跟你回忆起你第一次仇恨别人的情形。

那是一年前的事了，爸爸带你去小区游泳池游泳，没想到发生了那么不愉快的一件事，导致你第一次体验到了仇恨的滋味，也是第一次在众人面前那样地情绪失控而损失尊严。

记得那天晚上爸爸告诉我，当时，你在泳池里游得好好的，一个比你小一点的男孩性格特别外向开朗，他总是主动逗你玩，于是你就跟他玩在了一起。他很喜欢泼水给你，你也不示弱，就泼水给他，这样反复弄了几次，大概是他泼得你不高兴了，你就狠狠地向他脸上泼。结果他也发火了，就过来推你，你也不示弱，跟他推打了起来。

看到这样的情形，爸爸赶紧抱住你，不让你再跟他打下去了，但就在这时，那个小男孩仍然不放过你，趁你行动不便还狠狠地踢了你一脚。这下可严重激怒了你，但此时那孩子的爸爸立即把他给抱开了，可是你无法平息自己的愤怒，觉得自己没理由要承受这个委屈，必须要反踢回他才解恨，但是爸爸却不允许你这么干，于是就要把你带回家。可是你胸中那股怒火一直无法平息，任凭爸爸怎么劝你，你还是哭闹着硬赖在那里不走，非得要回去报仇。这时，救生员也来劝你，最后，爸爸硬把你给拉出了游泳场。你连续哭闹了半个多钟头，过了很久还不平息心中的怒火，说气话要杀了他。

孩子，那是你第一次体验仇恨，妈妈完全能体会到那种感觉是多么的折磨人，并且让妈妈明白，当一个人被“心魔”所控制的时候，别人是怎样劝导都是困难的。但是妈妈现在提醒你，不要被“心魔”所控制，心的魔鬼只会伤害你，而不会帮助你，一个有智慧的人，是不会让“心魔”控制自己和伤害自己的。

这次事件还告诉妈妈，你是一个很受不得委屈、很吃不得亏的孩子，但是，妈妈告诉你，现实生活中，你必须学会承受委屈、学会吃得起亏。只有这样，你才能拥有一个健康、平安和喜悦的人生。那种一点小小委屈都无法承受甚至还要报仇雪恨、以牙还牙的人，他的人生就会一直弥漫着仇恨的烟雾而不得安宁。冤冤相报、有仇复仇，这仇恨就会无止境地延续下去而没有尽头，所以，仇恨就是我们幸福生活的杀手！

孩子，你想想，假如那次你一定要复仇，一定要再狠狠地踢回他一脚，那么，他也不会服气，你们只能一直这么打下去，一直打到没有力气为止，那么这时，不是死就是伤，这代价就是两家人的幸福，孩子，你认为值得吗？也许在那仇恨的当时，你会觉得打死他自己最解恨，可是若真是那样，我们还会有今天幸福的生活吗？你早已被抓进了少年管教所，而你给那家人造成的痛苦呢，也一样永远无法弥补。

今天我们看的《六祖慧能传奇》故事里，就是一个报仇的故事让慧能明白报仇雪恨是人类幸福生活的天敌。故事的主人公是一个曾经跟慧能一起上山砍过柴的伙伴，这伙伴读过书，有几分自大，他喜欢村里的一个漂亮姑娘。其实，喜欢这个姑娘的小伙子还有好几个，也包括慧能，但是没想到，这姑娘给一个卖古董的有钱人想方设法娶去当小老婆了。慧能那伙伴看着慢慢远去的花轿，心里痛恨极了，发誓要把那“有钱佬”搞垮，把姑娘抢回来。于是后来，他先沉住气去那人那里当学徒，为他打工。他越学越精明，后来就和别人合作起来，把一幅假名画当成稀世珍品，骗得那有钱佬一无所有，把有钱佬逼上了绝路，最后有钱佬投河自尽。这个伙伴他自己做了那古董店的老板，但是，他却再也得不到那漂亮姑娘的心，因为周围所有人都知道他是一个卑鄙小人、是个恶魔，那有钱佬的儿子更是将他视为大仇人。终于有一天，他的古董店被人放火给烧了，而这店主也消失了，再也没有人见到过他，有的人说他被烧死了，有的人说他烧得遍体鳞伤逃走了，没有脸面再在村里呆下去……

孩子，这就是复仇的代价，冤冤相报，没有尽头。

孩子，当你心里燃烧着怒火的时候，一定要努力战胜自己，跟自己心里那“魔鬼”作斗争，不要任其自然地发展，否则，就会伤害自己、伤害别人。

其实，没有什么大不了的委屈、更没有什么化解不了的仇恨，只要从仇恨里跳出来，你的心灵很快就会重现阳光，生活依然每天都是那么幸福、快乐！

2008年7月23日

战胜自己这个最大的天敌

孩子，每当在练琴的时候，妈妈总是要求你让自己的心安静下来，因为你的心常常急躁，而只要稍有急躁，都会在琴声中暴露无疑。

今天晚上，妈妈跟你总结了你近段时间弹琴的优缺点：你有良好的音乐表现力，并且反应相当机敏，学琴悟性很好，有些老师没教的曲子你也能自己攻下来。可是，最大的缺点就是急躁，弹琴最需要的就是定力，而你因为欠缺定力、常常急躁，这大大影响了你弹琴的效果。为了让你克服急躁的性格弱点，妈妈做了很多努力，但是你在意识中却不够配合，总是跟妈妈说："我控制不了自己。"

儿子，控制不了自己，也就是说你的意志战胜不了你的情绪。的确，妈妈告诉你，我们人类最大的天敌就是我们自己。

"为什么呢？"你很不理解。

原因主要有两个，一个是因为我们人类天生就有很多弱点，很多不好的天性（比如懒惰、自私、贪心、霸道等等），而要战胜这些天生的弱点的确很困难，假如我们不提高自己的智慧和毅力，很可能就会被那些天生的弱点战胜了我们自己。比如说，假如我们常常被懒惰这种惰性战胜了自己，我们就会一事无成；假如我们被自私、贪心、霸道战胜了自己，那么我们就会成为一个品质低下的无赖恶棍。所以我们经常要跟我们天性中的弱点作斗争。

还有一个原因是我们人生很不完美，我们的一生中要遇到很多苦难、很多不幸，就算一个再幸运的人，他的人生照样是不完美的，因为他一样会生病、会变老、会死亡，所以假如我们欠缺智慧去面对这些，就很容易产生灰暗、悲伤、暴怒等不良的情绪，假如我们被这些情绪战胜了自己，我们就会走向自杀、毁灭。所以我们经常要跟我们心中产生的不良情绪作斗争。

只有战胜了我们自己这个天敌，我们的人生才有可能收获成功和快乐！孩子，假如你经常被自己心中那种急躁的情绪打败自己，这样下去，你的钢琴将会毫无成绩，你要成为一个钢琴家的美好理想就会完全破灭。

你说："可是我真的觉得自己控制不了自己。"

其实，孩子，只要我们抱着一种要战胜自己的信念，什么情绪、什么弱点都可以战胜。妈妈告诉你，一个高智慧的人，不但能支配和控制自己的情绪，就连生死都可以由自己来控制。

"不可能吧？"你充满了疑惑。

孩子，这完全是可能的。有很多修行很深的僧人（和尚），他们到了晚年，认为自己已经没有活下去的必要了，或者认为自己已经没有活下去的能力了，他们就会让自己"坐化"（就是让自己坐着自如地死去）。那是因为他们长期修炼自己，也就是长期与自己的内心作斗争，一直修炼到能够自如地控制自己的心性，所以不但能支配情绪，还能支配生死。

最近妈妈跟你一起看过六祖慧能的故事，他就是一个修炼到能自如生死的大师。死前，他在弟子们面前还说话自如，没有任何要死的迹象，等到他要跟弟子告别的时候，看见弟子们为他而哀伤，他还指出他们不应该为他而哀伤，教导弟子们要修炼到"毁誉不动、哀乐不生"（就是说不管成功与失败、不管是获得荣誉还是荣誉被毁，都不会因它而改变自己宁静的内心，更不要因为遭遇的苦乐、生死的到来而生出快乐或悲伤）的境界。当他说完这些，过了几个时辰就从容地坐化了。很多修行深的大师都能到达这个境界。

"太神奇了。"你说。

是啊，很神奇，但都是真实的，我们一般的人虽然到达不了这个境界，但是做到控制住自己的情绪还是不难做到的。就像妈妈，现在控制情绪的能力就很强，很少生气，就算真的生气，也不会超过五分钟。所以儿子，只要我们抱着一种战胜自己的信念，就不可能战胜不了自己、不可能控制不了自己的情绪，不要说仅仅是一点躁动不安，就是很大的仇恨都可以被自己化解。

以后，每当到了练琴的时候，你首先要调整一下自己的心态，说服自己暂时不要再想玩乐休闲的事情，要专心致志地练琴，提高效率，才能尽早完成任务。提高效率，既可以尽早让自己得到放松，又可以提高弹琴的效果，这完全是一举两得的事情。明白了这个道理，你一定会增添战胜自己的力量。

从明天开始，孩子，努力去尝试，你一定能体验到战胜自己、支配自己的快乐！

2008年11月3日

妈妈心语

教会孩子支配情绪、战胜自己，对于孩子来说是一笔无价的财富。很多孩子自暴自弃或走向自杀，都是因为与父母欠缺心灵的交流，欠缺战胜自我的能力和智慧。

常常告诉自己“一切都是小事”

孩子，妈妈发现你最大的弱点，就是不善于调节和控制自己的情绪。一点小小的不顺、小小的失败、小小的批评，都会让你沮丧甚至产生自暴自弃的情绪，譬如，在练钢琴时，有时遇上反复攻不下来的，你就会气得要命，有时干脆发自己的脾气说要放弃练琴。

还有更严重的，在你遇到一些你自己认为严重的问题时，你会生气地说：“我还活着有什么意思！不如死了算了，死了就不会有苦恼了。”会说这种话，从你六岁就开始了。

儿子，听了这些话，妈妈是多么心急，假如不及时引导你提高认识情绪和控制情绪的能力，这样经不起一点小小的挫折和打击，发展下去，不但会影响你将来事业的成就，更会影响你生活的质量，更严重的甚至会导致走向生命的毁灭。

不要被情绪牵着走

一个被自己情绪牵着走的人，是不可能获得幸福、安然和快乐的，一个人智慧的高低，首先看他支配情绪能力的强弱。

支配情绪，这对于每个人来说都是困难的事情，有些人一直到老，支配情绪的能力还很差，经常跟儿女发生争执，到处跟人发生矛盾，看整个世界都不顺眼，这样的人，像是被心里的魔鬼控制着，生活是完全没有快乐的。有些人为什么会出家做和尚呢，就是为了去求得内心的和平，他们宁愿放弃像我们这样丰富多彩的生活，去进行几十年单调乏味的修养生活，那是因为，一个人战不胜自己，整天苦恼甚至痛苦，他的人生就没有意义。所以，儿子，妈妈希望从现在开始，你就建立起一种认识和控制自己情绪的观念，不要被情绪牵着走。

常常反省曾经历的一些所谓“大事”

孩子，以前妈妈也很容易被情绪牵着走，但是经历了很多事情之后，现在已经变得控制情绪的能力很强，很不容易生气、很不容易灰暗。

“为什么？你是怎么变的？”

妈妈改变的秘密主要就是记住一句话：“一切都是小事！”

你想想，儿子，相对于我们珍贵的生命和健康，很多看起来好像很大的事情（包括失败、包括与同学间的矛盾争执、包括学习中遇到的困难），其实过后你会发现，其实不过都是些很小很小的事情。

还记得在你读一年级的时候，一件小事让你非常生气并且哭了很久。那是在你放学后在校园里等待妈妈来接时发生的。你拿出一张花费了自己很多心血画的武器图跟同学一起欣赏。这时，一个跟你很要好的男同学冲过来一抢，就把那张图画纸撕烂了一角，当时你气得不得了，叫另两个同学拉他“下地狱”（整治他的意思），可就在这时，那个同学的妈妈把他接走了，你就跟另两个同学约定说明天一来学校就要为你“报仇”。一会儿，妈妈来接你了，你一见到妈妈就大哭起来，一边哭一边跟妈妈讲述你的“遭遇”，并恶狠狠地说一定要报仇。

儿子，为了说服你，妈妈一直跟你分析这件事情，告诉你这不过是一件很小的事情，你不应因为一张画纸而失去一个要好的朋友，画纸可以重新画，而一旦失去一个好朋友就很难再找回来了。一路上妈妈一直跟你做分析讲道理，一直到回到我们住的小区，你终于平息了你的情绪，把这事想开了。

“儿子，你现在回想一下看看，那是不是一件很小的事情啊？”

你点头认同了。

儿子，假如你当时不及时排解情绪，真的第二天就去“报仇”，跟同学一起去打那个好朋友，你不但会失去这个朋友，还有可能会闯下大祸，打伤同学，那这个时候，一件小小的事情就真的变成大事了。

生活中其实没什么大事情

孩子，妈妈因为常常怀着“不过小事”的念头，心胸变得很宽广，对你身上发生的很多问题，妈妈也一直比较宽容。

记得有一次在你一年级时，你的数学才考了个79分，大概是班上倒数几名，给老师写了“加油”两字。妈妈认真看了你的试卷，基本上是由于粗心大意做错的。当时，妈妈没有批评你，只是跟你做了分析并提出了希望，希望下次不再发生粗心大意的事情了。

还记得有一次，你违背了妈妈的要求，和往常一样剩下很多饭带回来。想着你吃饭时不认真，跟别的同学玩，并且在妈妈多次强调后依然不改，妈妈当时很生气，说不带你回家。你哭得很伤心，求妈妈原谅你。妈妈见你真的有了悔意，为了让你记忆更加深刻，妈妈决定“以奖代罚”，带你去吃“多美丽”。结果一件原本十分让人不愉快的事情，妈妈将它变成了快乐，并在这种快乐的激励中让你彻底改掉了原来的错误。

儿子，就是因为妈妈心里怀着“一切都是小事”的念头，对你所犯的许多错误，才会用一种良好的心态耐心地教育你，从来不随便放弃，不随便给你下不好的结论，更不会随便产生悲观情绪。

其实，生活中根本没有什么大不了的事情，任何矛盾都可以化解、任何失败都可以重新振作、任何困难都可以克服、任何打击都可以承受，只要你具备了支配情绪的能力。相反，一点小事就想不开，发怒或自怨自艾，对身体健康造成不良的影响，这是很不必要的损失。还有些人因为无法自控情绪，遇到了一点打击就去自杀，这是最大的愚蠢和不负责任，白白葬送了自己珍贵的生命，给父母带来了永远的痛苦。

放纵情绪祸害无穷

在遇到一些小事的时候，若不及时控制情绪，而是放纵自己的怒火，一件很小的事情就会酿成大祸，葬送自己美好的人生。就像火山爆发一样，它一时的爆发将烧毁整个山头。

妈妈跟你讲一个真实的故事：曾经有个中学生，在回家路上跟同学发生争执后打起来，由于一时不能控制自己的情绪，他跑进食品公司摸出一把杀猪刀，突然将那同学砍死在地。一场残忍的血案就这样发生了，这个不满15岁的男孩就这样葬送了自己的一生。如果他稍微能认识到自己的情绪，并及时调整和控制自己的情绪，那这场命案完全可以避免。

儿子，在妈妈还小的时候，公公曾经跟我说起过一件因为一分钱的争执就导致命案的事情，就是两个邻居在买卖的时候发生了争执，一个说你少找了我一分钱，而另一个却说我已经找给了你那一分钱，就这样吵了一会后就打起来，其中一个男人抡起锄头就往另一个男人头上砍下去，就这样，一分钱酿成了血案。这一类的事情很多，妈妈希望懂事的你，从现在开始就引以为戒。

儿子，当你以后和同学发生矛盾的时候、受到老师批评的时候，或者遇到一些烦人的乱子时，一定要记住提醒自己——这不过都是小事！芝麻小事！不要暴怒、不要泄气，只要稍微克制自己的情绪，这种苦恼和打击很快就会过去，你的人生还是像平时一样美好、平静，就像太阳每天都照样升起一样。

2008年6月13日

妈妈心语

一个人能否获得愉悦的人生，与他支配情绪能力的高低息息相关，因此从小就灌输支配情绪的概念给孩子，跟他一起分析一些他情绪不当的事情让他增长智慧，相信孩子支配情绪的能力会不断增强。

你要选择的那一百个理由

儿子，这些日子，妈妈发现你总是很容易产生情绪波动，遇上生活中的一些小麻烦总是要埋怨自己“运气不佳”，见到别人比自己好的东西总是要羡慕别人。

今天，妈妈告诉你，一个人要得到快乐的生命，首先要有快乐的思想。一个遇到一点小麻烦或不如意的事就埋怨的人，就是没有快乐思想的人。

其实，每个人都有一百个理由感到幸福，也有一百个理由感到不幸，关键是看我们选择哪一百个理由。比如说，一个长相一般、成绩一般的人，他就可以埋怨自己为什么不长得很帅或者很漂亮，为什么脑子总是没有别人聪明、学习总是不如那些聪明的同学。只要他去选择那些不幸的理由，他就会使自己看到的、想到的都是不幸的东西，而忽略了他其实能做一个普通人就已经很幸福的理由，因为他拥有一个完整的躯体，没有残疾，可以享受到每一个普通人的生活乐趣；他拥有一个正常人的头脑，可以思想，可以奋斗，可以不断地提高自己的能力；他还可以享受到一个正常人所拥有的亲情、友情和各种情感。所以，能做一个普通人其实已经是很幸福了。

即使一个人在生活中遇到了一些不幸，像一些残疾人，有的不能像正常人一样走路、有的因为双目失明而永远生活在一个黑暗的世界里。即使是这样，他们仍然可以找到一百个幸福的理由：只要还活着，还能思考、还能学习、还能劳动，没有一个人会真正的一无所有。只要我们时刻提醒自己，要选择那幸福的理由，要让我们的思想快乐起来，我们就会得到幸福的生活。

平时，妈妈常常看到一些熟悉的人，总是因为一些小小的事情就苦恼或唉声叹气，比如领导多布置了一些任务啦，因为工作做得不好被领导批评啦，奖金发少了一些啦，被同事背后说坏话啦等等这些问题，其实都是一些很小的事情，有的人就老是看不开、想不开，过得不快乐。本来，对这些小小的不愉快，完全可以把它当一阵风吹过，不让它留在心里影响自己的心情。因为，能拥有一份工作、拿着固定的工资，过着普通人的生活其实已经非常幸福！还有那么多的人找不到工作，还有那么多的人生活在贫困地区过着艰苦日子，相比他们，我们就应该感到非常满足、非常幸福了。

儿子，从现在开始，就让自己学会选择那些幸福的理由，让自己拥有快乐的思想，在遇到一些不顺心、不如意的事情时，要让自己以一种智慧的眼光从苦恼里尽快跳出来。以后，当你受到老师的批评和惩罚的时候，当你考试考得不如意、生活中遇到一些不顺心或者看到别人比自己幸运的时候，不要埋怨，更不要沉浸在苦恼中跳不出来，这些小事，其实根本不应该影响到你本就应该感觉幸福的生活！因为，你可以选择那一百个让自己幸福的理由！

2008年12月5日

妈妈心语

一个人智慧越高、眼界越宽，支配情绪的能力就越强，而一个孩子若得不到父母的引领，要靠自己大半生的摸索才能悟出一些为人智慧，而得到父母的点拨和引领，孩子的悟性会大大提高。

形象比技能更重要

儿子，今天发生了一件让爸爸妈妈不愉快的事情，妈妈希望同样的事情以后不会再发生了，妈妈相信，你一定会记住一句话：“形象比技能更重要！”

今天，有两个客人来我们家，在他们走之前，要你弹一首钢琴曲来给大家欣赏。你很乐意地接受了，开始弹得还很不错，可是弹到中间，有一段你忽然被梗住了。想到平时已经弹得很熟悉的曲子，却在这关键时刻表现成这样，你十分气恼，就失去理性地一直重复弹那一小节，可越是急躁就越弹不好。妈妈劝你调整心态，安静下来，先跳过去，但你说什么也不肯，还是一直失去理智地重复弹那段曲子，让客人留下一个很不好的印象。

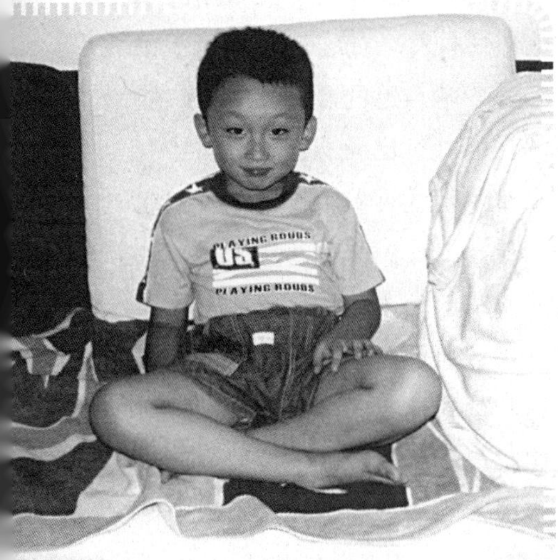

★一个人要成就事业，首先必须要具备良好的心理素质和修养，经受得住失败和困难的考验，才有可能取得更大的成功。因此，当自己的能力表现得不如意的时候，千万不要把最关键的东西——素质和形象再丢掉，只要保住了这两点，你已经是一种成功！

客人走后，妈妈没有批评你，只是对你的表现表示失望，因为妈妈告诉你，你的形象就是爸妈的形象，客人一定会觉得爸妈没有教育好这个孩子，使这个孩子的修养、脾气和承受力都很差。明白吗？——修养、脾气和承受力，你的一个表现暴露了你那么多的弱点，这是多大的损失啊！

妈妈告诉你，其实一个人的形象远远比技能更重要，即使你弹得不好，但如果表现出良好的修养和形象，客人也会觉得这个孩子很可爱，相反，即使你弹得很好，如果形象和修养不好，这个孩子也不会让人喜欢。

当时，遇到弹不过去的现象，假如你尽快调整情绪，让自己先跳过去，再把后面的弹好，你仍然可以得到爸妈和客人的掌声，但即便后面的还是弹不好，只要你心态正常，不泄气不气恼，表现出良好的耐性和修养，这样客人仍然会觉得你很棒，至少心理素质和修养很棒，而这些，远远比技能重要。

其实，一个人要成就事业，首先必须要具备良好的心理素质和修养，经受得住失败和困难的考验，才有可能取得更大的成功。因此，当自己的能力表现得不如意的时候，千万不要把最关键的东西——素质和形象再丢掉，只要保住了这两点，你已经是一种成功，这样的孩子就是可爱的孩子！更何况，成功将来一定会属于心理素质强和修养好的人，因为他们不怕失败，不会被失败打倒自己，他们会在失败之后更加增添奋斗的勇气和决心，所以最终一定会走向成功！

“儿子，答应妈妈，以后永远不再发生像今天这样失去理性的事情了好吗？”

你说：“好，以后再也不会了。”

这就对了，儿子，以后不管在任何情况下，都不会因为弹得不如意而发脾气影响自己的形象了，妈妈期待着看到你的进步。

2008年9月20日

智慧比聪明更重要

今天， 在去上学的路上，你做了一件让爸妈不愉快的事情：你在车上听着一个英语故事，听着听着，就问妈妈说“besides”是什么意思，妈妈听成了“beside”，就说错了。正当你准备告诉妈妈正确答案的时候，在开车的爸爸随口就把答案说了出来。结果你很生气，说：“让我又失去了一次被妈妈表扬的机会！”然后还埋怨爸爸。

近来你因为学英语进步很大，生活中随时会冒出一些英语，妈妈经常表扬你，于是今天，你想再一次得到妈妈的表扬，没想到却被爸爸说出了答案。妈妈向你解释，其实爸爸妈妈都知道你懂，并且再次表扬了你近段时间进步很大的事实，可你却仍耿耿于怀，一路上都不高兴，让爸妈心情也不愉快。

下车后，在进入学校之前，妈妈对这件事情跟你作了分析，告诉你一个道理：智慧永远比聪明更重要。你懂得很多知识，学习的能力很强，这些都代表着你是一个聪明的孩子，但是因为一件小小的事情而导致一家子都不愉快，却是智慧不足的表现。

你说："智慧是什么？"

智慧包含着很深的含义，而妈妈今天跟你讲的这个智慧指的是让自己愉快和带给别人愉快的能力，而这个能力是很关键的，所以妈妈告诉你，智慧远远比聪明更重要。比如说，一个孩子，假如他不算聪明，学习的能力很一般，却能够让自己一直开心地过日子，并且能用自己的愉快去带动别人，这样智慧的孩子远远比一个聪明而太喜欢表现自己的孩子更可爱。所以，儿子，假如你为了表现自己的聪明而影响了自己的智慧，这就不值得别人欣赏和赞扬了。所以妈妈才经常鼓励你去赞扬别人，欣赏别人，既带给自己愉快的心情，又带给别人愉快，这就是在提升自己的智慧。

"儿子，你明白妈妈的道理了吗？"

妈妈见你点了头，心情也好起来了。在你进去学校之前，妈妈提醒你以后还想再炫耀自己、表现自己的时候，一定要想想这样会不会带给别人不愉快，会不会因为要表现自己而损失了自己的智慧，而智慧比聪明更重要！

现在，你已经是一个聪明的孩子了，而智慧，却还要不断努力、不断提高，但是妈妈相信，悟性那么好的你，一定会让自己成为一个又聪明又智慧的棒孩子！

2008年12月5日

妈妈心语

爱表现自己几乎是每个孩子都会有的现象，适当懂得展现自己的优点和才华是一种自信和智慧，但是孩子若不适度地喜欢表现自己，则是欠缺自信和定力的表现，因此，引导孩子走向沉稳和内敛，这也是一种智慧的培养。

学会排解学习的压力

今天是星期六的下午，爸妈带你出去玩，打完羽毛球后，就带你在一个山顶公园旁的餐厅吃饭，这本是多么休闲惬意的时光，可是你反复提到你的作文还没写，觉得很有压力。

妈妈告诉你晚上回去再写作文，不要担心作文的事，可你说休闲之后再来辛苦，这样就觉得一点也不开心。妈妈表扬了你对作业的负责精神，告诉你能把作业放在心上的孩子是乖孩子，那些不把作业当回事甚至敢不做作业的孩子才是不对的。但是妈妈也同时告诉了你另外一个道理：就是要学会排解压力，让自己玩的时候就开开心心地玩、尽情地休闲放松，等到做事情的时候就专专心心地做事情、高效率地做事情，这样才是聪明智慧的孩子。比如说，爸爸妈妈带你现在玩，而你又老想着作文，这样玩得不开心，晚上回去照样还要写作文，这样就白白浪费了休闲放松的时间和机会。

为了排解你的压力，在吃饭的时候，妈妈引导你先对作文进行构思，回去很快就可以写出来，于是妈妈先听了你自己的构思，并对你的构思提出了意见，构思好后，你总算稍微放松了一下心情。

妈妈再跟你分析关于玩时要尽兴、做事要专心的道理，指出你以前总喜欢在做作业时偷偷看课外书的问题是不对的，以后凡是在做作业的时候就要很认真地做、高效率地完成，这样才会有更多的时间来放松休闲。而一旦爸妈决定带你去玩时，你就不要再想作业的事情了，因为爸妈会给你安排做作业的时间，如果你还是老放不开这点小小的压力，那么说明你承受压力的能力很差，这样对你以后的成长是不利的。

在你成长的整个过程里，需要承受各种各样的压力，尤其是学习上的压力，一定要善于排解、善于放松，才不会被学习压力给压垮或者是整天过得闷闷不乐。要怎样来排解学习的压力呢？妈妈认为只要做到三点就可以了：一是上课要专心地听讲，把老师所教的东西都基本上在课堂上掌握下来。这一点就需要你改正上课常常分神和跟同学讲话的问题，你要是改正过来了，妈妈相信你会把书里的知识掌握得更好，这样做作业就更轻松了。第二点就是做自己的事情要有计划、心里要有数，最好尽快把作业完成后再休闲放松，假如没有完成就跟爸妈出去玩，那么只要自己心里有计划、安排好时间也没关系。第三点就是对自己要自信，相信自己的作业一定能够完成。比如最近你一直觉得写作文有压力，担心自己写不好，但实际上每次写出来都是很不错的，而且妈妈认为，只要你是尽了自己的努力，就算是写得不好也应该接受自己，不要追求完美，只要多看书、多练笔，妈妈相信你以后写作一定会很棒！

总之，儿子，要从现在开始就学会排解压力，让自己常常过得开心愉快，尤其是在玩的时候，一定要玩得开开心心、兴高采烈的，这样自己的生活就会常常充满阳光！

2008年12月10日

把羡慕和嫉妒转化为愉悦的欣赏

今天，你放学回来跟妈妈说，在课后管理那节自习课时，因为你跟同桌讲话，两人都被班长罚站和读书。你越想越生气，说班长晓雨平时就算犯了错误，也没人管她，因为她是班长，又是中队长，就算老师发现了她的错误也只是轻轻说她一下，从来不严厉批评她。

在你的语气中，妈妈听得出，你对班长晓雨充满了羡慕和不平，她既有权力又获得了老师的尊重，这是每个孩子都希望得到的。妈妈首先对你的被罚表示了同情，紧紧地拥抱了你让你释怀，并对你提出了希望——以后通过自己的努力来挽回自己的尊严！假如你变得很乖、很自觉，你的班长想惩罚你也没机会了。

妈妈告诉你，你没有必要去羡慕甚至嫉妒你的班长，她就是她，你就是你，只要你做好自己就足够了。就像妈妈不去羡慕别人的孩子一样，因为妈妈有足够的信心能够将你培养成一个很棒的孩子，而你也应该像妈妈一样，有足够的信心让自己成为一个能够赢得班长、老师欣赏和尊重的孩子！

儿子，要记住，不要拿别人的优秀来惩罚自己，一定要把羡慕和嫉妒转化为愉悦的欣赏，同时把别人的优点当作激发自己的力量，让自己进步。那种只会羡慕别人，让自己心情不愉快或者只会嫉妒别人来折磨自己的人，是非常愚蠢的。

妈妈跟你讲述一件在妈妈上小学时遇到的事情：在小学阶段，我的成绩一直很好，凡是一些比较难做的题目，同学们总是要求助我来解决。当时有一个学习也很不错的女同学，因为她的成绩总是要比我的差一些，她很不服气，心里一直把我当“眼中钉”，平时连说话都不跟我说。有一天早上我回到教室，发现课桌上很脏，有很多扫帚的碎末，觉得很奇怪。后来有个同学告诉我说，每次做值日的时候，那个叫晓颂的同学就拿扫把打我的桌子，因为她认为用扫把打我的桌子会使我倒霉、交坏运，诅咒我的学习变差。我听了之后觉得很生气，但是并没有找她算账，回家后把这事告诉了妈妈（你的婆婆），婆婆说：“这样的人没出息的，别理她。”后来我也没再跟她计较，上初中后我们就分开了，听说她的成绩一直上不去，读到初中毕业就没再读下去了。

儿子，听完这个故事，你一定会觉得那个女同学很可笑、很愚蠢是不？假如她不是那么胸怀狭窄，不要嫉妒我，转为欣赏我的优点，经常跟我交流学习体会，把我的长处学过来，她就一定会得到更好的进步，可是狭窄的胸怀就这样影响了她的进步，更影响了同学间美好的情谊。

所以，儿子，当你以后还要嫉妒别人的时候，快快提醒自己，把它转化为愉悦的欣赏，把它转化为激发自己进步的力量，做到这样，你就是一个很有智慧的孩子了。

2008年10月12日

一次成功的自我开解

今天放学后不久，你告诉妈妈说，你最近很不幸运，什么事都不如意，今天期末总复习的英语测验卷发下来了，你只得了97.5分，而那个班长晓雨又考了100分，平时的三个单元测验，你得了两次100分，她也得了两次100分，而现在总测验，她又得了100分，而你却只得了97.5分。你说：“妈妈，当时我刚知道成绩的时候，真的觉得自己有点嫉妒她了，甚至想到了一个很不好的念头：假如班上没有她老是考100分就好了，假如班上没有她这个什么都是优秀的人就好了。”你又说：“当时我真的因为这件事很不愉快，很想不开：为什么上帝要那样总是照顾她、让她运气那么好，却总是来考验我？”

妈妈仔细听着你的叙述，你说：“我几乎要把她看成是自己的敌人了，可是在这时，我忽然想起妈妈你曾经跟我讲过的‘智者无惑、勇者无惧、仁者无敌’的道理，就立即想通了：不要抱怨老天对自己的不公，不要把比自己好的人当成自己的敌人，要把对别人的嫉妒转化为美妙的欣赏。”

你就这样反复地开解自己，最后终于没有把班长当成敌人，也没有再因为这件事情而不愉快，只是对自己考的成绩还是不满意。

妈妈热情地拥抱了你，告诉你考97.5分就已经很棒了，不一定每次都能考100分，再厉害的人都会有失误的时候，就像一个人总是不能完美一样，偶尔考得不如意是正常的。

安慰你让你得到释怀后，妈妈还赞扬了你两点：一是有上进心，对自己要求高，考到97.5分还很不满意，这样下一次就会更加认真对待考试，更加认真学习，一定会有更大的进步；二是你能在自己出现不良情绪的时候及时开解自己，让自己从那种狭隘的念头里走出来，让自己排解掉这种不该有的苦恼。这不但说明了你智慧的增长，也说明了你是一个胸怀宽广的棒孩子，能容得下比自己更优秀的同学，并且还想到了要把嫉妒转化为美妙的欣赏，这实在太棒了！

妈妈告诉你，班长晓雨她英语考得好是因为她付出了更多的努力，她上课总是那么认真听讲，课后还经常坚持复习，并且还一直坚持增加课余的学习，所以考得好不是因为上帝照顾她，让她运气好，而完全是她付出的努力比你多，好成绩完全是对她努力的回报。但是，她的优秀，你完全没必要嫉妒她，你也可以通过自己的努力得到同样的回报。

你说：“可是她样样都好，难道她什么都比别人努力？我觉得她完全就是靠幸运。”

噢，儿子，你真是一个善于思考的孩子，妈妈告诉你，只要是她付出努力比别人多的事情，就会比别人好，而不努力的事情绝对不可能比别人好。譬如她的钢琴，因为压力大就放弃了，那这方面她就不可能会比你好。还有，她身上有很多优点值得你学习，但也不可能所有的东西都比你优秀，妈妈相信你身上也会有值得她学习的地方，比如你经常对人生的思考、对自己常常的反省，还有你充满创造性的思维（玩了游戏就懂得自己编游戏，看了武侠片就懂得自己编武侠故事），还有你良好的音乐天赋和现在很棒的钢琴水平……所以，一定要相信自己也有很多比她优秀的地方，一定要相信自己也是很棒的孩子！

后来，妈妈跟你详细分析了你的试卷，发现所扣的那点分数的确是由于你粗心导致的错误，一个是图画上一张书桌（desk），而你看成了桌子（table），还有一个地方是复数books，而你漏掉了“s”。因此妈妈告诉你，老天不会对谁不公平，只要你下次考试更加细心、认真，一定会考出更好的成绩。

经历了这次成功的自我开解之后，妈妈希望你以后更加自信、更加宽怀，不再去羡慕和嫉妒任何人，一旦真的再产生这种感觉的时候，你会像今天一样智慧地开解自己，让自己迅速地从那种感觉里跳出来，把它转化为美妙的欣赏！

2009年1月18日

妈妈心语

每个孩子在成长过程中都会体验到嫉妒，若不及时排解，发展下去，就会转化为仇恨，扭曲心灵，失去快乐，所以引导孩子放开胸怀、增添自信，接受别人的优秀、欣赏别人的优秀、学习别人的优秀，这是重要的心理健康教育。

第十三章　反省：让你心胸开阔的秘诀

不能深刻地认识自己、检讨自己、改良自己，都是因为缺乏自我反省，因此，妈妈希望你从小就养成自我反省的习惯，不苛刻地要求别人，常常认识到自己的不足，并且懂得改进和提高。

养成换位思考的习惯，会让我们少受很多气、少生很多烦恼。学会换位思考，就像通过一面镜子看到了一片美丽的天空，会使你的心胸豁然开朗。

常常拿别人的优缺点当镜子

给爸妈的一个惊喜

孩子，今天早上，你给了爸妈一个惊喜，在爸妈还没起床时，你就自己起床了，你自己换好衣服，然后去洗刷，等待爸爸起床带你去参加一个环保活动。

妈妈发现了很惊讶，平时你总是起不来，要爸妈把你的衣服收拾好了催你起床，有时候你还会赖着不起床，今天实在是太反常了。

你告诉妈妈说："唉，张志毅那么小，他都能自己起床，不用大人照顾，我为什么就不行呢?!"

这时，妈妈才恍然大悟。原来，昨晚跟你说过你的小朋友志毅的表现，他因为上学是在小区里，每天就自己起床和料理自己，也不用父母送，有时去上学了父母还没起床。当时听了这些，爸爸妈妈都十分羡慕，想着自己的孩子每天都要大人先准备好衣服叫你起床，不觉非常感叹。儿子，没想到你听后记在了心上，今天一早就改变自己了。你真棒，会吸取别人优点的孩子就是最聪明的孩子。

每个朋友都是你的"镜子"

孩子，妈妈常常跟你说，每个人都有优缺点，一个孩子要让自己不断进步，让自己越来越完美，很关键的一点就是要学会欣赏和吸收别人的优点。相反，那种总是自以为是，跟谁相比都以为别人比自己差，或者死不认差，不愿意吸取别人优点的人是很愚蠢的。

孩子，为了让你常常拿别人的优缺点当镜子，妈妈经常会跟你一起分析你们班上几个比较要好的孩子的优缺点。你是个观察力很强的孩子，并且也很善于思考和总结。你说："王胜乐心胸比较狭窄，心态不大好，跟大家玩的时候总说别人欺负他，有时候大家玩着玩着发生了争执就打起来，他就说人家欺负他。”你还说，他妈妈来接他的时候也常常跟小朋友说：“你们不要欺负王胜乐啊。”有一天，当他妈妈这样对别的孩子说这话时，你这小家伙竟然走过去对他妈妈说：“唉，人家也不会无缘无故欺负你的孩子。”并且你告诉妈妈说，你只是用一种很平常的语气说的，只是想提醒一下她。

妈妈听了笑得可开心了，你这“小老成”有时候真是好可爱啊。你说对了，儿子，跟同学玩在一起要有一颗平常心，大家都是孩子，是平等的，谁也不会无缘无故去欺负别人，跟别的孩子有矛盾争执甚至打来打去都是正常的，只要心态好、胸怀宽，过后就不把它当回事了。

然后，妈妈问你：“那王胜乐的优点呢？你有没发现他的优点？”

你说：“有啊，他不是帮我复印过好几次《小学生数学辅导报》吗？而且第一次完全是他自己主动帮我的。”

是啊，儿子，看来助人为乐就是王胜乐最大的优点，要做到这一点是很不容易的。你看，你自己没有这份报纸，老师布置的作业你就没法完成了，幸好有王胜乐这样懂得帮助别人的好同学，你才能完成作业，并且更了不起的是，他坚持给你复印了好几次。于是，妈妈问你：“以后你的同学遇到需要你帮助的时候，你愿不愿意帮助别人？”你说：“当然愿意了。”

然后你跟妈妈又分析了好几个同学的优缺点：有的同学太爱哭，有的同学喜欢讲粗口，有的同学很容易被激怒，有的同学一点小事都要报告给老师知道，有的同学好胜心太强，考不到第一就要哭。当然，他们每个人的身上也都有优点，有的同学上课很认真听讲，经常被老师表扬，有的同学在关键时刻会关心和帮助同学，比如上次你遇到流鼻血的时候，那个很喜欢报告给老师的同学首先就给了你一张纸巾。还有一次你跟一个同学打架还被老师批评，你哭了，上课时，一个男同学传过来一张纸条，你打开一看，写的是“你没事吧？”当时你很感动，觉得这个同学是真正关心你的。

儿子，通过你们一些细微的故事，妈妈发现，孩子的内心世界是多么复杂微妙和可爱。妈妈提醒你，你也应该学会关心同学，你答应了妈妈。

你最欣赏的一个同学

在分析你同学的优缺点时，儿子，你最欣赏的是谢建的心态，说他最不容易被激怒，遇到什么事也不报告老师，自己也很少生气。你告诉妈妈，有的同学生气时会咬牙切齿，而谢建从来不这样。你说，记得他曾经弄烂你的画纸时，你气得叫另两个同学拉他“下地狱”（整治他的意思），但你细心地观察他脸上的表情，你说，他只是表现得有点无奈的样子，并没有很生气也没有很伤心。你说，就算他遇到被同学捉弄或打他，他也不会很愤怒的样子，有时哭一下就算了。

儿子，妈妈告诉你，谢建的性格和心态这么好，他的生活是最幸福的。当时我们说这些的时候正好是秋天的傍晚，妈妈带着你在一个露天餐馆吃饭，妈妈告诉你，谢建的性格就像现在的天气一样，一直吹着微微的秋风，让人感觉非常舒适，而不像其他那些很容易被激怒的孩子一样，一会儿电闪雷鸣一会儿暴风骤雨的，妈妈希望你能向谢建学习，把什么事都看成小事，做一个心态稳定和勇敢无畏的男子汉！

用“镜子”照出自己的优缺点

儿子，分析你同学的优缺点，就像一面面镜子一样，可以把你自己照得很清楚。妈妈又跟你分析了几个和你经常往来的朋友的优缺点。

你说：“琳琳的优点就是很聪明、画画很棒，又会做小主持人，而且表演弹钢琴时弹失败了也不伤心不发脾气，她的缺点就是性格不好，很娇气，又爱跟父母顶嘴。希希的优点就是很乖、很懂事、很有礼貌而且会帮助父母做家务，缺点就是做事情很慢，有时候假装听不见父母叫她。”

噢，儿子，你实在太会总结了，看来，你的小朋友的优缺点都被你看在眼里记在心上了。接着，妈妈又跟你分析了小朋友志毅的特点：他兴趣很广泛，什么都愿意学，学了武术、书法、唱歌、下围棋，现在还学了钢琴，很听妈妈的话，妈妈叫他学什么他就认真学什么，并且他很会关心妈妈，每次出门都会主动帮妈妈提东西，在家里又很节约用电。妈妈告诉你，他还有一个优点，就是好吃的东西宁愿自己不吃，要留给妈妈吃，这说明他很爱妈妈，懂得回报妈妈的付出。噢，志毅的优点好像最多。

紧接着，妈妈分析了你的优点。儿子，你的优点也很多：脑子很聪明，知识很广博；很讲道理，心胸比较开阔，跟同学闹了别扭很快就原谅他们了；你学习钢琴持之以恒，天天坚持，现在已经过了四级的考试。最近，在你身上发生了很多变化：一个是每次出门都会帮妈妈提东西，上学和放学从不要妈妈帮你背书包，去钢琴老师那儿总是自己提着重重的琴谱，很像个男子汉，而且变得很勇敢，打针、抽血一点也不怕，需要喝很苦的中药也不怕；还有，性格比以前开朗了很多，到妈妈单位能主动叫叔叔阿姨好，见到老师和同学开始懂得打招呼了；还有，开始懂得和爸妈分享好吃的东西，不会像以前那么自私了……

儿子，妈妈发现你很多很多的优点和进步，认为你确实是一个很棒的孩子，只是有一个弱点让爸妈不满意，就是经常跟爸妈顶嘴，对父母说话有时不够礼貌，还有一次很严重，竟然敢发脾气拍桌子，这是你最不可爱的地方，就像一块美丽光滑的白玉，偏偏上面弄了一块污点，影响了整块白玉的美丽和光华。

“儿子，告诉妈妈，你能不能通过自己的努力把这一小块污点去掉，让自己成为一块完美的白玉？”

“我试试吧。”

“儿子，你回答得不够自信，妈妈相信，只要你努力去克服，一定能改变这个影响你形象的坏毛病！”

2008年2月22日

妈妈心语

常常与孩子一起分析一些小朋友的优缺点，让孩子在比较中发现自己的优缺点，然后通过鼓励增添他的上进心，让他乐意吸取朋友的优点来提高自己，这是一种有效的激励办法，也是培养孩子自我反省习惯的好做法。

养成自我反省的好习惯

今天，在妈妈跟你一起看一部武侠片的时候，看到一些残忍杀人的镜头，你忽然想起了一个话题，说："妈妈，我以前说为了你我可以付出生命，但是我担心假如真有人用刀架着我的脖子，说只要救你就要杀了我的时候，我怕我还是会怕疼和怕死。"

妈妈看着你很是歉疚的神情，告诉你怕是正常的，每个人都会怕，但是在真正遇上危难的时候，你能不能因为对妈妈的爱而战胜自己的胆怯，那就要看你在那一刹那间的勇气了，这不是事先可以分析的，因为一个人潜在的力量和勇气是不可估量的。

孩子，很多事情在没有发生时都是不可想象的，就像妈妈也认为，为了你妈妈可以付出自己的生命，但是真正在危难的时候，妈妈究竟有没有足够的勇气和力量，这也是难以想象的，又或者妈妈会表现出超乎寻常的勇敢和坚强，那也是完全可能的。不管怎样，妈妈还是表扬了你自我反省的品质，作为孩子，能够具备自我反省的习惯，一定是一个优秀的好孩子。

妈妈告诉你，一个人智慧的高低、心胸的宽窄，很关键的一点就是看他有没有反省的品质。有些人一直到老还很愚钝，什么事都自以为是，什么事都看不惯别人，就是因为他们不懂得去反省自己，没有找到那一面照亮自己的镜子，看不清自己，也看不清别人。

一个习惯于反省自己的人，他会发现，其实许多别人有的弱点，自己身上也有，别人常犯的错自己也犯，其实自己和别的普通人没有太大的区别。一个经常反省自己的人，会获得普通人没有的智慧。因为他看问题的眼光会更加宽广、更加高远、更加透彻（就是更加清晰和彻底的意思）。所以，孩子，妈妈希望你从小就养成常常反省自己的习惯，不苛刻地要求别人，常常认识到自己的不足，同时懂得原谅自己和原谅别人的过错。

当自己和别人发生矛盾和冲突的时候，首先反省自己，而不是只会责怪别人，也许错误确实主要在于别人，但自己也不会没有责任。很多人都知道"一个巴掌拍不响"的道理，但是当自己跟别人发生矛盾的时候，却又常常忽略了自己那一“巴掌”的责任。

当老师或父母批评你的时候，不要抱着一种逆反的态度，认为老师或父母对你不好，首先要反省自己的行为，只要自己做好了，不可能会遭批评，假如真的做好了还受到不该有的批评，那么大人的错大人会负责任，事后大人会反省会改正，你也不必斤斤计较。

当看不惯别人行为的时候、想指责别人的时候，首先反省一下自己有没有类似的问题和弱点。

当你想嘲笑别人的弱点、想揭别人短处的时候，放在别人的角度考虑一下问题，也放在自己的角度考虑一下问题，想想这样做是否会刺伤别人，也想想假如别人这样对待自己，自己又会怎样？

在你成长的每一个阶段，常常反省和总结一下自己的优缺点，和自己的同学、朋友作一个对照，改正不足的、发扬优秀的，你就会得到更好的长进。

儿子，要知道你是一个很善于反省的孩子，昨天你对妈妈说：“妈妈，你整天为了我付出那么多，浪费了年轻的时光，否则你和爸爸可以整天享受爱情、享受休闲多好啊，你觉得这样为了我值得吗？就算以后我能给你一点回报，但是到那时你已经老了，享受什么都没意思了。”

儿子，妈妈听了你这段话实在十分惊讶，没想到一个小脑袋已经这么深刻，这么善于反思问题。妈妈告诉你，为了自己的孩子付出再多都是值得的，因为你的生命就是妈妈生命的延续，所以只要你表现棒，只要你健康快乐地成长，妈妈就觉得很幸福！

儿子，只要妈妈给你一点提示，相信你会慢慢养成自我反省的习惯，养成了这良好的习惯，你一定会成长为一个非常懂事、胸怀宽广的好孩子！

2009年1月13日

妈妈心语

自我反省是人类珍贵的品质，只有善于自省的人才会深刻、豁达，才会有良好的为人，而不至于自以为是、唯我独尊，所以引导孩子养成自我反省的习惯，对孩子形成良好品质和具有宽广胸怀有着深刻的影响。

做错事时要敢于承担责任

昨天放学时，妈妈在接你回来的路上，向你了解今天在学校所发生的事情。你告诉妈妈，你和梁旭强吵架了。妈妈向你了解详细情况，开始你不肯告诉妈妈，妈妈要你说出来，跟你分析一下你们谁对谁错，于是你描述说：“曾加立弄了很多杂草到梁旭强的箱桌里，然后嫁祸于我，梁旭强就想来打我，于是我就跟他吵起来了。”

妈妈说：“假如不是你做的，你可以解释啊。”

你说：“我怎么解释他都不听。”

妈妈再说：“那你可以找曾加立作证啊，让曾加立说实话，如果还敢再诬赖你，你就去告诉老师。”

你说：“曾加立不肯作证。”

说到这里，妈妈对这件事情已经有了一个基本的判断：平时曾加立跟梁旭强很少玩在一起，而你却是经常跟他玩在一起的，并且，假如真是被曾加立诬赖，以你很强的表达能力，不可能解释不清，更何况最近你已经发生过一次指使别人去干恶作剧的事情了，因此这件事很有可能就是你指使甚至是你参与干的。于是，妈妈引导你说：“儿子，你告诉妈妈实话，妈妈不批评你，因为每个孩子都会干些不懂事的事情的。”

你果然说实话了，你说：“这件事确实是我跟曾加立一起干的，因为我想考验一下梁旭强，他那么小气，对一点小小的事情就那么生气，还来哭。”妈妈告诉你，梁旭强已经进步了，以前他什么事都去报告老师，这回他只是哭了一下，他一定是看在你是他好朋友的面上，要不他告诉老师，你会挨老师一顿批评的。没想到你说：“假如老师说我，我就把责任推到曾加立身上。”

儿子，这一句话里反映出了一个多大的问题啊！妈妈吃惊地看着你，你说：“我是在《神探狄仁杰》那里学来的。”

儿子，虽然这只是一句孩子幼稚的话，但还是暴露了你的问题，说明你是一个不敢于承担责任的人，这样一个男孩长大后一定不能成为一个胸怀坦白的男子汉。儿子，不敢于承担责任的人是让人瞧不起的小人，而那种要把责任推给别人的人，就是让人憎恨的无赖了。儿子，你想想看，假如这事是别人干的，然后他把责任推给你，诬赖你干的，你会怎样呢？你一定会气得要命对不？所以这种诬赖别人的事是绝对不能干的。

今天上午放学后，你告诉妈妈，你写了一张小纸条给梁旭强，偷偷放在他的桌面，用笔盒压住。妈妈问你是怎么写的，你说反正就是说了“对不起”，详细的内容你没有告诉妈妈。妈妈表扬了你，称赞你是一个知错能改的好孩子。并且，敢于承认自己的错误，这才是一个真正的男子汉。可是你依然担心梁旭强会不原谅你甚至说你不是真心的。妈妈说你要对自己有信心，也要对自己的伙伴有信心，相信他和你一样是个胸怀宽广的男子汉。

果然，下午放学回来，你告诉妈妈，梁旭强跟你和好了，说他在上体育课的时候，主动跟你和另外两个朋友一起组成四人小组，一起做列队训练。这时，你跟梁旭强的友谊完全恢复了。

妈妈告诉你，假如你不敢于承担责任，不敢于向他认错，很可能就会失去一个很好的朋友。儿子，妈妈相信，在以后的日子里，当你做错事的时候，一定会和这次一样，敢于承认错误，做一个真正的男子汉，做一个心胸宽广受人欢迎的人！

2008年9月26日

妈妈心语

孩子做错事不敢承担责任是常见的问题，假如得不到及时的纠正和有效的引导，很容易形成逃避责任和推卸责任的习惯，这是为人品质最常见的污点，因此一定要在这污点“萌芽”的时候就及时拔除。

懂得换位思考会使你心胸开阔

孩子，从你六岁开始，妈妈就常常在实践中灌输你一个理念：换位思考。你是一个善于思考和懂得反省的孩子，因此在妈妈常常提醒你换位思考的时候，你便明白了很多事理。换位思考在一个人成长的过程和与人相处的过程中是十分重要的，只有懂得了换位思考，你才会成为一个懂事、讲道理和胸怀宽广的棒孩子。

孩子，记得以前，当你见到麦当劳、肯德基、多美丽之类的西餐厅时，总忍不住要爸妈带你去吃。那些餐厅里大多是油炸的东西和饮料，都是“垃圾食品”，父母为了说服你不要去吃这些东西，曾经跟你分析了它们的几大坏处：一是油炸的东西很“热气”，容易导致你扁桃腺发炎，还含有致癌物质。饮料也不是好东西，因为它里面含有防腐剂、色素甚至兴奋剂等对身体有害的东西，尤其是对孩子的生长最不利。还有，那些东西弄得很香，就是专门来骗孩子的，很多孩子都受不了它们的诱惑，于是上当了，让父母白白花了很多钱，又影响了孩子的身体健康。儿子，爸妈跟你讲了很多的道理，你闹着要去吃那些东西的机会少了，但有时候仍然受不了那些东西和那种环境的诱惑，每当路过，总还是很想进去。

直至最近，妈妈引导你使用了换位思考的方法，你终于能理解爸妈对你的爱护，不再缠着我们带你去吃那些不该吃的东西了。因为妈妈问你：“儿子，假如你是父母，你的孩子要缠着你去吃那些有害他身体的东西，你要不要负责任劝他不要吃啊？”你在思考着，妈妈再问你：“假如吃了那些油炸的东西会导致癌症，你会不会让你的孩子去吃这些啊？”

善辩的你说：“可是那么多人吃那些东西，为什么他们不会得癌症？”

妈妈告诉你，其实，很少人会经常去吃那些东西，而经常吃那些东西的人很可能就会得癌症或者是导致身体其他方面的问题。

你不辩驳了，说明你已经接受了妈妈的道理，此后，你果然很少闹着要去吃那些东西了。

每当在教育你遇到障碍的时候，妈妈就会问你：“假如你是父母，你会怎样去教育孩子？”这的确是十分奏效的办法，用这个办法，妈妈让你明白了很多事理，也让你变得更加配合父母对你的管教了。

学会换位思考，就像通过一面镜子看到了一片美丽的天空，会使你的心胸豁然开朗。

儿子，当你因为中午在学校休息时讲话影响别的同学受到老师的批评时，妈妈让你换位思考：假如你是老师，学生总是不守纪律影响别人，你要不要批评这个学生？

当同学因为不小心弄烂了你的画纸而你不原谅同学的时候，妈妈启发你：每个人都会有不小心做错事的时候，比如你有时不小心打烂杯子，有时不小心弄坏墙壁，不小心弄脏沙发，爸爸妈妈是不是都要原谅你？

当你受了不该受的委屈（比如有时老师态度不正确）时，妈妈还是用换位思考来开解你：做你们的老师实在是太辛苦了，平时妈妈管你一个都觉得累、都觉得难管，何况老师要管你们几十个孩子？你想想，有的孩子故意调皮捣蛋、有的孩子多嘴多舌、有的孩子欺负别人屡教不改，这样老师的压力大不大？心情容不容易烦躁？所以，老师偶尔态度不大好是完全可以理解和原谅的。就像妈妈一样，有时候因为心情不好也会对你态度不好，而你也一样，有时心情不好就会对妈妈态度不好、不讲道理。每个人都是这样，总会有偶尔情绪失控的时候，这是完全可以理解和应该包容的。

孩子，学会换位思考，你心灵的天空就会广阔无边、阳光灿烂！

2008年5月3日

妈妈心语

换位思考的确是培养宽广胸怀的有效途径，也是解决教育障碍的有效办法，培养孩子养成换位思考的良好习惯，对孩子的成长和思想的成熟将有很大帮助。

一次可贵的换位思考

今天早上送你上学，爸爸开车，妈妈和你坐在车里。当车开到一个没有红灯的小道口时，很多行人一起涌了过来，妈妈因为怕你迟到而有些着急，感叹了一声：“唉，这些人挺烦的。”

你立即说：“妈妈，你想想，假如你是这些行人，你一定会说我们这些车挺烦的，老是影响人家过马路，但是现在我们在车上，就说这些行人挺烦的，那你说你应该站在哪一边？”然后，你告诉妈妈，你站在行人这一边，你说：“在美国，都是车子让给行人，没有行人让给车子的。”

妈妈想起在美国马里兰州生活的那段日子，每当到了路口，总是车子让给我们这些行人，要是行人不好意思，想要让给车子，车主就会探出头来，再次示意行人先行，对如此文明的礼让，我们曾十分感慨。想到这里，妈妈立即跟你说：“儿子，你说对了，妈妈也应该站在行人这一边。”妈妈对你懂得了换位思考而十分欣喜，这不是件容易做到的事情——不管是大人，还是孩子。

妈妈高度赞扬了你这次可贵的换位思考，希望你以后再碰到问题时也能这样换位思考，反省自己，而不是去抱怨别人。养成换位思考的习惯，会让我们少受很多气、少生很多烦恼，学会换位思考，我们的心灵世界会变得广阔、和平和美丽。

2008年5月18日

“我要改变他对我的印象”

今天上午你放学回到妈妈办公室的时候，妈妈见你脸上有一个破皮的伤痕，经仔细观察，猜出是被同学弄伤的，于是问你是怎么弄伤的。你说：“是我不小心碰到铁搞伤的。”妈妈看着你的神情，很容易猜出你没说真话，于是微笑着问你道：“儿子，告诉妈妈真实的情况，妈妈不批评你。”可你还是说是碰伤的，出于好奇，妈妈更加想知道真相，于是很真诚地跟你说：“儿子，妈妈看得出是被同学弄伤的，不过妈妈真的保证不批评你，来，我们拉手保证。”于是妈妈跟你拉手保证。

你看着妈妈一直微笑着，终于告诉了妈妈真相：在你和谢建玩的时候，他一时动作粗鲁，用手刮伤了你的脸。妈妈看着那一小块破了皮还有血迹的伤口，担心你报复他，于是问你道：“你有弄回他吗？”你说：“我只是捏了一下他的手，没有弄伤他。”

在午睡时，妈妈问你：“儿子，为什么这件事你要瞒着妈妈呢？”你说：“我是怕你要叫我去捏回他，因为我不想伤他，我想改变他老是觉得我称王称霸的印象。以前我为了不让他说粗口，老是打他、教训他，然后他就更加说粗口，用这种方法根本改变不了他，而他还觉得我总是称王称霸欺负他，后来我就想：假如我变得很文明来对待他，他还会对我说粗口吗？所以最近我都不打他了，就算他不小心搞伤了我，我也不打他，我感觉他现在已经变好了一点了，很少说粗口了。”

妈妈听了非常惊讶，没想到一个小脑袋那么善于反思问题和检讨自己，并且懂得自制。

妈妈赞扬了你自我反省的品质，并告诉你，妈妈不会叫你去捏回他，只要他对你表示了歉意就应该原谅他，同学之间应相互包容、相互尊重才对。以前他常说粗口，你就教训他的确是方法不正确，现在改为用自己文明的行为来感化他和带动他，这的确是一个很明智的做法，这足以说明你的智慧提高了，妈妈为你感到高兴。

2009年5月16日

今天妈妈向你道歉

今天晚上，在你写作文时，妈妈对你出现了情绪失控的批评，这证明妈妈也有表现不好的时候。在你睡觉前，妈妈真诚地跟你道歉，以后妈妈一定会努力改进。

儿子，你不知道，教育孩子实在太考验我们父母的耐性了。在你写作文时，针对“的、地、得”三个字的用法，妈妈跟你讲解了无数遍，每一次都耐心地跟你分析、举例，可你还是没有掌握下来，每次用到这三个字时，你总是漫不经心地用错，这让妈妈有些生气，但是妈妈还是没有批评你，等待着哪天你就顿悟了。

后来，妈妈又发现你把“在”和“再”两字的用法也搅混了，于是又耐心地跟你分析它们用法的区别并反复举例进行训练。今天，在写作前妈妈又跟你进行了一次讲解和训练，可是当你把作文写完后，妈妈仍然发现有一个“再”用成了“在”，于是要求你细心阅读检查，把容易错的字找出来。

你粗心地读完了一遍，完全没注意到那个别字。妈妈要求你再细心检查一次，一字一句地点读，可是当你读到“没‘在’倒回去”时，一晃就过去了，完全没在意。妈妈再也忍耐不住性子，大声地骂了你一句“蠢货”，还按压了一下你的头，很生气地指着那个字说：“看清楚，在这里！”当时，妈妈真的情绪失控了，想起“的、地、得”三个字教了你无数遍还没掌握下来，这个“再”字又是反复教都教不会，心里就有一股火气，觉得你不够用心，于是终于发火了。

可是过后没多久，妈妈就后悔了，想着每次教你的时候，你都认真地听讲和配合，只是这几个字的用法，也许对于孩子来说的确是有难度的，想起一些大人对于“的、地、得”和“做、作”等字都一直搞不懂，妈妈就觉得对你发脾气是错误的。

虽然只是一件小事，却说明妈妈对孩子的教育还是欠缺耐心和修养，因此，妈妈真诚地对你说：“儿子，对不起，妈妈不应该对你这种态度，以后妈妈会改正。”并且对你也提出了希望，希望你以后更加认真地配合妈妈的引导和指点，在用到那些容易错的字时要先动脑筋思考，并在写完作文后主动检查阅读，对容易错的字反复琢磨，这样才能更快地长进。

你说："妈妈，其实我确实是不够认真检查，一写完就算了，你叫我检查我也是不用心的。"

"噢，儿子，你能认识到错也说明你很棒，妈妈相信你是个懂事的孩子，以后一定要改正态度，认真对待学习，写完作文后一定要认真阅读，找出错别字，修改不通顺的语言，不再惹妈妈生气了！"

2008年12月14日

妈妈心语

在出现对孩子批评错误或态度不当的时候，父母也要懂得向孩子道歉，这样就树立了一个敢于承认错误和承担错误的榜样形象，并且更容易感化孩子，激发孩子进步。

希望你和妈妈一起进步

今天，你的情绪不大好，这大概是跟身体有关系，有时候睡眠不足、过于疲劳或身体出现了其他不舒服现象时，你容易出现情绪不好的现象。晚饭后，在爸妈和你一起聊天时，你忽然说起一件事情，你说，曾经在爸爸老家揭阳的时候，你把画好的游戏棋拿给妈妈看，可妈妈看了之后说"一点也不好玩"，当时你伤心极了，直到现在，你还记得很清楚，一想起来还觉得很伤心，说着说着就掉下泪来。

妈妈感觉很吃惊，抱住你，抹着你的泪水，轻声问："儿子，真的有那么一回事吗？"因为妈妈完全没有一点印象了。

你说："真的，因为你不想跟我玩，就说一点也不好玩。"

噢，儿子，假如真是那样，妈妈一定不是故意想刺伤你的自尊心，但是不管当时是怎样的情形，妈妈伤了你的自尊心都是不对的。这让妈妈再次感受到一个孩子自尊心的脆弱，同时也意识到作为我们大人，是应该怎样更加注意维护孩子的自尊、更多地去通过赞扬来激发孩子的自信。

为此，妈妈很真诚地向你道歉，告诉你，其实妈妈心里一直觉得你画的迷宫和游戏棋都很棒，当时说你画的游戏棋不好玩可能是说气话，是妈妈表现不好，现在妈妈已经在不断改进了，因为妈妈经常自我反省，在反省中自我批评，在批评中不断进步。

记得曾经还发生过一件事情，这件事也给了妈妈很大的警醒，鞭策着妈妈以后对你会更加的耐心和文明。那也是两年前的事了，那时你刚上一年级，写字总是把头压得很低，每一次写字，都要妈妈不断地提醒你注意脑袋，稍微一不提醒，你就会把头低下去。那时一想到你将因此很快就会近视，心情总是很焦急。一天，经妈妈反复提醒，你还是毛病不改，妈妈见了十分生气，把你的头按压了一下说："你就这样写吧！"说完还生气地把门关上不再管你了。

这事过后不久，你告诉妈妈说，你做了一场噩梦，梦见妈妈骂你，还把你的头压下去。这事让妈妈十分内疚，决心改正态度。

回忆在你一、二年级时，妈妈有时对你比较急躁，见你有些字不会写就责怪你不认真听课，一些数学题不会拐弯就说你怎么那么笨。我们大人常常会把一个孩子当大人来看待，这是错误的。孩子上课时会走神甚至不认真听讲都是正常的，假如孩子懂事得跟大人一样反而是不正常的。还有，孩子没有把课堂中的知识完全掌握也是正常的，假如在课堂中完全掌握了，那还要复习和做作业干吗呢？因此，妈妈不断地反省自己，不要把孩子看作大人，有这样那样的问题才是正常的，要不孩子他就不是孩子了。

妈妈不断地调整心态，对你越来

★在以后对你培育的漫长道路中，妈妈会不断地反省自己，不断地总结经验，不断地改善方法。妈妈会不断努力，而你要配合妈妈的教育，并且和妈妈一起进步，妈妈争取做一个最棒的母亲，而你，一定要争取做一个最棒的孩子！

越耐心、越来越尊重，对你的鼓励也越来越多。在妈妈的这种改善中，我们一家子越来越温馨。现在，妈妈很少批评你，而你对爸妈的尊重和配合也做得越来越好，这大概就是良性循环吧。

在以后对你培育的漫长道路中，妈妈会不断地反省自己，不断地总结经验教训，不断地改善方法。“儿子，为了更好地教育好你，使你成为一个自信、勤奋、上进的孩子，妈妈会不断努力，而你要理解和配合妈妈，并且和妈妈一起进步，妈妈争取做一个最棒的母亲，而你，一定要争取做一个最棒的孩子！告诉妈妈，你能做到吗？”

妈妈见你很肯定地点头答应了。

2008年12月23日

妈妈心语

在教育孩子的漫长道路中，父母也要不断地反省、过滤和总结，及时纠正对孩子教育态度和教育方法存在的问题，才能不断地增长教育智慧。

后记

做美丽妈妈

今生今世，做不成一个外表出众的漂亮女人，却努力想做个美丽妈妈，因为这是每一个相貌平平的母亲都拥有的权利。

每个孩子都是纯洁的精灵，母亲美不美、可不可爱，在他们的心目中，自会有一套细微的标尺，他们的眼睛是一面最澄澈的明镜。

在我看来，要做个美丽妈妈是不易的，她需要用无数美的元素来凝聚和装点，就像一块精美的白玉，质地精纯，由里到外透着光辉。在我看来，构成美丽妈妈的元素很多，包括内涵、修养、人格和品质，要自信，要温柔，要善良，要豁达，要勤奋和坚毅，更高一点的要求，还要增添知识和才华，活出大智和大爱……

我相信自己在培育孩子的过程中，与孩子一起在成长。岁月无情，孩子在长大，我们在变老，但我相信，岁月在催人老的同时，会赋予我们应有的智慧，而正是这些智慧，让我们去带领孩子，让孩子的人生走向健康、幸福和圆满，这是为人父母的天职。直至近日，我才明白了一个一直追索的终极问题——人生的价值究竟要靠什么标尺去衡量？如今，在我看来，就是看是否担当好了自己生之为人应尽的各种角色，包括自我角色、家庭角色和社会角色种种。而最美的人生境界，便是在追求担当好社会角色、家庭角色时达到了忘我的境界，把自己的快乐完全融入到别人的快乐中去，以最大程度担当好我们为人子女、为人妻、为人母和为社会一员的角色，活到老，修养到老，奉献到老，争做一个好母亲、好妻子、好儿女以及对社会有用的芸芸众生中的一员，去爱国、爱家、爱自己、爱人类，活出一种力量、一种热情、一种大爱。这样的人生，自然是无上充实、饱满和美丽的！

平凡如我的角色，于社会，想必是做不出什么大事业、大贡献，但至少，我希望自己首先能担当好这个母亲的角色，希望有朝一日，能通过孩子那澄澈的双眼，看到自己形象的美丽，于自己平凡的人生，也算是一个交代。

对孩子的要求，我同样会用那美丽人生的标尺，去引导他，培育他，只要他慢慢懂得努力去担当好各种自己应尽的责任，便不枉费我的努力。我的孩子，他不是天才、不是神童，就是那么一个普通的、在健康快乐成长的孩子，可因了他的普通，他的健康和快乐，我的内心已充满幸福和感恩！

这本书，是我与孩子谈心的内容记录。也许因为心灵的朴实、情感的真实，打动了很多父母朋友以及朋友的朋友，他们相互推介，并期盼着书的早日出版，因此更打动了我。在付印之前，我的内心里有道不完的感谢，除了他们，还有同样是被书中真情感动了的编辑刘志一先生。刘博士他原本并不认识我，我也不是什么知名作家，他却执著地要编辑出版我的书，因此而付出了许许多多的努力，他那份单纯的责任感，让我深深敬佩！

同时，允许我在这里感谢我儿子所在的学校——广州市人民北路小学（现已合并为八一希望学校）的领导和老师，他们很注重孩子素质的教育，从不给孩子太重的学习任务和压力，关注着孩子的健康成长，使孩子得到一种比较宽松的成长环境，这让我感到庆幸和安慰。多么希望，每一个孩子，都能得到宽松愉悦的成长环境——这一美好的愿望，需要我们每一个为人师长、为人父母共同去努力！

这部书，详细记录了几年来我辅导孩子心灵和学习上出现的常见问题的谈话，其中的问题，是每一个普通孩子都可能遇上的，包括抱怨、自卑、胆怯、嫉妒、说谎、意志薄弱和自控力差等，假如这些谈心记录，能带给父母读者或者孩子，一点启迪、思索和共鸣，那么，也算作为我执著追求做个美丽妈妈的一点鼓励吧！

晴雪于2009年11月

附录一 作者絮语

感谢上帝 感谢孩子！

真正懂得感恩，是在我有了孩子之后，也许只有获得了生命中最珍贵的赠与，幸福的光辉才会照亮那一颗感恩的心。得到一个健康的孩子，我把他视为生命中最珍贵的礼物。常常想，假如把整个世界的财富和最高的权力都献给我，来换我的这个孩子，我无论如何是不会答应的。偶尔想起武则天为了夺取一个皇后之位甘愿亲手捏死自己初生的孩子，我就十分讶异于她的“伟大壮举”——如我般平凡的一个母亲，就是拿把尖刀架在脖子上也不会干得出来的。孩子完全是自己生命的一部分甚至可以说是自己生命的转化，杀掉孩子，与杀掉自己何异？

正因为获得了一个孩子，我才真正感觉到自己是一个幸福的女人！《乱世佳人》中男主角白瑞德在与思佳丽有了孩子宝妮后，完全变了一个人，原本那么浪荡不羁的公子哥儿变得那么彬彬有礼，见到每一个熟人都会摘下礼帽行个礼，脸上写满幸福的笑容。那种在做了父亲后对生命的礼赞与感恩，作者描绘得多么深刻！

对孩子的珍视，绝不是传统的传宗接代观念的影响，而是对于生命体验这极大馈赠的感恩！假如说短暂的生命体验是“过把瘾”，那么我觉得，生养孩子就是最大的“过把瘾”。从怀孩子到生孩子到抚育孩子，从这丰富的体验中我似乎窥视到了生命的所有秘密！生育孩子的路子我一直走得不大顺利，吃了很多苦、受了很多磨难，但作为得到一个孩子的代价，我认为一切苦难都是值得的。

自从怀上这孩子，我就得了怪病，腰一直疼痛不缓，开始以为是早孕反应导致的不适，但是一直到生，没有一天舒缓过。因为腰痛，无法安睡，正躺不行，侧卧更不行，每夜只能睡两三个小时，常常从床上睡到椅子上，又从椅子上睡到地上，无所适从、不得安宁，后来还有呼吸困难的感觉，家里买回了氧气袋，常靠吸氧来缓解。

怀孕的九个月，因为太难熬，显得十分漫长。由于睡眠过度缺乏，头发一堆堆地掉，头上形成了好几块大瘌痢，爱美的我，在孕期没有留下一张照片。一天天地数着日子，期盼着待到胎儿够35周，就提前到医院剖出来，可是真正挨到35周时，那种对孩子的爱又战胜了自己的痛苦，不断地说服自己：唉，既然已经挨过了这么久，无论如何也再坚持下去吧。直至39周时，医生认为胎儿已经成熟，我才决定到医院把孩子剖出来。

由于长期睡眠不足，心脏出现早搏等不适现象，这样给手术带来了压力。因此在做手术时增加了心脏监测仪。在进手术室时，我却发现自己根本没有应有的紧张和恐惧，手术床徐徐地被医护人员推入，我的心平静和安然，从这时起我开始体验一个母亲的伟大。手术开始了，采取的是锥间腰麻术，感觉有一根粗大的针头刺入了腰间，这种疼痛是能忍受的。可是当医生抚摸着我的皮肤时我依然有清晰的感觉，是因为我高度敏感的身体难以麻醉，在医生一点点开切我的腹部时，因为过于疼痛我请求医生追加麻醉，但医生却说已用到最大分量。当医生掰开我的腹部要取出婴儿时，我感觉到了撕心裂肺的疼痛，这疼痛是终生难忘的。

由于怀孕时母体不适，生出来的孩子身体也不佳，免疫力很差，才14天，孩子就发烧住院了。那么小一个婴儿，打吊针和抽血都是非常残忍的事情，看着孩子一次次插针不成，我的心都要碎了。有一次，护士小姐说我在一旁看着影响她们，就把孩子单独抱进一个房子里去插针。站在房外，听着孩子挣扎的哭声，我心痛欲裂，双脚几乎要瘫软下来。还有一次，抽血时往他的大腿上反复进进出出地插针也抽不出血来，那针头一针针完全是扎在我的心窝里，那种心痛的感觉如今依然十分清晰。

因为孩子的病痛，我不知流了多少泪水，熬过了多少不眠之夜。孩子免疫力差，扁桃腺和鼻腺体肿大，每月都会感染发烧，晚上睡着后鼻子常常由于鼻塞出不了气，要特别监护，让他侧躺甚至要抱着让他把头竖起来睡，因此在孩子三岁前，我每天的睡眠从没够六个钟头。直至现在孩子已经九岁，夜间仍然常常因为鼻塞而需要特别照顾。自从有了孩子，我没睡过一个安稳觉。

抚育孩子的路是艰辛而漫长的，可尽管如此，我从没因此而抱怨过、灰暗过，反而一直带着一颗感恩的心，看着孩子一步步地长大，那种幸福掩盖了所有的苦难。感谢上帝！感谢孩子！他让我的人生变得那样真实，让我完成了人生的许多转换和升华，使我原本那颗缥缈的心回到了踏实的地面。

在没有孩子之前，我是那样的敏感、脆弱、狭隘和容易消沉，那时，常常想，青春是那样短暂，一个女性在青春消失之后她的人生还有什么意义！可当我有了孩子，并且看着孩子一步步地长大时，对于青春的逐步消逝，我接受得是那样自然：原来欣赏自己的心情，自然转化为欣赏孩子，而孩子的面容，是永远读不厌的一本书，他的每一个笑容、每一个眼神、每一句天真的话语，都会让我品味不尽。

在没有孩子之前，我没法想象一个女人没有了男人宠爱，她的人生还有什么意义。那时，在爱情随着婚姻慢慢转化为平静的亲情时，我体验到了内心的失落和惆怅。直至有了孩子，我才发现，对孩子全身心的爱填补了自己内心的虚空，明白了一个女人只要有了孩子，就获得了情感最永恒的寄托。

在没有孩子前，我常常过多地思索人生，被一种所谓看透一切的虚空浸染，陷入一种无意义的悲怆而难以自拔。自从有了孩子，那颗缥缈的心似乎落到了地面，每天面对着孩子，过得那么实在和安详，不再去想那些不切实际的虚空，甚至对于生命的终结，也变得十分豁达和超脱——人生，不正是在这一代一代的传递中完成了它的意义么？死亡成了那么自然的一件事情！

有了孩子，除了完成了我人生中的许多转换和升华，更让我体验到了母子间那种心连着心的至亲至爱的亲情，这至真的亲情，是任何所谓功名、荣华所不可替代的，也是任何其他情感所不可替代的。

体验到了这种珍贵的情感，我感觉自己生活的色彩变了——因为有了一颗真正感恩的心，这个世界的一切都有了光辉。当我行走在喧嚣的街道上，我不再觉得这个街市是如何的烦嚣，我享受着自己的自如与闲适，欣赏着喧嚣街市生活气息的美丽，同时为自己能如此健康地行走而庆幸。我常想，在我的眼睛能看、耳朵能听、鼻子能闻、嘴巴能吃、双脚能走的时候，我没有理由不觉得自己幸福！我不是个宗教信徒，但我实实在在体味到了一种安详、喜乐的心境，有时候，看着孩子一步步地长大，心中会产生一种神秘的念头——是上帝在养育着我的孩子，而不是我自己。总之，我感恩生命中赐予我的一切，珍惜着各种真实的情感，不再让自己的生命在无谓的慨叹中流失光彩。

随着孩子的不断成长，我才发现，相对于一个孩子的教育，生与养都是轻易的事情。在抚育孩子的过程中，什么事情都有可能发生、什么困难都有可能碰上，要培育一个具备良好素质、优秀品质和独特气质的孩子，谈何容易！作为一个尽责的母亲，我在意识到了这一困难之后，默默地把爱转化为一种力

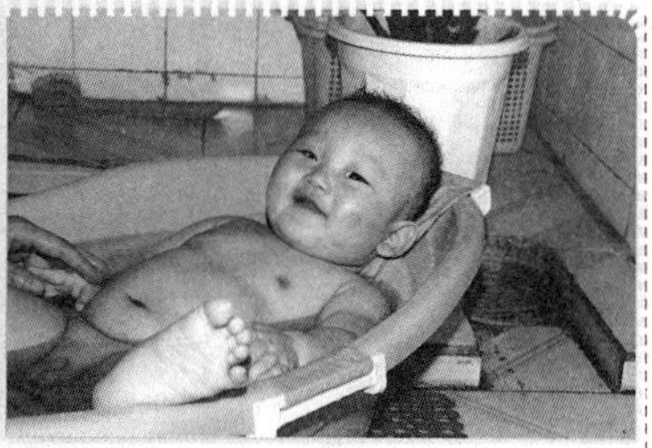

★抚育孩子的路是艰辛而漫长的，可尽管如此，我从没因此而抱怨过、灰暗过，反而一直带着一颗感恩的心，看着孩子一步步地长大，那种幸福掩盖了所有的苦难。感谢上帝！感谢孩子！他让我的人生变得那样真实，让我完成了人生的许多转换和升华！

量，怀着使命和信念，在遇到任何教育障碍时都不轻言放弃……终于有一天，我发现在孩子被感化、教化的同时，这种信念和使命，也进一步完善了自己的生命！

行为是最有说服力的教育！我节制了随时可能出现的粗口和一些不雅的用语，节制了随时可能对孩子爸爸不满的情绪、唠叨甚至发怒；假如真和孩子他爸发生了小矛盾和争执，也会在最短的时间里化解和包容。我变得更加珍惜自己的拥有，常常怀着一颗愉悦豁达的心，从不在孩子面前抱怨生活和工作……总之，我要给孩子营造一种文明、温馨、愉悦的家庭环境，为孩子树立一个平易、豁达、有爱、有信的母亲形象！不知不觉中，一种母性的光辉就在培育孩子的过程中逐步被挖掘了出来，而就在这种对孩子的挚爱中，我看到了生命之花的无私绽放，感受到了它的灿烂、甜美和馨香。

感谢上帝！感谢孩子！

作者于2009年9月

附录二　读者感悟

迷惘父母的一盏明灯

孩子慢慢长大了，各种问题接踵而来：叛逆了、撒谎了、狡辩了、太自私了……这些意想不到的事让父母不知所措，吃惊、愤怒……继而暴跳如雷，又想找到解决方法。本书正好给了我们这样一盏“明灯”，作者从感恩、珍惜、尊重、配合、爱心、自信心等方面入手，通过与孩子真情谈心的方式把人生所包含的重要道理深入浅出地告诉孩子，使孩子在爱的氛围中健康成长。

——豪利士电线装备中山有限公司财务经理　杨荣堂

提高父母修养的“良药”

我的儿子八岁了，特别“牛皮”，每天都会揍他一两顿。当看过这部《好孩子的成长课》后，我感到十分惭愧，也觉得对不起孩子，原来用打骂来教育孩子是最不文明的方式也是最笨蛋的方法，“以暴制暴”，孩子不会变好，只会变暴。

作者那十足的耐心、良好的修养和宽广的胸怀，恐怕我学一辈子也学不到，但不管怎样，以后我会克制自己的情绪，尽量少些打骂孩子，争取做个文明、合格的父亲！

——广州富力智英按摩院　刘青明

用爱的慧光照亮心灵

老子说：上善若水。真情是最柔软的，天下莫能与之争。在孩子“成长的课堂”里，女作家晴雪像一位慈悲的菩萨，端坐莲台，垂首低眉，现身说法，爱的慈悲与慧光照亮了大千世界，播洒在每个孩子父母的身上，大慈念一切，慧光照大千，这是多么宏大的愿力啊！

——西安市青年作家　姚展雄

一部洗涤心灵的好书

读罢此书，掩卷长思——以心为笔，书写人性；以爱为材，塑造人格；以人为本，启迪人生；

抚今追昔，为人父母——少了份迷茫，多了份睿智；少了份抱怨，多了份宽容；少了份无奈，多了份自信！

——汕尾市陆河县人大常委会办公室副主任　刘德森

给孩子一个“心理救生圈”

关注孩子的内在素质和精神品质，应该成为我们培育新一代的焦点问题。

这本《好孩子的成长课》，饱含着一位母亲高度的责任心和对孩子深切的爱，通过生活中的点滴小事，耐心、平等地与儿子谈心，把自己几十年来积聚的生命智慧一点一滴地传达给孩子，在不经意间将善良、宽容、大爱等美好的品质传递给一个幼小的心灵，唤醒孩子内心的真、善、美，激发孩子的内在力量，使敏感脆弱的孩子穿上“防弹衣”、带上心理“救生圈”。慢慢地，一个充满阳光、热爱生活、善良懂事的孩子就被塑造出来了。我想，这种传递爱和智慧的方式方法，给父母读者的启迪和影响将是深远而有意义的。

——广州市市容环境卫生局　王馨瑶

普通家庭都适用的教育范本

每当我看到那些“哈佛孩子”或其他什么天才孩子的成功之路，总觉得陌生和遥远。事实上，大多孩子都是平凡而普通的，所以当我看到这部《好孩子的成长课》时，仅仅翻阅了一下，就找到了一种难得的亲切和共鸣。

作者的孩子和所有普通的孩子一样，有着诸多弱点，但在母亲耐心教导和循循善诱下，不断改进，变得越来越懂事、越来越上进、越来越出色。书中点点滴滴的真情故事，让我明白一个优秀的母亲在孩子的性格、品质和人格塑造中所起到的作用是多么关键！

——广州市卫生处理厂　王瑾

爱是最有力量的教育

这是一本洗涤心灵的书籍，那朴实细腻的笔触描绘了近乎完美的亲子之爱。真挚的爱就是一种最有力量的教育！细细品味书中所蕴含的深沉的母子之爱，让人感动、耐人寻味：这种爱体现在对待孩子的每一个细节中：它在赞许的目光里，在温柔的语气中，在温暖的笑脸上，在热情的拥抱里……常常看到孩子的优点，常常鼓励孩子的进步，常常倾听孩子的心声，常常体察孩子细微的心灵……作者用伟大的母爱，诠释了“没有教育不好的孩子”的至理名言！

——广州市水上城市管理执法支队　崔运河

一面照亮我心灵的明镜

一直以来，我是一个欠缺耐心的父亲，《好孩子的成长课》成了一面照亮我心灵的镜子！看完后，深深为作者的耐心、修养和智慧震撼，脑海里不断闪烁着作者与孩子对话的种种场景，是那么和谐、美妙！作者用自己的行动、语言和人格魅力，转化成一种无形的力量，传递给孩子、推动着孩子。孩子能获得这种爱和智慧的力量，不可能会不懂事、不上进、不幸福！事实证明的确如此，作者的智慧成就了孩子的优秀！

这面明亮的镜子，它将时时鞭策着我，努力克制自己的浮躁、粗暴和失意，对孩子焕发出应有的父爱的力量！

——广州市公务员　舒暕

80后父母的“成长课堂”

作为第一代独生子女的80后，面对如何教育孩子这一难题，他们遭遇着各种迷茫和困惑。《好孩子的成长课》正好是这样一部解决我们80后父母育儿迷惘与困惑的好书。这不仅是帮助孩子成长的读本，更是雕琢80后父母的心灵、引导80后成长为优秀父母的课堂。希望有更多的80后父母能读到这部作品，并从中获得启迪和思索，为社会培养出更多优秀的孩子！

——80后读者　谢雯雯

培育人格健康的新一代

胆怯、孤独、嫉妒、仇恨、虚荣、霸道……一切不健康的心理和个性，父母应具备足够的耐心和爱心，去帮助孩子克服和消除。自信、坚强、善良、宽容与博爱，一切优良的品性，父母具备了，孩子也应该具备，父母没有的，更应希望孩子获得。而这一方面，女作家晴雪做到了，我相信，能像晴雪这样去教育孩子，我们就不会担心新一代孩子人格和心灵的健康，而只有具备了人格和心灵健康的新一代，我们的社会才会更加文明和美好！

——广东省公安厅　戴自力

一部青年人的心灵成长读本

刚大学毕业，我感觉自己还是个“大孩子”，这部书却深深吸引了我，它填补了我成长教育的空缺，让我明白了很多以前一直钻牛角尖的问题。我把这部书当作是净化自己灵魂的当代《圣经》，书里包含的大智、大爱与大勇，将让我终生受益！

——中国建筑第六工程局有限公司　孙婉鑫

当今时代父母的心灵向导

在当今人生价值观多元的社会，新鲜事物让我们眼花缭乱，作为父母，我们都常常感到迷茫困惑，更何况孩子？有幸看了《好孩子的成长课》，这宛如黑夜中的一盏指路明灯，照亮了我们的心灵之路，给了我深深的启迪和感悟，受益匪浅、获益良多！

——中山市现代服务业协会法律专家　彭小准

感受一个完美母亲的魅力

在目前势利、攀比、充满私欲的社会背景里，要培育心灵和人格健康的新一代，必须要求父母本身具备完善的人格和优秀的品质，才能去感染和影响孩子。当看完这部《好孩子的成长课》，我深深感受到了一个完美母亲的魅力：爱、胸怀和智慧，使作者成为一个出色的心灵导航员，让我深深叹服！这部《好孩子的成长课》，成了培育孩子具备良好素质、优秀品质、独特气质的活教材！

——广州市越秀区读者　何前珍

一部优秀的亲子读本

闲来无事我最爱做的事就是读书给儿子听，慢慢地，儿子也养成了爱看书的习惯。这部《好孩子的成长课》就是我和儿子一起阅读的好书，作者把对儿子的“小爱”转化为一种大爱，与天下的父母共同分享，成为一本感人至深的“爱的教材”、一本优秀的亲子读本！我很享受与儿子共读此书的快乐时光。

——先烈东小学吴翔及母亲　胡艳辉

我希望妈妈也这样来教育我

我看了叶阿姨写的《好孩子的成长课》，很羡慕她这样的教育方法，她不但不打骂孩子，做错事情还会向孩子道歉。我很希望妈妈也像阿姨这样来教育我，我跟妈妈说：“好，我们一起努力！你要是像阿姨这么会教孩子，我一定会表现更棒、更自信、更懂事、更上进！”

——环市路小学三年（1）班　胡嘉希